"中国村庄发展：浙江样本研究"丛书

主编 陈野

畲乡逐梦

杭州龙峰民族村发展研究

SHE'S
CATCHING-UP
DEVELOPMENT STUDY
OF
LONGFENG ETHNIC VILLAGE,
HANGZHOU

李明艳 李 旭◎著

ZHEJIANG UNIVERSITY PRESS
浙江大学出版社

图书在版编目（CIP）数据

畲乡逐梦：杭州龙峰民族村发展研究 / 李明艳，李旭著
. — 杭州：浙江大学出版社，2021.12
（"中国村庄发展：浙江样本研究"丛书 / 陈野主编）
ISBN 978-7-308-21329-5

Ⅰ. ①畲… Ⅱ. ①李… ②李… Ⅲ. ①农村经济发展－研
究－杭州 Ⅳ. ①F327.551

中国版本图书馆CIP数据核字(2021)第082450号

畲乡逐梦：杭州龙峰民族村发展研究

李明艳 李 旭 著

丛书策划	陈丽霞　宋旭华　赵　静
丛书统筹	赵　静　王荣鑫
责任编辑	赵　静　吴心怡
责任校对	吴　庆
装帧设计	林智广告
出版发行	浙江大学出版社
	（杭州市天目山路148号　邮政编码　310007）
	（网址：http://www.zjupress.com）
排　　版	杭州林智广告有限公司
印　　刷	浙江省邮电印刷股份有限公司
开　　本	710mm×1000mm 1/16
印　　张	21
插　　页	4
字　　数	353千
版 印 次	2021年12月第1版　2021年12月第1次印刷
书　　号	ISBN 978-7-308-21329-5
定　　价	88.00元

浙江省文化研究工程指导委员会

"中国村庄发展：浙江样本研究"项目组研究人员名单

"中国村庄发展：浙江样本研究"丛书

丛书主编 陈　野

首席专家 闻海燕　顾益康

"畲乡逐梦：杭州龙峰民族村发展研究"课题组简介

课题组组长 李明艳　李　旭

课题组成员 李明艳　李　旭　刘　健　张秀梅　落雅琼　陈　刚

龙峰民族村全景（龙峰民族村提供）

大美莪山（何松明摄）

体验活动（龙峰民族村提供）
左：畲族婚嫁体验游　中：畲族长桌宴　右：畲族彩带编织

畲乡技艺（李兰琴摄）

开酒节上宣读祭文
（莪山畲族乡提供）

酿制红曲酒
（莪山畲族乡提供）

酒节上的畲族壮汉
（马建国摄）

过去的土灶台（莪山畲族乡提供）

新灶台（莪山畲族乡提供）

畲乡酒事（李兰琴摄）

春花（周俊摄）

浙江文化研究工程成果文库总序

有人将文化比作一条来自老祖宗而又流向未来的河，这是说文化的传统，通过纵向传承和横向传递，生生不息地影响和引领着人们的生存与发展；有人说文化是人类的思想、智慧、信仰、情感和生活的载体、方式和方法，这是将文化作为人们代代相传的生活方式的整体。我们说，文化为群体生活提供规范、方式与环境，文化通过传承为社会进步发挥基础作用，文化会促进或制约经济乃至整个社会的发展。文化的力量，已经深深熔铸在民族的生命力、创造力和凝聚力之中。

在人类文化演化的进程中，各种文化都在其内部生成众多的元素、层次与类型，由此决定了文化的多样性与复杂性。

中国文化的博大精深，来源于其内部生成的多姿多彩；中国文化的历久弥新，取决于其变迁过程中各种元素、层次、类型在内容和结构上通过碰撞、解构、融合而产生的革故鼎新的强大动力。

中国土地广袤、疆域辽阔，不同区域间因自然环境、经济环境、社会环境等诸多方面的差异，建构了不同的区域文化。区域文化如同百川归海，共同汇聚成中国文化的大传统，这种大传统如同春风化雨，渗透于各种区域文化之中。在这个过程中，区域文化如同清溪山泉潺潺不息，在中国文化的共同价值取向下，以自己的独特个性支撑着、引领着本地经济社会的发展。

从区域文化入手，对一地文化的历史与现状展开全面、系统、扎实、有序的研究，一方面可以藉此梳理和弘扬当地的历史传统和文化资源，繁荣和丰富当代的先进文化建设活动，规划和指导未来的文化发展蓝图，增强文化软实力，为全面建设小康社会、加快推进社会主义现代化提供思想保证、精神动力、智力支持和舆论力量；另一方面，这也是深入了解中国文化、研究中国文化、发展中国文化、创新中国文化的重要途径之一。如今，区域文化研究日益受到各地重视，成为我国文化研究走向深入的一个重要标志。我们今天实施浙江文化研究工程，其目的和意义也在于此。

千百年来，浙江人民积淀和传承了一个底蕴深厚的文化传统。这种文化传统的独特性，正在于它令人惊叹的富于创造力的智慧和力量。

浙江文化中富于创造力的基因，早早地出现在其历史的源头。在浙江新石器时代最为著名的跨湖桥、河姆渡、马家浜和良渚的考古文化中，浙江先民们都以不同凡响的作为，在中华民族的文明之源留下了创造和进步的印记。

浙江人民在与时俱进的历史轨迹上一路走来，秉承富于创造力的文化传统，这深深地融汇在一代代浙江人民的血液中，体现在浙江人民的行为上，也在浙江历史上众多杰出人物身上得到充分展示。从大禹的因势利导、敬业治水，到勾践的卧薪尝胆、励精图治；从钱氏的保境安民、纳土归宋，到胡则的为官一任、造福一方；从岳飞、于谦的精忠报国、清白一生，到方孝孺、张苍水的刚正不阿、以身殉国；从沈括的博学多识、精研深究，到竺可桢的科学救国、求是一生；无论是陈亮、叶适的经世致用，还是黄宗羲的工商皆本；无论是王充、王阳明的批判、自觉，还是龚自珍、蔡元培的开明、开放，等等，都展示了浙江深厚的文化底蕴，凝聚了浙江人民求真务实的创造精神。

代代相传的文化创造的作为和精神，从观念、态度、行为方式和价值取向上，孕育、形成和发展了渊源有自的浙江地域文化传统和与时俱进的浙江文化精神，她滋育着浙江的生命力、催生着浙江的凝聚力、激发着浙江的创造力、培植着浙江的竞争力，激励着浙江人民永不自满、永不停息，在各个不同的历史时期不断地超越自我、创业奋进。

悠久深厚、意韵丰富的浙江文化传统，是历史赐予我们的宝贵财富，也是我们开拓未来的丰富资源和不竭动力。党的十六大以来推进浙江新发展的实践，使我们越来越深刻地认识到，与国家实施改革开放大政方针相伴随的浙江经济社会持续快速健康发展的深层原因，就在于浙江深厚的文化底蕴和文化传统与当今时代精神的有机结合，就在于发展先进生产力与发展先进文化的有机结合。今后一个时期浙江能否在全面建设小康社会、加快社会主义现代化建设进程中继续走在前列，很大程度上取决于我们对文化力量的深刻认识、对发展先进文化的高度自觉和对加快建设文化大省的工作力度。我们应该看到，文化的力量最终可以转化为物质的力量，文化的软实力最终可以转化为经济的硬实力。文化要素是综合竞争力的核心要素，文化资源是经济社会发展的重要资源，文化素质是领导者和劳动者的首要素质。因此，研究浙江文化的历史与现状，增强文化软实力，为浙江的现代化建设服务，是浙江人民的共同事业，也是浙江各级党委、政府的重要使命和责任。

2005年7月召开的中共浙江省委十一届八次全会，作出《关于加快建设文化大省的决定》，提出要从增强先进文化凝聚力、解放和发展生产力、增强社会公共服务能力入手，大力实施文明素质工程、文化精品工程、文化研究工程、文化保护工程、文化产业促进工程、文化阵地工程、文化传播工程、文化人才工程等"八项工程"，实施科教兴国和人才强国战略，加快建设教育、科技、卫生、体育等"四个强省"。作为文化建设"八项工程"之一的文化研究工程，其任务就是系统研究浙江文化的历史成就和当代发展，深入挖掘浙江文化底蕴、研究浙江现象、总结浙江经验、指导浙江未来的发展。

浙江文化研究工程将重点研究"今、古、人、文"四个方面，即围绕浙江当代发展问题研究、浙江历史文化专题研究、浙江名人研究、浙江历史文献整理四大板块，开展系统研究，出版系列丛书。在研究内容上，深入挖掘浙江文化底蕴，系统梳理和分析浙江历史文化的内部结构、变化规律和地域特色，坚持和发展浙江精神；研究浙江文化与其他地域文化的异同，厘清浙江文化在中国文化中的地位和相互影响的关系；围绕浙江生动的当代实践，深入解读浙江现象，总结浙江经验，指导浙江发展。在研究力量上，通过课题组织、出版资助、重点研究基地建设、加强省内外大院名校合作、整合各地各部门力量等途径，形成上下联动、学界互动的整体合力。在成果运用上，注重研究成果的学术价值和应用价值，充分发挥其认识世界、传承文明、创新理论、咨政育人、服务社会的重要作用。

　　我们希望通过实施浙江文化研究工程，努力用浙江历史教育浙江人民、用浙江文化熏陶浙江人民、用浙江精神鼓舞浙江人民、用浙江经验引领浙江人民，进一步激发浙江人民的无穷智慧和伟大创造能力，推动浙江实现又快又好发展。

　　今天，我们踏着来自历史的河流，受着一方百姓的期许，理应负起使命，至诚奉献，让我们的文化绵延不绝，让我们的创造生生不息。

2006 年 5 月 30 日于杭州

浙江文化研究工程成果文库序言

袁家军

浙江是中华文明的发祥地之一，历史悠久、人文荟萃，素称"文物之邦""人文渊薮"，从河姆渡的陶灶炊烟到良渚的文明星火，从吴越争霸的千古传奇到宋韵文化的风雅气度，从革命红船的扬帆起航到新中国成立初期的筚路蓝缕，从改革开放的敢为人先到新时代的变革创新，都留下了弥足珍贵的历史文化财富。纵览浙江发展的历史，文化是软实力、也是硬实力，是支撑力、也是变革力，为浙江干在实处、走在前列、勇立潮头提供了独特的精神激励和智力支持。

2003 年，习近平同志在浙江工作时作出"八八战略"重大决策部署，明确提出要进一步发挥浙江的人文优势，积极推进科教兴省、人才强省，加快建设文化大省。2005 年 7 月，习近平同志主持召开省委十一届八次全会，亲自擘画加快建设文化大省的宏伟蓝图。在习近平同志的亲自谋划、亲自布局下，浙江形成了文化建设"3+8+4"的总体框架思路，即全面把握增强先进文化的凝聚力、解放和发展文化生产力、提高社会公共服务力等"三个着力点"，启动实施文明素质工程、文化精品工程、文化研究工程、文化保护工程、文化产业促进工程、文化阵地工程、文化传播工程、文化人才工程等"八项工程"，加快建设教育、科技、卫生、体育等"四个强省"，构建起浙江文化建设的"四梁八柱"。这些年来，我们按照习近平同志当年作出的战略部署，坚持一张蓝图绘到底、一任接着一任干，不断推进以文铸魂、以文育德、以文图强、以文传道、以文兴业、以文惠民、以文塑韵，走出了一条具有中国特色、时代特征、浙江特点的文化发展之路。

文化研究工程是浙江文化建设最具标志性的成果之一。随着第一期和第二期文化研究工程的成功实施，产生了一批重点研究项目和重大研究成果，培育了一批具有浙江特色和全国影响的优势学科，打造了一批高水平的学术团队和在全国有影响力的学术名师、学科骨干。2015 年结束的第一批浙江文化研究工程共立研究项目 811 项，出版学术著作千余部。2017 年 3 月启动的第二期浙江文化研究工程，已开展了 52 个系列研究，立重大课题 65 项、重点课题 284 项，出版学术著作 1000 多部。特别是形成了《宋画全集》等中国历代绘画大系、《共和国命运的抉择与思考——毛泽东在浙江的 785 个日日夜夜》等领袖与浙江研究系列、《红船逐浪：浙江"站起来"的革命历程与精神传承》等"浙 100 年"研究系列、《浙江通史》《南宋史研究丛书》等浙江历史专题史研究系列、《良渚文化研究丛书》等浙江史前文化研究系列、《儒学正脉——王守仁传》等浙江历史名人研究系列、《吕祖谦全集》等浙江文献集成系列。可以说，浙江文化研究工程，赓续了浙江悠久深厚的文化血脉，挖掘了浙江深层次的文化基因，提升了浙江的文化软实力，彰显了浙江在海内外的学术影响力，为浙江当代发展提供了坚实的理论支撑和智力支持，为坚定文化自信提供了浙江素材。

当前，浙江已经踏上了实现第二个百年奋斗目标的新征程，正在奋力打造"重要窗口"，争创社会主义现代化先行省，高质量发展建设共同富裕示范区。文化工作在浙江高质量发展建设共同富裕示范区中具有决定性作用，是关键变量；展现共同富裕美好社会的图景，文化是最富魅力、最吸引人、最具辨识度的标识。我们要发挥文化铸魂塑形赋能功能，为高质量发展建设共同富裕示范区注入强大文化力量，特别是要坚持把深化文化研究工程作为打造新时代文化高地的重要抓手，努力使其成为研究阐释习近平新时代中国特色社会主义思想的重要阵地、传承创新浙江优秀传统文化革命文化社会主义先进文化的重要平台、构建中国特色哲学社会科学的重要载体、推广展示浙江文化独特魅力的重要窗口。

新时代浙江文化研究工程将延续"今、古、人、文"主题，重点突出当代发展研究、历史文化研究、"新时代浙学"建构，努力把浙江的历史与未来贯通起来，使浙学品牌更加彰显、浙江文化形象更加鲜明、中国特色哲学社会科学的浙江元素更加丰富。新时代浙江文化研究工程将坚守"红色根脉"，更加注重深入挖掘浙江红色资源，持续深化"习近平新时代中国特色社会主义思想在浙江的探索与实践"课题研究，努力让浙江成为践行创新理论的标杆之地、传播中华文明的思想之窗；擦亮以宋韵文化为代表的浙江历史文化金名片，从思想、制度、经济、社会、百姓生活、文学艺术、建筑、宗教等方面全方位立体化系统性研究阐述宋韵文化，努力让千年宋韵更好地在新时代"流动"起来、"传承"下去；科学解读浙江历史文化的丰富内涵和时代价值，更加注重学术成果的创造性转化，探索拓展浙学成果推广与普及的机制、形式、载体、平台，努力让浙学成果成为有世界影响的东方思想标识；充分动员省内外高水平专家学者参与工程研究，坚持以项目引育高端社科人才，努力打造一支走在全国前列的哲学社会科学领军人才队伍；系统推进文化研究数智创新，努力提升社科研究的科学化水平，提供更多高质量文化成果供给。

伟大的时代，需要伟大作品、伟大精神、伟大力量。期待新时代浙江文化研究工程有更多的优秀成果问世，以浙江文化之窗更好地展现中华文化的生命力、影响力、凝聚力、创造力，为忠实践行"八八战略"、奋力打造"重要窗口"，争创社会主义现代化先行省，高质量发展建设共同富裕示范区，提供强大思想保证、舆论支持、精神动力和文化条件。

丛书序言

PREFACE

中国乡村曲折艰难的现代化进程，步履艰难而又波澜壮阔。其意蕴之丰沛，与中国生活、中国社会和中国文化深切相连。回溯中国乡村自 1840 年中国社会开启现代转型以来走过的兴衰起伏之命运轨迹，可谓千回百转、曲折萦纡。数辈乡民身居不同时代，应对多重挑战，以吃苦耐劳、隐忍柔韧、顽强进取的品格精神，维系了村庄命脉和厚重历史。

一

当代乡村发展，承历史之重，开乡村现代化之时代新局。改革开放以来，浙江乡村变化巨大，以其走在前列的先行先试，开乡村发展的时代新局，呈现了发展中国家走向现代化的轨迹，为中国乡村的现代化发展提供了分析参照的样本。有鉴于此，本套丛书以"中国村庄发展：浙江样本研究"为主题，着力于从以下方面开展研究，并取得相应成果。

改革开放 40 多年，特别是自 2003 年习近平同志在浙江工作后，作为习近平新时代中国特色社会主义思想的重要萌发地，浙江乡村发展迈入新阶段，呈现城乡融合、"五位一体"全面发展的新态势。习近平同志以以人为本、执政为民的治理理念和统揽全局的思维方式，对浙江乡村发展全面布局，实施"千村示范，万村整治"等重点工程，从推动产业新发展、建设新社区、培育新农民、树立新风尚、构建新体制等维度全面推进乡村发展。习近平同志有关乡村发展的理性思考、创造性实践和历史性成果，是我们选择浙江村庄作为中国村庄发展样本加以研究的重要遵循和行动指南。

村庄是最基层的社会单位之一，是最为鲜活丰沛的日常生活之地，是中华历史文化传统的重要根基，是我国全面建成小康社会、开启全面建设社会主义现代化国家新征程的重要建设领域。然而，由古至今，村庄也是最缺乏历史记载和文献档案系统、最难听到它本真的话语呼声、最难触摸到它脉动的心灵、最难见到它在历史进程中完整形影的场所。本丛书旨在以长时段的历史研究视野，观察、记录和研析作为基层生活共同体的中国村庄，在面对社会转型期的急剧巨变时，如何通过调整、舍弃、更新、吸纳共同体内在结构和要素的策略，重建与生活、与生产、与社会、与时代均相契合的新型乡村社会生活的规则和秩序，以此维系村庄生存，推动村庄发展，提升村庄品质。同时，亦拟以翔实细致的个案性剖析，探求乡村传统建构的实际场景和内在机制。故此，在各专著框架中，特设"史地篇"，追寻村庄过往在其当下时段中的历史投射，记述村庄的整体性历史进程，定位其当今发展在乡村文明进程中的历史坐标，为观察、研究村庄建立长程的历史背景；特设"访谈篇"，以大量的村民口述访谈和全面系统的乡村档案收集整理，为一直以来缺乏史料积淀的村庄建立由文献、田野调查和口述访谈为架构的资料系统，记下了村民传承、维系、建设、发展村庄的种种心声；尤其重视以经济、政治、治理、文化、生态等各篇组合的整体性研究，通过深度驻村调研、深层次介入村庄内部生产生活环境，为不同类型村庄在当代社会变革时期所做的探索与发展，建立起完整的事实记录和分析样本，在浩瀚苍茫的历史时空中留下了我们这个时代的乡村社会发展印记，见证了乡村传统建构中的众多真实过程。

乡村研究是社会学、历史学、政治学、文化学等学科的重要领域，村庄个案研究、专题研究、历史断代研究、现实问题研究等成果丰硕。本套丛书以11个村庄为研究对象，以各个村的纵向历史发展特别是改革开放40多年来的乡村发展基本轨迹为历史纵轴，以独具浙江特色的村庄经济、政治、文化、社会、治理、生态等为记述研究主体，从不同角度记述浙江乡村发展轨迹，并从中提炼具有普遍意义的发展路径、特征和价值，为相关学科深化乡村研究提供了丰富个案和鲜明的地方资源。

乡村发展在我国改革开放史中具有众多首创之功和重要的历史地位，目前乡村振兴背景下来自各级党委、各级政府、社会各界和广大村民等的积极作为，是当代中国历史进程的重要组成部分。本套丛书各部专著所述浙江村庄历史和改革开放40多年来的乡村建设历程、发展成就和价值意义，以来自乡村一线这种最为社会基层的真实场景、鲜活实践和全方位的研究阐释，极大地丰富了浙江以至中国当代发展研究的内涵，为党史、新中国史、改革开放史、社会主义发展史的研究，输送了来自乡村大地的源头活水，增强了研究的内在活力。

本套丛书积极探索学术研究对接当下社会需求的内在理路，将来自改革前沿的现实问题研究与学术研究紧密结合，在全面系统记述乡村历史、开展理论研究的同时，直面乡村建设发展中的困境、不足和问题，走进当代社会实践，走向乡村基层，走进乡民群体，在与政府、乡村和农民的互动中开展现实问题专题研究，发挥学术研究参与现实社会建设的作用和价值，以理性分析、务实举措从村庄发展现实问题中提炼可供下一步乡村振兴所需的理论资源和对策建议，撰写多个智库报告，得到省委省政府领导多项肯定性批示，实现了学术研究中问题意识、现实关切和人文关怀的有机关联，提升了人文社科研究在基层社会的知晓度和影响力。

二

自项目正式实施以来，项目组科研人员深入全省相关市县宣传、文化、旅游、建设、农办等政府部门和百余个村庄开展深入调研。从东部海岛到西部田园，从浙南山区到浙北平原，课题组成员顶着烈日酷暑、冒着风雨严寒，克服诸多困难，走进田间地头，结交农民朋友，深入农户开展深度访谈，全方位多视角实地考察村庄发展实况。5年来深入乡村的实践探索和项目研究，让我们收获良多，也给我们带来很多启示。

在本套丛书研究和撰写过程中，乡镇村干部群众一致认为本研究在梳理村庄历史、增强集体认同、提升文化自信、提供发展资源、理清发展思路等方面，与乡镇和村的建设需求十分契合，对项目研究给予极大肯定，表现出极高的参与和配合热情，尤其热切地表达了对专业性强、学术水平高的人文社科研究的衷心期待。蕴含于乡村大地的家园故土寻根意愿、强烈的文化自觉意识、丰富的创业创新业绩、高昂进取的精神面貌和积极态度，以及存在于一些村庄的老龄化、空心化、业态陈旧、过度开发、贫富差距、文化生活单调等发展中的问题和不足，均让我们深切感受到村庄发展的巨大需求空间，看到了乡村社会发展对专家学者的热切期盼。广阔的乡村大地，正是开展人文社科研究、获取厚重科研成果的丰富沃土。

习近平总书记指出："人民的需要和呼唤，是科技进步和创新的时代声音。"社会科学工作者只有走出书斋，积极探索学术研究对接当下社会需求的内在理路，深入开展脚踏实地的基层调研，将哲学社科理论研究与社会实践紧密结合，将来自改革前沿的现实问题与学术研究紧密结合，准确了解社情民意、把握时代脉搏，实现学术研究中问题意识、现实关切和人文关怀的有机关联，才能克服从书本到书本、从理论到理论的研究局限，强化基础理论研究厚重感，提升应用对策研究针对性，取得适应现实所需、彰显学术价值、具有中国气派的哲学社会科学研究成果。

以重大系列项目构建综合性学术团队，开展集聚多学科、多梯队联合共事的集体攻关项目，既整合了原先相对分散的科研力量，也在团队的协同共进、交流互鉴、相互砥砺中营建起浓厚的学术氛围、深厚的同事情谊，为年轻科研人员的成长提供了优质平台，达到了既出成果又出人才的双赢效果。

5年来的学术劳作和辛勤付出，让我们收获满满，既有研究专著的丰硕成果，也是一次整合院内乡村研究相关科研力量、以团队合作形式开展重大主题研究的实战历练，为我院培育乡村研究平台、打造乡村研究品牌、历练乡村研究队伍、承担乡村研究重大课题，做出了有益尝试，取得了扎实成效。创新不易，守成更难，开拓尤需勇气、毅力和实力。衷心祝愿项目组和各位科研人员以本套丛书出版为新起点，勉力精进，深耕勤研，取得更多丰硕成果。

浙江省社会科学院副院长、研究员
"中国村庄发展：浙江样本研究"项目负责人、丛书主编 陈 野
2020 年 12 月 6 日

丛书绪论

INTRODUCTION

中国是一个历史悠久的农业大国，农业是关系到国计民生的基础产业，农民是占人口最多的社会群体，农村是最广阔的地域空间。"三农"问题在我们党和国家发展中占有重中之重的地位。村庄作为中国最古老的社区，既是农民的集居地，也是农业赖以发展的基础，亦是农耕文明、农耕文化、地域文化生存发展之地。从一定意义上来说，村庄发展就是"三农"发展的缩影，村庄发展演变也反映着社会的变革趋势，特别是城乡关系的发展变化趋势。

村庄是乡村经济社会发展最基础、最基本的单元，村庄发展也是整个中国经济社会发展演变的一个风向标。无论是城市发展还是农村发展、工业发展还是农业发展都会在村庄的发展上表现出来，所以研究中国村庄发展实际上是解剖中国经济社会变革的"麻雀"，"麻雀虽小、五脏俱全"，我们通过对改革开放 40 多年来村庄发展的一些样本的解剖，可以揭示中国改革开放 40 多年来政治、经济、社会、生态和文化等方面的发展轨迹与发展规律，起到"窥一斑、见全貌"的作用。

一、改革开放 40 多年来浙江村庄发展的基本经验

浙江是 5000 年中华文明实证地、中国革命红船起航地、改革开放先行地和习近平新时代中国特色社会主义思想的重要萌发地。浙江作为中国东部沿海发达的代表省之一，市场化、工业化、城镇化进程走在全国的前列，同时浙江也是地域差异性十分明显的省份，"七山一水二分田"的基本省情和兼有山海之利的特点，使得浙江村庄发展的多样性特色十分明显。由浙江省第二期文化研究工程重大系列项目"中国村庄发展：浙江样本研究"形成的这套丛书，选取的 11 个村庄研究样本，既来自 11 个地（市），也兼顾了发达地区明星村与欠发达地区的后发村、平原村与山区村、城郊区村

与纯农区村、少数民族村与海岛渔村等不同类型的地域村庄。这 11 个不同村庄在浙江既有一定的代表性，也隐含了发展的普遍性与多样性相统一的规律性。特别是改革开放的伟大变革是从农村开始的，改革开放的先行者和主力军也是农民。"春江水暖鸭先知"，从一定意义上来说，浙江村庄也是浙江变革最早、最快的地方，因此这 11 个样本村庄的研究就有了多方面的意义与价值。

丛书的 11 个不同类型的浙江村庄个案，每个研究基本上都由史地、经济、社会、治理、生活、生态、文化、访谈、文献等篇组成，从而分析每个村庄发展基础，记述发展历史，总结发展经验，解释发展动因，揭示发展本质，提炼样本价值。浙江这 11 个样本村庄地域位置各异，资源禀赋不一，发展水平参差不齐，但通过对这 11 个个案村改革开放 40 多年来的发展历程、发展实绩、发展经验、发展动因等的整体分析，我们大致上可以揭示浙江农村 40 多年改革开放的基本经验，也可以从中寻找到浙江 40 多年改革开放与发展之所以能够走在全国前列的内在原因。正如时任浙江省委书记习近平同志总结的，浙江发展快是因为农村发展快，浙江富是因为农民率先富，浙江活是因为农村搞得活。从这 11 个个案样本村的发展总体情况来分析，浙江村庄 40 多年改革开放中值得全国村庄借鉴的发展经验主要有以下五点：

一是坚持走以"人民大众创造财富、人民政府创造环境"为运行机制的大众市场经济的创新发展之路。改革开放以来浙江把家庭联产承包制改革对农民生产力的解放运用到了极致，通过千百万农民率先闯市场，鼓励农民以市场为导向调整优化农业结构，鼓励农民务工经商，大力发展乡镇经济、家庭工业和个私经济，率先在全省快速推进市场化、工业化和城镇化的进程，促进农民分工分业分化，让千百万农民成为自主创业创富的市场经营主体，形成了"百万能人创业创富、千万农民就业致富"的新格局。以乡镇企业、个私经济为主体的民营经济不仅带动了农民快速致富，也成为推动浙江工业化、市场化最强大的力量。花园村、上园村、邵家丘村、缪家村等村庄的发展都实证了这一以农民大众为创业创新主体力量的创新发展之路。农民大众和民营企业成为全省市场经济绝对的主体力量，市场化、工业化、城镇化中的浙江农民的创造力得到了前所未有的爆发。同时，浙江各级政府按照时任省委书记习近平的"以人为本谋'三农'"的要求，为农民自由全面发展创造环境，大力改善基础设施、公共服务和人居环境，推进"最多跑一次"改革，形成了"人民大众创业致富、人民政府管理服务""人民大众创造财富、人民政府创造环境"的大众市场经济的创新发展模式。这一发展路子非常全面地体现了以人民为中心的发展思想，做到了发展为了人民、发展依靠人民、发展成果为人民共享，浙江这一大众市场经济的运行机制使浙江"三农"发展表现了极大的创造力。

二是坚持走"城乡融合发展、一二三产业融合发展"的城乡一体化的协调发展之路。城乡关系在"三农"问题解决上起着极为重要的作用。改革开放以来，浙江逐步改革了城乡二元分割体制，允许农民到城镇务工经商，走出了一条农民城镇农民建的城镇化之路，县城和小城镇成为农民首选的安居乐业之地。特别是从新世纪以来，时任浙江省委书记习近平亲自制定《浙江省统筹城乡发展 推进城乡一体化纲要》，实施了新型城镇化与建设新农村双轮驱动的新战略，实施千村示范、万村整治的工程，大力推动城市基础设施向农村延伸、城市公共服务向农村覆盖、城市现代文明向农村辐射，快速缩小了城乡在基础设施、公共服务和现代文明方面的差距。经过十几年坚持不懈的建设，我们这 11 个个案村庄无一例外地都变成了生态宜居的美丽乡村，农村人居环境得到了根本性改善。在这一背景下，城市出现了逆城市化和新一轮"上山下乡"的热潮，追求绿色生态的城市消费者热衷于到美丽乡村来休闲度假、养生养老，城市有识之士和城市资本技术也开始出现了"上山下乡"，到美丽乡村发展民宿等美丽经济和现代农业。传统农业也出现了加速向现代农业转变的新趋势。家家粮棉油、户户小而全的小农经营大幅减少，适度规模经营的家庭农场、合作社、龙头企业成为新型农业经营主体。大学毕业生、研究生、留学归来的高层次农二代和来自城市的农创客给浙江农业注入了新的生机和活力。同时，农业出现了功能多样化以及与第二、第三产业相融合的新趋势，休闲观光农业、文创农业、体验农业、智慧农业、设施农业等新型农业业态快速增多，现代农业呈现出与第二、第三产业深度融合的全产业链发展的新趋势。农业绿色化、标准化、品质化、品牌化让浙江农业呈现出前所未有的发展新态势。

三是坚持走"绿水青山就是金山银山"理念为引领的生态生活优先的绿色发展之路。浙江人多地少，人均资源稀缺，在改革开放初期，为了解决产品短缺、工业品供应匮乏问题，被迫走了一条以牺牲生态环境为代价的粗放型、数量型经济发展之路。在世纪之交，生产发展与生态保护的矛盾更加突出。2003 年，时任浙江省委书记习近平高瞻远瞩地提出了建设生态省和绿色浙江的新战略。在全省实施"千村示范、万村整治"工程，2005 年习近平在安吉余村首次提出了"绿水青山就是金山银山"理念，强调优美的生态环境就是最普惠的民生福祉。在农村经济发展上，把为农民创造优美生活环境、优良生态环境放到首要位置。本丛书 11 个样本村无一例外地都开展了农村人居环境和生态环境整治，将原来污染严重的垃圾村建设成为生态宜居的美丽乡村。像余村、棠棣村、清漾村、沙滩村等都成为美丽乡村精品村和文化旅游名村，美丽乡村成为农民引以为豪的美好生活的幸福家园，也成为城市人越来越向往的休闲度假、养生养老的生态乐园。越来越多的城市消费者、投资者兴起"上山下乡"的新热潮。乡村旅游、农家乐、民宿、体验农业等"美丽"经济和"乡愁"产业成为"两山"转化的有效载体，这些绿色产业成为浙江农民创业就业、创业致富的新亮点。

四是坚持走"对外开放、对内开放"相互联动的特色块状经济的开放发展之路。通过对改革开放前后的经济发展路子的比较，使浙江干部群众意识到全方位开放经济和市场经济是发挥资源小省、市场大省优势的必然选择。浙江抓住中国的对外开放新机遇，大力发挥劳动力人才和工贸优势，大力发展市场在外、原料基地在外的"两头在外"的集聚化、特色化生产加工、贸易基地，形成了柯桥轻纺、海宁皮革、义乌小商品、永康小五金、桐乡羊毛衫、东阳红木家具、大唐袜业等特色块状经济。本书的 11 个样本村在这一开放发展大潮中形成的一村一品、一村一业的特色专业村的发展模式，则是浙江这种开放型块状经济的基础和重要生力军。这种"两头在外、无中生有"的块状产业是县域经济、农村经济的强大支撑和竞争力所在，都是浙江农民创业就业的主阵地，也是浙江民营经济具有强大竞争力的重要因素。在浙江这些以县城和小城镇为依托的特色块状经济集聚发展的地方，浙江农民只要有劳动能力就可以找到工作岗位，只要有资本就可创业办实业。目前这种对外对内双向开放和市场原料两头在外的块状经济正向产业集群的方向转型，并通过智能化改造促进传统制造业向先进制造业转型。通过这种双向开放的特色块状经济的发展，以农民和民营经济为主体的县域经济也得到了不断提升，成为浙江"三农"发展极为亮丽的风景线。

五是坚持走家庭经营、合作经营互促共进，鼓励先富帮扶后富、双管齐下的共创共富的共享发展之路。在 40 多年改革发展中，浙江农村逐步形成了符合社会主义市场经济发展要求的经营体制。确立了农户家庭经营在农业生产中的主体和基础地位，强调这适合农业自然再生产和经济再生产相结合的产业特点，也适合社会主义市场经济运行机制，但我们家庭经营规模太小、数量太多，参与市场竞争能力非常有限。因此，在发挥家庭经营在农业生产中的基础作用的同时，充分发挥合作经营在农民走向市场中的服务作用。为了适应现代农业发展的要求，浙江在农业经营体制上不断地推陈出新，一方面我们按照承包农地"三权分置"的原则，促进土地经营权向专业大户、家庭农场和龙头企业集中。另一方面，通过发展专业合作社，特别是大力发展生产合作、供销合作、信用合作三位一体的农合联组织，为农业家庭经营提供全方位的合作服务。与此同时，村经济合作社作为集体土地所有者代表和社区集体经济组织，承担起发展壮大集体经济为社员服务的职能。在农业创业创富和收入分配方面，我们致力于打破分配上的平均主义和"大锅饭"，允许和鼓励一部分人和一部分地区，通过勤劳致富和创业开拓市场先富起来，同时引导和鼓励先富带后富，先富帮后富。本丛书中处于欠发达地区的缙云北山村、海岛地区的蚂蚁岛村和龙峰民族村等，也都先后走上了先富带后富、大家一起富的共富之路。浙江 40 多年改革开放中的"三农"发展实践证明，共同富裕不等于平均富裕，不能通过计划经济搞纯而又纯的公有制、过度集中的单一公有制经济来实现，而是要通过发展社会主义市场经济，充分发挥市场机制的基础作用和政府的积极有为作用，让千百万农民成为独立的家庭经营的市场主体，在此基础上，政府通过发展合作经营和扶贫攻坚，帮扶欠发达地区和低收入群体增强发展能力。只有让一部分地区、一部分人群先富起来，才能形成先富带后富、大家共同富裕的共同发展的新格局。

二、浙江村庄发展的个性特色和影响因素

以本套丛书所述 11 个村庄为代表的浙江村庄发展经验弥足珍贵，有许多值得全国村庄借鉴的地方。而通过对这 11 个村庄历史地理、资源禀赋、社会文化、人文环境、政府服务等多方面的深入挖掘和综合思考，揭示这 11 个村庄之所以发展快、发展好、发展有个性特色的深层次的原因及其规律性，则更是我们这套丛书出版所要达到的一个重大预期目标。全面分析浙江这些村庄的历史文化、地理区位、资源禀赋、产业特点、人文因素、发展环境、政府服务等多方面因素，浙江村庄发展与下列五大因素密切相关：地域位置与资源禀赋、文化传承与人文素养、乡村能人与乡村干部、改革政策与民众认知、地方领导与地方治理。这五大因素影响并决定着村庄发展方向、发展特点和发展水平。

首先是地域位置与资源禀赋。中国人常说"一方水土养一方人"，浙江就是受这方面因素影响特别大的地方，尤其是农业生产为基础的村庄发展以及民风民俗影响更是特别直接。浙江地处中国东部沿海长三角地区，气候是亚热带季风气候，四季分明，雨热同季，气候多变同时又有人多地少、山多田少、人均农业资源不足等特点。这些地域特点与资源禀赋总体上使得浙江农民和村庄发展形成了自身的群体特征。农业生产一年四季都可进行，农民既勤劳又节俭，家庭手工业发达。同时相邻地区的差异性也比较大，如杭嘉湖、宁绍平原这种江南水乡地区的村庄与村民同浙西南山区、浙中山区盆地的村庄产业及民俗民风的差异性也比较大，但总体上浙江村民勤奋节俭、农商兼营、心灵手巧的特点十分明显。

其次是文化传承与人文素养因素，这也是对村庄发展影响久远的因素。浙江是

中华民族 5000 年农耕文明实证地、中国农业文明重要发祥地，有将近万年的上山文化、八千年跨湖桥文化、七千年河姆渡文化、六千年马家浜文化和五千年良渚文化，这种农耕文化对浙江村庄和农民影响极其深远。农耕文化影响下形成的天人合一、道法自然的农事理念，巧用资源、精耕细作的农作制度，勤劳勤俭、勤学勤勉的农家品质，村落集居、族人互助的农村价值及耕读传家、回馈乡里的乡贤精神都使得浙江村庄发展带有明显的农耕文化、民俗文化影响的深深的烙印。

第三是当地乡村能人与乡村干部因素的作用非常巨大。我们从 11 个样本村的 40 年改革发展的历程与成效来看，乡村能人和乡村干部的行为、思维的影响是决定性的。尤其那些在改革开放中率先富起来的村庄，诸如样本村中金华的花园村、温州的上园村、宁波的邵家丘村、绍兴的棠棣村、丽水的北山村等，都是由乡村能人和乡村干部带头闯市场、带头经商办厂兴实业而带领村民群众走上共创共富之路的。可以说在所有发展因素中，这种能人因素的作用是极其明显的，尤其是村庄的干部，应该既有创业创富闯市场的能力，又有带领村民走共同富裕道路的奉献精神，这显得尤为重要。

第四是政策导向与民众认知的因素。这在村庄改革开放 40 多年发展中的影响力也特别的明显。浙江这种具有悠久的农商兼营、工农商皆本的地俗文化和人多地少的地方，在计划经济和以粮为纲的左的年代，浙江人的手工业和家庭工业、小商品生产都被当作资本主义尾巴砍光了，农民生活十分贫穷。在 1978 年改革开放和普遍实行包产到户的新的改革政策环境下，浙江农民发展商品生产、乡镇企业、个私经济的积极性得到全面激发。从实践来看，农民群众对改革政策的认同度越高、响应越热烈的地方，村庄的经济社会发展就越快，农民们致富的速度也越快，政策效应也越明显。当然，这也与当地党委政府的工作力度密切相关，政策宣传和贯彻落实越到位的地方，农民群众认知度越高，政策效果也越明显。

第五是地方领导和地方治理的因素，这也是村庄发展十分重要的因素。地方领导思想是否开放、思路是否开阔、对"三农"工作是否重视、对农民群众感情是否深厚、工作作风是否求真务实，这些都关系到能否为当地村庄发展创造良好的环境条件。如改革开放初期，温州地方领导、金华东阳义乌地方领导、宁波余姚地方领导的思想比较开放、开明，作风求真务实，就为这些地方村庄改革发展创造了比较宽松的发展环境。在乡村地方治理上，浙江农村都比较好地实行了村民委员会自治的地方治理，并且很多地方都把村民自治与德治、法治紧密结合起来，形成了村民自治、德治、法治"三治合一"的地方治理模式，为村民自我治理、自我发展创造了良好的治理机制。

　　总之，浙江村庄在 40 年改革开放中发展的经验弥足珍贵，值得各地借鉴，发展的内在机制、规律也反映了中国改革开放以来"三农"发展的规律性。本丛书记述的浙江 11 个样本村庄的发展各具特色，但也有许多共性的经验、规律可循，期望读者们能从这一丛书的村庄发展案例中发现一些对今后中国村庄有借鉴意义的东西，希望大家将这一丛书看作研究浙江 40 年改革开放村庄发展和"三农"发展的一个重要窗口。

"中国村庄发展：浙江样本研究"项目首席专家　顾益康

2020 年 10 月

目　录

导语　村庄的响应

改革开放以来，我国经济持续高速增长，城乡面貌发生了巨大的变化，涌现出众多具有时代和地域特色的农业农村变革和村庄发展奇迹。改革之初，安徽的小岗村进行了"分田到户"的土地改革，以家庭承包经营为基础的新的农地集体所有制度走出小岗，走向全国，成为中国农业和农村稳定发展的基石。二十世纪八九十年代，温州的农民家庭、苏南地区的农民集体经济组织突破计划经济观念束缚，走上乡村商品化、市场化、工业化的崛起道路，开创出闻名全国的温州模式、苏南模式。进入二十一世纪，安吉余村践行"绿水青山就是金山银山"理念，关停污染企业，大力发展现代农业和乡村旅游，走出一条基于农业和农村的城乡融合的乡村振兴之路。

浙江农村的发展呈现出阶段性特征。如果将改革开放以来的四十年分成两个阶段，那么前二十年大致是沿着就地工业化的路径，区位条件较好的村庄得到快速发展。县域、乡镇形成了一大批"一村一品、一镇一业、一县多业"的专业村、专业镇和专业县。工业化的主体主要是农民，产生了一大批诸如鲁冠球、李书福、南存辉、徐冠巨、徐文荣等农民企业家，企业的员工也主要是农民。在这一时期，山区村则发展相对滞后。交通闭塞、市场不发达、人力资源不够丰富等因素大大限制了工业化路径在山区村落的演进。随着发展理念的更新，乡村发展不但要工业反哺农业、城市反哺乡村，更要以生态发展观为指导，发挥乡村的生态优势。进入二十一世纪，山区欠发达村落也迎来了新的发展机遇。

面对城乡发展新格局，2017年党的十九大提出，实施乡村振兴战略，坚持农业农村优先发展，推动农业农村现代化，到2050年全面实现农业强、农村美、农民富的乡村振兴目标。在乡村振兴战略指引下，浙江省大力推动绿色发展和美丽乡村建设，城乡统筹发展、融合发展的优势进一步强化，一批"产业兴旺、生态宜居、乡风文明、治理有效、生活富裕"的新时代美丽乡村范本不断出现，成为关注、学习的焦点。

在新旧发展逻辑的变迁下，村庄正遭遇多方面的挑战，村庄布局和功能定位的改变、集体经济的重新定位、环境和可持续发展问题、传统文化的消失和传承等等。同时，乡村也处于前所未有的机遇之下，城乡融合的发展理念愈加深入人心，基础设施和公共服务愈加完善，区位劣势正被生态环境优势所取代。村庄是如何应对这些挑战和机遇的？是否有规律可循？有无可供参考的路径呢？本研究试图通过对莪山畲族乡龙峰民族村发展的解析，探索新的城乡发展格局下乡村振兴的理论和实践路径。

一、龙峰民族村的样本价值

龙峰民族村是杭州市桐庐县的一个山区畲族村。桐庐地处富春江畔，距离杭州约 90 千米。桐庐历史悠久、人文荟萃、山水奇绝，范仲淹曾赞之为"潇洒桐庐郡"。千古佳文《与朱元思书》将富春江两岸景色描绘得"天下独绝"，从而令桐庐名扬天下。桐庐是杭州地区较早发展乡村休闲旅游的县，2012 年被农业部、国家旅游局评为全国 32 个休闲农业与乡村旅游示范县之一。桐庐的众多村镇通过发展休闲旅游业使村庄产业、面貌、农民的就业和收入以及村集体资产收益获得了快速增长，从而走上了振兴之路。例如，荻浦村、环溪村、深奥村发挥传统古村落优势，发展农家乐餐饮和乡村旅游；芦茨村利用山水资源，引入外部资本发展高端民宿，同时带动本地农家乐发展。相比之下，龙峰民族村却没有这般幸运，它地处桐庐与建德交界处的山地丘陵地带，山高路远，村民以外出务工和种植业为主要收入来源。一方面村庄的经济社会生活深受外界影响，另一方面又因为其闭塞的地理位置而仍保留着浓重的乡土和民族特点。它虽然地处发达地区，但由于地理位置和资源禀赋的限制，在 1978 年以后没有走上就地工业化、市场化的发展道路；在产业和制度方面，龙峰民族村尚未形成鲜明的产业优势、创新的土地经营制度或是村庄治理体系。与省内众多的明星村相比，它的发展相对落后，不具备产业、制度和发展水平方面的创造性突破。如果以传统案例研究标准来衡量，龙峰民族村可能缺乏"典型性""先进性"，但却在以下方面具有特殊的意义。

第一，近年来龙峰民族村的积极变化为我们提供了一个极佳的时间窗口，可以实时且近距离地观察村庄发展初期的难题与应对（当然未来更长时间段的跟踪观察可能带来更多的收获）。2011 年，龙峰民族村被列为桐庐县美丽乡村建设 50

个精品村之一。2012—2016 年，村庄面貌和基础设施全面快速提升。2018 年，龙峰村被评为浙江省 3A 级景区村庄。2017 年底，课题组第一次来到龙峰民族村接洽项目，当时恰逢村容村貌、基础设施、特色产业、村庄治理、传统文化发掘呈现积极变化之际。在随后三年的研究过程中，每一次到村里都能观察到新变化，或是路面翻新，或是"五线入地"，或是新建道路，或是搬迁石材厂，或是文化馆改造，或是院墙美化，或是公共空间新增了景观小品……在一系列环境创设完成后，2020 年初，村里以集体经济组织名义注册了旅游公司，开展民宿业务，接待工会疗养职工和乡村旅游散客。这在 2018 年时还是雷天星书记口中的未来规划，如今切实地实现了。我们的研究团队见证了龙峰民族村的蝶变。

第二，作为一个以农业为主且没有经过大规模农村工业化的村落，龙峰民族村在发展条件上具有一定的代表性。龙峰民族村缺乏明显的产业特色和资源优势，而且集体经济薄弱，这些是欠发达村落的普遍特征。全省乃至全国仍有相当多的欠发达村落面临类似的发展困境。例如集体经济薄弱问题，这类村庄的集体经济普遍形成并巩固于人民公社时期，以农业为主，缺乏非农产业和社队企业；分田到户时村集体只保留了极少的公共资产；村集体经济组织薄弱，家庭经济与村集体经济缺乏紧密联系；村集体经济经营性收入来源单一，缺乏可持续性；随着公共支出的增加，往往入不敷出。如何振兴村级集体经济，完善村庄公共服务和治理是这类村庄面临的重要发展问题。因此，龙峰民族村在发展问题上的困惑与应对有助于理解村庄发展的深层问题，为同类村庄提供发展经验借鉴。

第三，龙峰民族村由畲族村尧山坞和汉族村双华村合并而成，选择龙峰民族村有助于观察当前村庄合并对于农村基层社会治理的影响。两村合并之前，尧山坞人口较少，姓氏集中，村民以畲族为主，关系相对紧密；而双华村人多姓杂，多是汉族，相对松散。两村合并后村庄规模变大，打破了村民的固有生活边界，原来的那个"熟人、半熟人社会"被动扩大，干部团队也发生调整，公共事务的治理与协调难度加大。龙峰民族村是如何解决这些治理中的问题的，值得研究。

第四，作为少数民族村，龙峰民族村有助于考察传统农耕文明、畲族民俗、宗族文化和政府的民族政策在欠发达山区乡村振兴中的作用，以及如何在强势的汉族文化下传承发展少数民族文化。事实上，不只是少数民族的村落，就是汉族的乡村文化传统也面临衰落的危机。如何恢复有活力的、在地的乡村公共文化生活，是当今乡村文化建设普遍面临的难题。龙峰民族村面对这些难题积极地应对、解决，化解不利因素，发掘民族特色，使公共文化生活和畲族文化底蕴呈现出了蓬勃兴旺的气象，这其中有一些宝贵的经验值得提炼、推广。当然，龙峰民族村在文化建设上也面临一些还未妥善解决的普遍性难题，需要各方力量一起思考、应对。

二、龙峰民族村发展的现实启示

本书以龙峰民族村为研究对象，深入村庄内部，从历史、地理、经济、文化、治理五个方面记录分析村庄发展的脉络，龙峰民族村为同类村庄发展提供以下经验启示：

第一，龙峰民族村的发展依靠合力，即"内力"与"外力"共同发力。"内力"是农民、村干部的自我觉醒，对本土本村产生强烈的发展愿望。"外力"是新农村建设、美丽乡村建设等一系列乡村振兴举措在浙江农村的先行先试。同时，少数民族优势为龙峰民族村的发展提供了额外的政策支持和助力。

第二，龙峰民族村的发展路径有别于以就地工业化为特征的工业村和市场村。改革开放前二十年，区位和要素条件较好的村庄沿着就地工业化的路径得到发展，山区村庄发展相对滞后。作为山区少数民族村落，交通闭塞，就地工业化的路径并不适合龙峰民族村。新农村建设以来，乡村发展逻辑转向绿色发展、生态发展，欠发达山区迎来发展机遇。随着龙峰民族村基础设施和公共服务的完善，区位和要素的劣势得到弥补，生态、文化资源优势彰显，民宿旅游业正在蓬勃发展。乡村旅游带动村庄产业振兴，这条路径可供同类村庄参考。

第三，龙峰民族村的发展也是民族融合和构建村社共同体的过程。龙峰民族村合并后，不仅要应对集体经济薄弱、劳动力转移、农民增收等经济发展问题，还要面对合并后村内畲汉两族的内部融合问题。因此，重建村社共同体，加快促进畲汉两族融合，成为龙峰民族村打造"最美乡村"的第一步。如何重建，如何融合？这也成为龙峰民族村基层治理的思考重点。合并后的龙峰民族村在行政边界内成为一个"共同体"，土地资源、居住空间不再严格划分，此时龙峰民族村发展的关键是增进两族人民的集体认同和集体意识，这需建立在村民相互之间默认一致、一系列村规民约和共同思想价值理念之上。"共同体"不仅体现在集体意识和集体认同层面，还体现在生活共同体、生产共同体和生态共同体层面上。空间共享、生产衔接、生活互助、生态共建，最终实现共同发展，正是龙峰民族村的典型特征。

第四，龙峰民族村发掘畲族文化特色，使公共文化生活呈现出蓬勃兴旺的气象。一方面通过"造人""造产""造景""造节"的多方努力，使畲族特色文化再度繁荣，一度沉寂的山乡凤凰乘着政策与市场的东风再度高飞；另一方面，积极寻找传统文化的传承载体，利用非遗项目对传统技艺进行活态保留，在民族小学教育中推广传统文化。当然，龙峰民族村在文化建设上也面临一些还未妥善解决的普遍性难题，比如畲族文化节庆活动较多注重外部展示而忽略内涵建设等问题。此外，畲族乡村文化传承与发展还面临一个更困难的问题——如何应对生产生活方式现代化的挑战。这些问题不仅需要龙峰民族村的探索实践，也需要各方的努力去探讨解决。

三、龙峰民族村发展的理论探讨

本研究对龙峰民族村的观察和分析发现，传统的乡村发展理论及其分析范式不能完全解释龙峰民族村的发展历程。一般乡村发展的案例研究通常发现土地经营的规模化、农业的产业化、吸引（外部）投资、乡村工业化和产业集聚、乡村民宿旅游等服务业的发展、集体经济经营组织模式的创新，或者周围城镇化和工业化拉动等"发展要素"是乡村发展过程的关键。然而，这些"发展要素"在龙峰民族村的发展过程中发挥的作用并非基础性的，引发这些"发展要素"与"本地实际"的联结的过程则更为基础。在寻找"发展要素"并将其嵌入本地发展实际的过程中，我们发现龙峰民族村的农民自组织和基层政府的外部助力发挥了关键作用。

基于上述观察和分析，本研究提出：第一，农业、农民、农村的整体发展是村庄内部与外部政策共同作用的结果，单靠村庄内部的力量或者单靠政策的扶持都不能建立长期可持续发展的机制。第二，推动乡村的发展既需要从历史、文化、地理、经济、治理等多维度认识村庄，也需要从外部环境（政策供给）和内部环境（政策影响和村民协作）的互动角度，考察村民、村干部与政策的互动，特别是政策的落地问题。第三，乡村发展涉及农业、农民和农村多个维度，资本、资源、政策等外部因素可能改变一个村庄的发展轨迹，但全面长期的可持续发展需要从农业、农民和农村的整体发展考量。

（一）乡村发展的理论回顾

乡村发展（Rural development）理论存在两种对立的观点。一种代表性的观点认为农业农村的发展关键在外部力量的介入，包括工业化、城市化，以及新的农业生产要素的引入以打破农业和乡村内部旧的均衡；另外一种观点认为乡村发展要从农业、农民、农村本身出发，只有从内部增强农业、农民和农村的能力，乡村和整个经济的发展才能真正取得成功。

换言之，乡村发展理论的争论突出表现为：农业增长之争（农业是否可以成为经济增长的动力，抑或降低农业比重是经济发展前提）、农民理性之争（乡村发展落后的根源是否在于农业和农民本身落后）。

1. 农业增长

"农业是否可以成为经济增长的源泉"的争论是乡村发展理论争议的焦点（舒尔茨，1987）。这一点从 1979 年的诺贝尔经济学奖同时授予在发展问题上观点相左的两位经济学家舒尔茨和刘易斯可见一斑。舒尔茨在其《改造传统农业》一书中强调农业本身可以成为经济增长的源泉，农业并不存在要素配置效率低下、劳动力过剩的桎梏，让农民学会使用现代生产要素，对农业和农民投资，特别是教育投资可以使农业成为经济增长的动力之源。

相反，与舒尔茨一同获得诺贝尔经济学奖的刘易斯的二元结构理论以农业部门生产率的落后为前提，强调发展中国家的农业部门存在大量边际生产率为零的剩余劳动力，剩余劳动力从农业中转移出去不会影响农业生产，不进行劳动力的转移，土地和人口的矛盾将导致农业生产效率难以提高，由于农业生产效率的低下，人们很难产生生产剩余用于储蓄、投资，以及开展教育研发等活动。如果推动农村劳动力向工业转移，可以让农民在工业中创造更高的产出、获得更高的收入，随着工业资本的积累和扩张，整个国家的发展水平才可以得到提高。因此，按照刘易斯的理论，发展中国家经济发展的源泉在于产业结构转型，本质上要减少农业部门就业，促进工业的发展[①]。

上述两种对农业与发展的代表性看法也受到了不同观点的批评。在舒尔茨和刘易斯之前，1931 年梁漱溟在《乡村建设理论》中提出，经济建设要"从农业引发工业，更从工业推进农业；农业工业垒为推进，农业乃日进无疆"。[②]20 世纪 40 年

---

① 林毅夫. 西方农业发展基本理论述评 [J]. 农业经济问题，1988（11）：60-64.
② 梁漱溟. 乡村建设理论 [M]. 北京：商务印书馆，2015.

代，张培刚更为系统地讨论了农业在工业化发展中的作用，指出农业可以为工业化提供食粮、原料、劳动力、市场、资金①，是工业化和国民经济发展的基础和必要条件②。同时，张培刚认为工业化"不仅包括工业本身的机械化和现代化，而且也包括农业的机械化和现代化"，是生产要素组合方式的革新，在这个意义上等同于生产效率的提高，简言之就是经济发展。这意味着，工业化本身就包括农业自身的工业化（发展）。农业和工业化之间是一种复杂的、动态的关系。

随着城市水平的高度发展，以及发达国家进入后工业化时代，有学者又提出后现代农业或者说多功能农业等概念，这就超越舒尔茨从生产角度讨论的传统农业和现代农业，转向农业的生态、环境、文化等非生产功能③。

2. 农民理性

乡村发展理论的另外一个争议体现为农民理性的争论，即是不是农民的理性不足导致农业和发展滞后。持农民制约发展观点的人认为，农民是自私、保守、缺乏理性的代名词。我国平民教育家和乡村建设家晏阳初就认为乡村发展的关键在于克服农民的贫、愚、弱、私"四大病"，主张通过办平民学校对民众首先是农民，先教识字，再实施生计、文艺、卫生和公民"四大教育"，培养知识力、生产力、强健力和团结力，以造就"新民"，并主张在农村实现政治、教育、经济、自卫、卫生和礼俗"六大整体建设"，从而达到强国救国的目的。因此，乡村发展的关键不在于农业产业的效率、收益，乡村的落后主要归咎于农民的非理性——代价最小化、风险厌恶、不愿意增加投资等。马克斯·韦伯就认为农民具有不求利益最大化、只求代价最小化的传统主义劳动特征；荷兰学者波耶克认为农民缺乏求利欲望与积累动机，一旦生活达到某一水平时，就会出现反常的"转向后方"的供应曲线。

与之相反，舒尔茨等新古典经济学家并不认同农民的非理性假设，他认为传统农业之所以滞后并不是因为农民的懒惰、愚昧，或非理性。相反，传统农业中农民虽然贫穷，但其生产要素的配置效率、储蓄和投资水平并不低——"如果能

---

① 1961 年，美国经济学家西蒙·库兹涅茨在《经济增长与农业的贡献》一书亦提出类似观点，将上述贡献概括为产品贡献（包括粮食和原料）、市场贡献、要素贡献（包括剩余资本和剩余劳动力），以及国内农业通过出口农产品而获取收入的贡献。

② 张培刚. 农业与工业化 [M]. 北京：中国人民大学出版社，2014.

③ WILSON G A. Multifunctional Agriculture：A Transition Theory Perspective. Wallingford, UK：CAB International, 2007.陈秧分，王国刚，孙炜琳. 乡村振兴战略中的农业地位与农业发展 [J].农业经济问题，2018(1)：20-26. 罗必良. 小农经营、功能转换与策略选择：兼论小农户与现代农业融合发展的"第三条道路"[J]. 农业经济问题，2020（1）：29-47."

够给农民现代的科技，现代的生产手段，即使落后地区的农民，也可以点石成金，把农业变成现代的产业"①。

实际上，农民看似保守等非理性做法恰恰是农民的理性选择。比如，美国人类学家詹姆斯·斯科特在《农民的道义经济学：东南亚的反叛与生存》提出"小农道德经济"说，认为农民奉行"生计第一"和"安全第一"的原则，有助于获取可能的较为稳定的产出，是为了对抗威胁生计的外来压力，对抗资本主义市场关系以及资本主义国家政权的入侵的理性选择。另外一个导致农民看似非理性的解释是农业生产的非商品化，或者说农民既是生产者又是消费者的双重身份②。在人多地少的情形下，农户的生产在多数满足自身的消费需求，生产与消费的混合导致其生产决策也与现代经济学分析中"纯粹消费者"和"纯粹生产者"不同③。

（二）乡村发展研究范式问题

乡村发展研究通常孤立地分析宏观政策或者个体村庄的发展经验，宏观研究与微观研究、理论研究与政策研究之间缺少联系，这种研究范式的分野制约了对乡村发展规律的科学认识。

1. 宏观研究与微观研究

已有的乡村发展研究大致分为两类：一类从宏观的视角出发，重点考察政策的演化以及体制和政策设计在农业农村发展中的作用。例如，罗必良（2020）从农业发展的角度，分析了小农户情景下实现现代农业化面临问题和实现路径，指出中国小农户与现代农业发展有机衔接的关键是农业服务的社会化，以分工和专业化提升小农户的农业生产效率。区别于美国农户大规模经营及其自我服务以及日本农户小规模经营及其生产性服务内卷化的农业发展模式。洪银兴（2009）从城乡关系和农业自身现代化的角度指出，我国不能只是靠非农化和城镇化带动农业农村发展，与罗必良（2020）强调农业生产服务的分工和社会化不同④，洪银兴（2009）强调加强农业科技和农民人类资本的投资，利用现代生产要素发展现代农业⑤。张海鹏（2019）考察了我国城乡关系的演变路径、影响因素及存在的问题，指出我国

---

① 舒尔茨. 改造传统农业 [M]. 梁小民，译. 北京：商务印书馆，1987.
② A. 恰亚诺夫. 农民经济组织 [M]. 萧正洪，译. 北京：中央编译出版社，1996.
③ 林毅夫. 小农与经济理性 [J]. 中国乡村发现，2016（5）：10-14.
④ 罗必良. 小农经营、功能转换与策略选择：兼论小农户与现代农业融合发展的"第三条道路" [J]. 农业经济问题，2020（1）：29-47.
⑤ 洪银兴. 三农现代化途径研究 [J]. 经济学家，2009（1）：12-18.

初步建立了城乡融合发展的体制机制，但是，户籍制度、城乡土地、资本要素合理流动的机制尚未建立，城乡基本公共服务差距依然较大①。这些研究对于我们认识农业农村发展的逻辑具有一定的启示作用。

另外一类研究则从微观视角出发，侧重深入乡村内部，从典型的村庄案例总结规律、汲取经验，如"枫桥经验""后陈经验""桐乡经验""余村经验""象山经验""贵州湄潭样本"等（毛丹等，2008；刘守英，2017）。这些研究认为，村庄的文化、历史、地理、人口、组织的乡土特色在村庄转型过程中发挥着巨大的作用。在更微观的农民、农户层面也存在大量微观实证研究，个体经济特征、农民的文化、认知、乡村习俗等因素对于村庄的转型发展具有至关重要的作用②。

总体来看，已有的宏观研究和微观研究提供了相对独立的分析视角和结论。宏观分析有助于指导国家政策，但没有顾及地区差异、村庄特点、农民个体差异等一系列微观层面因素的作用。研究方法上宏观研究强调定性的分析，而微观研究定性和定量的方法均比较普遍。研究问题和分析范式的分野，不利于综合考察宏观和微观因素的混合作用。

2. 理论与现实

乡村发展研究中存在的普遍问题是缺少理论与现实、政策与实践之间的深入考察。通常研究满足于从理论上找到一条发展的路径，或者厘清政策本身的逻辑。然而，理论的应用和政策的实施可能与预期完全背离。在国际上，为了解决发展理论与实践、发展政策设计与实施过程中的缺陷，以阿比吉特·班纳吉（Abhijit Banerjee）、埃丝特·迪弗洛（Esther Duflo）和迈克尔·克雷默（Michael Kremer）为代表的发展经济学家，利用理论与随机控制政策实验相结合的方法，考察政策的影响，理解政策的机制，从而修正和完善理论、指导政策实践。2019 年，三人因在政策实验、因果识别和机制检验上的贡献获得了 2019 年诺贝尔经济学奖。

理解乡村发展过程的成功与失败的根源需要通过建立理论与现实、政策设计与落地的关系，将宏观和微观研究相融合。例如，浙江省各级政府非常重视城乡的均衡、融合发展，出台了"八八战略"等重大决策部署。但在微观层面，政策的实施通常遇到如何落地问题，或者可能存在同样的政策在不同的村庄效果大相径

---

① 张海鹏. 中国城乡关系演变 70 年：从分割到融合 [J]. 中国农村经济，2019（3）：2–18.

② BANERJEE A V, DUFLOE.The Economic Lives of the Poor[J]. Journal of Economic Perspectives ,2007,21(1)：141.

庭的现象，深入系统的观察政策的实施及微观影响是乡村发展研究过程中需要完善和思考的方向。如本书将要讨论的，龙峰民族村的案例带给我们一个强烈的感受，从村委班子到县、乡基层政府在利用外部政策上积极有为，形成良性互动。

（三）乡村发展的政策趋向

众多学者对我国改革开放以来乡村发展的政策做了深入的研究，形成了比较一致的结论[①]。在改革开放初期，我国政策强调工业化和城市化对"三农"发展的带动作用，忽视对"三农"的投入，以非农化解决农业问题，以城市化解决农村问题，以劳动力转移解决农民问题。这导致城乡发展失衡，"三农"问题凸显。进入21世纪以后，中国经济持续快速增长，初步具备了工业反哺农业的条件，从2000年开始，逐步推行了农村税费改革，尝试从制度上减轻农民的税费负担，进而改善城乡关系。2002年，党的十六大报告明确将"统筹城乡经济社会发展"作为解决城乡二元结构问题的基本方针。2007年，党的十七大报告提出："统筹城乡发展、推进社会主义新农村建设，必须建立'以工促农、以城带乡'的长效机制，形成城乡一体化的新格局。"

党的十八大以来，推动城乡发展一体化成为党和国家工作的重点之一，全面开启了构建城乡融合发展体制机制的新阶段。2012年，党的十八大明确提出："解决好农业农村农民问题是全党工作重中之重，城乡发展一体化是解决'三农'问题的根本途径。"2013年，党的十八届三中全会进一步指出："城乡二元结构是制约城乡发展一体化的主要障碍。必须健全体制机制，形成以工促农、以城带乡、工农互惠、城乡一体的新型工农城乡关系，让广大农民平等参与现代化进程、共同分享现代化成果。"这是中央首次明确提出新型城乡关系的概念，并且将"城乡一体"作为新型城乡关系的最终目标。2017年，党的十九大明确提出"建立健全城乡融合发展的体制机制和政策体系"。从统筹城乡发展到城乡发展一体化，再到城乡融合发展，虽然表述不同，但是思想一脉相承。党的十九大提出乡村振兴战略标志着"工农等同""城乡等值""共存共荣""共建共享"的新政策理念的落实，实施城乡融合发展、农业和非农产业融合发展。

不同国家在不同时期所采取的乡村发展政策反映了对乡村发展理论认识的差异。如舒尔茨所言：

[①] 洪银兴. 三农现代化途径研究 [J]. 经济学家，2009（1）：12–18. 张海鹏. 中国城乡关系演变 70 年：从分割到融合 [J]. 中国农村经济，2019（3）：2–18.

大部分国家在现实工业化时并没有采取相应的措施来增加农业生产。某些国家以损害农业来实现工业化。只有少数国家从工业和农业中都得到了大幅度的经济增长。成功地发展自己的农业部门，使农业成为经济增长的一个真正源泉只是个别例外的国家。①

有的国家有时奉行"农业原教旨主义"，认为农业是经济中的基础部门，农民所具有的社会价值优于城市一般居民，而且家庭农场是农业中自然的经济单位；有时"工业原教旨主义"大行其道，认为工业始终是实现经济增长的基础部门，农业不仅受传统束缚而且天生比非农业人口落后，大部分农业劳动力的边际生产率是零。

---

① 舒尔茨.改造传统农业 [M] 梁小民，译.北京：商务印书馆，1987.

史

地

篇

基础与回望

中国
村庄
发展

SHIDI PIAN
JICHU YU HUIWANG

龙峰民族村（以下简称龙峰村）位于浙江省桐庐县莪山畲族乡（以下简称莪山乡）西南角，与钟山乡相邻。距莪山乡政府约 2.3 千米，距桐庐县城约 19 千米，村域面积 5.21 平方千米。龙峰村地处昱岭山脉，群山环绕，遍布梯田、山地，地势西高东低，北倚香炉峰，南至清冷山（当地也称大青山），西面是海拔高达 863 米的龙峰山，其山体高峻，山势挺拔，龙峰村因此而得名。县道徐（徐家埠）七（七里泷）线东西方向穿村而过，村内另有南北方向的公路水尧线连接水洪里、尧山坞、塘田、白栎湾多个自然村。从地图上看恰似一只两翼张开的凤凰，两条公路交汇的地方是头部，双翼沿公路展开，振翅欲飞。

今天的龙峰村是怎样形成的？畲族同胞是如何在这里安家落户世代居住的？这里的人文风俗跟汉族有什么区别？龙峰村又是怎样从一个闭塞落后、默默无闻的山村成为今天经济发展、生态宜居、受到游客青睐的富裕之地呢？村庄的发展离不开当地独特的自然资源禀赋和历史人文积淀，本篇将梳理龙峰村形成的历史脉络，展现畲族文化习俗，回顾1978 年以前的村庄生产生活，分析村庄发展的资源要素基础，为后续篇章铺垫。

第一章　历史和风俗概貌

　　龙峰民族村的历史可以追溯至宋朝。宋为桐庐乡左侯里。明属桐庐乡二管一图。清雍正二年（1724）为桐庐乡下珠、大厦、双井、项家。民国三十年（1941）属旧县乡第十三保。1950年夏属尧山乡。1956年6月为莪山乡双华村、尧山坞村。1958年10月属横村（大）公社尧山管理区尧山大队。1961年10月属莪山公社双华大队、尧山坞大队。1984年3月复为莪山乡双华村、尧山坞村。1988年12月莪山乡被确立为莪山畲族乡，2005年1月双华村、尧山坞村两村合并为龙峰民族村。

第一节　村落形成

　　龙峰民族村（以下简称龙峰村）由原尧山坞村和双华村合并而成，全村30%以上的人口是畲族人，畲族人口主要聚居于尧山坞，两村合并以前尧山坞98%的人口为畲族人，是名副其实的畲族村庄。龙峰村地处桐庐县的低山丘陵地区，桐庐靠近分水江一带地处山区，资源丰富、民风淳朴、人民包容性高，历史上一直有流民迁来定居。徙居流民无分畲族、汉族。龙峰村所在的桐庐莪山乡一带畲族人口大多是在太平天国战乱之后由浙南地区迁徙而来，这种移民潮一直持续着，至清朝末期开始形成畲族人口聚居的村落。咸丰十年（1860）太平军占据桐庐，频繁的战争导致桐庐地区人口锐减。

　　咸丰十年，洪杨军陷杭州，其年九月，有李世贤者自分水金竹岭入县境。至十月初，即白峰岭至新城，十一年九月复来。嗣是占据，凡十月八月，踪迹所至，日以掳掠为事，经过村落，逃避一空。间有留滞妇女，或被奸污，丁壮钤令负担，稍有违拗即刃随之至有一人积累以十数而行止惟命者。其掳掠名色，初至则曰打先锋，及避匪殆尽入山寻觅则曰搜山。居民之死于避匪者，南乡以桐洲为最，伙焚掠至三日夜，尤惨。北乡如阴山洞、神仙洞，死各二百余人。①

据《浙江百年大事记》记载，与战前相比"桐庐人口仅存十分之五"。横村地区尤为严重，人口"十成去七"，到处地广人稀，薜荔丛生，村落不闻鸡鸣狗吠。几有村落绝户，如戴家山村，至今无一戴氏后裔；莪山周田村，也无周姓、田姓传人。同治二年（1863）太平军撤出桐庐之后，陆续有浙南丽水、温州等地太平军未到或战争较少、人口相对富余地区的贫苦农民，他们或单身或结伴，经长途跋涉，络绎迁徙来桐庐，特别是在莪山和龙峰山区定居。随着畲族人口的不断增加，至清朝末期，在莪山乡山阴坞、戴家山、尧山坞（今属龙峰民族村）形成了畲族人口的聚居村落。

在清朝中叶以前，徙居来莪山的均为汉族流民，畲族人口来莪山尚未见文献记载，所以此前认为畲胞是太平天国以后才来莪山定居。因修编《莪山畲族乡乡志》，据大量宗谱考证，早在太平天国以前，已有数支畲胞从浙南徙居莪山山区，繁衍生息。龙峰村白栎湾钟建邦一支，在清道光（1821—1850）初年就已从浙南青田县八都四源高畲迁入本村。又有龙峰村白栎湾钟圣恩一支约于道光三十年（1850），从青田县八都萧山迁入本村。太平天国战乱之后，又有数支畲胞流徙聚居至此，形成了今天龙峰村尧山坞畲族人口聚居的村落雏形。据《桐江李氏宗谱》记载，清同治八年（1869），青田县八都富澳乡驮丘边村李承涛（小名小欢，俗名老三）迁居桐庐县孝泉乡大庄盘塘坞即今富春江镇大庄村，翌年迁居安乐乡戴家山，安乐乡为横村镇旧制，其地今为莪山戴家山，又一年迁居安乐乡山阴坞村，今属莪山畲族乡莪山村。此后数年间相继有李承仁迁牛轭岭村，李承勋迁周田村，李承雷迁尧山村，李承礼迁尹家山村（今属旧县），李承品迁大庄村。李承然（阿寅）也在此时迁入莪山乡尧山坞村。李承涛、李承仁、李承勋、李承雷、李承礼、李承然均为李氏畲族第九世同辈。李承然是龙峰村李氏始迁祖，至今尧山坞村仍保留着李阿寅的墓。

之后清末、民国直至新中国成立一直有人口迁入。新中国成立初期的土地改革时期，陆续有温州人迁居到尧山坞分田地，后来实行城乡户籍制度，迁徙才停

---

① 颜士晋桐庐县志：卷十三．影印本．民国．

止。村民雷依香老人（1938年生）回忆："小的时候爷爷从温州迁过来安家，爷爷是相面的，挑着箩筐来落户，家中兄弟姐妹我最小（2个哥哥1个姐姐）。新中国成立的时候这里（尧山坞）最多就20户人家，瓦片（房）很少，房子都是草棚，都是小路、梯田。"[1] 村民陈根贤老人（1947年生）回忆说："我是跟着母亲从温州迁过来的，母亲是小脚老太太，她走路都走不牢的。"[2]

20世纪60年代，龙峰村（原双华大队和尧山坞大队）还接收了3户新安江水库移民。这些移民原本是1959年由原淳安县茶园区紫峰乡宋村驮山村安置到今桐庐县窄溪公社（今江南镇）的，但因当地缺柴生活不便，转迁安置到莪山乡尧山坞村（今龙峰民族村境内）。此外，知识青年上山下乡运动期间，龙峰村共接收36位"知青"，其中安置在双华村23人，尧山坞村13人[3]。自1971年后，国家经济形势有所好转，国家允许事业、企业单位招工，遂逐年有知识青年被招工返城。至1979年，在原双华大队和尧山坞大队的知青均已返城。之后由于城乡户籍制度的限制，龙峰村的人口流动也告一段落。

第二节　民族源流

一、族称来源

畲族是我国南方一支古老的民族。公元7世纪初，畲族人民就已经劳动、生息、繁衍在闽、粤、赣三省交界地区，当时被泛称为"蛮""蛮僚""峒蛮""峒僚"。唐高宗总章二年（669），"泉、潮间，蛮僚啸乱"这是史书上关于畲族先民兵事的最早记载[4]。公元13世纪中期，南宋末年的史书开始出现"畲民"和"輋民"（輋音与畲同）的称呼。刘克庄在《漳州谕畲》一文中说"畲民不悦（役），畲田不税，其来久矣"，"余读诸畲款状，有自称盘护孙者"[5]。文天祥在《知潮州寺丞东岩先生洪公行状》中亦载："潮与漳、汀接壤，盐寇、輋民群聚……。""畲民""輋

[1]　雷依香访谈记录。
[2]　陈根贤访谈记录。
[3]　莪山共接纳来自杭州（杭州钢铁厂、杭州铁路中学、杭州市文化局、杭州市体委、清波街道、湖滨街道、凤起街道）、桐庐、横村、旧县及回乡知识青年285人。其中有来自杭州的知青219人，来自桐庐的知青44人，来自横村的知青17人，来自旧县的知青2人及回乡知青3人。当时知识青年上山下乡俗称"下放"。时间最早是1969年，最迟是1978年。安置范围为全公社各大队。其中安置在双华村23人，尧山坞村13人。
[4]　陈建樾. 中国民族地区经济社会调查报告·景宁畲族自治县卷 [M]. 北京：中国社会科学出版社，2015.
[5]　刘克庄. 漳州谕畲 [M]// 后村先生大全集卷93. 北京：商务印书馆，1936.

民"二者字异音同，都是指同一个民族，前者指福建漳州一带的畲族，后者指广东潮州一带的畲族。"畲"字原是"火种田"的意思，即火烧地表草木，趁土热播种。畲族人民经历过刀耕火种的原始耕作阶段，故被称为"畲民"。《龙泉县志》说："（民）以畲名，其善田者也。"①

"畲"字来历甚古，在《诗》《易》等经书中就已出现。"畲"字读音有二，读 yú（余），指刚开垦的田；读 shē（奢），意为刀耕火种。"畲"字衍化为族称，始于南宋时期，距今已有七百多年的历史。元代以来，"畲民"逐渐被作为畲族的专有名称，普遍出现在汉文史书上。宋末元初，各地畲民组织义军，加入抗元斗争的行列，《元史》中又出现"畲军""畲丁"等名称。明、清时期，闽、浙各地方志以"畲民""畲人""畲客"等称呼畲族的非常普遍，粤、赣各地方志以"輋户""輋蛮""山輋"等称畲族的也比比皆是。清代以来，由于许多人不了解畲民的民族成分，还有以"苗族""瑶族""瑶僮""苗民"等称呼畲族的。总之，史书对畲族的族称记载相当混乱，称呼也因时因地而异。1956 年由国务院正式公布确认，畲族是一个具有自己特点的单一的少数民族。从此，"畲族"成为法定的族称。

畲族人自称"山哈"，"哈"畲语意为"客人"。"山哈"即指山里人或居住在山里的客人。这个名称不见史书记载，但在畲族民间却普遍流传。还有一种流传广泛的说法，畲族人的祖先最早在广东凤凰山刀耕火种，刀耕火种开出来的田称为"畲田"，皇帝其令子子孙孙不用纳税和完粮。畲民因种"畲田"所以被称为"畲客"②。

二、迁徙路线

畲族人民把广东潮州凤凰山作为本民族的祖居地和发祥地，凤凰山是畲族形成和保持民族凝聚力的一个重要的文化符号。早期畲族族群主要生活在闽、粤、赣三省交界地区。宋、元时期大量畲人迁徙至福建中部和北部，明、清两代继续北移，散居福建东部和浙江南部的群山之中。在新的家园，勤劳勇敢的畲族人民自强不息，披荆斩棘，叩石垦壤，耕山狩猎。

① 《中国少数民族社会历史调查资料丛刊》修订编辑委员会.畲族社会历史调查[M].北京：民族出版社，2009.
② 《中国少数民族社会历史调查资料丛刊》福建省编辑组.畲族社会历史调查[M].福州：福建人民出版社，1986.

　　唐代畲族的祖先主要生活在闽、粤、赣三省交界的九龙江以西广大山区；在艰苦的环境下拓荒，被称为"峒蛮""蛮僚"。在唐代陈政率军进入这一地区以前，史书上没有关于汉人居住在这一地区的记载。唐朝在福建漳州、汀州设置郡治，实行辟地置屯等一系列发展经济的措施。随着汉人陆续移居至此，出现"民僚杂处"的现象。

　　大致从明代开始，畲民向福建闽中、闽东等地迁徙，其路线为：闽南—闽中—闽东连江—罗源—寿宁，然后转向福安、霞浦、福鼎，其间各地畲民又往返迁移。至清代，迁徙活动更加活跃。基于山地游耕的传统，畲民以家庭或家族中若干成员为单位，向相对地旷人稀的汉族地区缓慢迁徙。进入福建的畲人租种土地，受到种种盘剥，新垦地又被地主霸占。为了生计，一些畲民开始向浙江迁徙。他们先在泰顺、平阳落脚，其中一部分继续向景宁、云和、遂昌等地迁徙。

　　清朝末期受太平天国运动影响，现今丽水市境内的畲族人口继续向北迁徙，一部分畲胞到达了桐庐，那时莪山一带已有少量畲族人口定居，他们一起创造了如今莪山乡畲族聚居的民族村落。

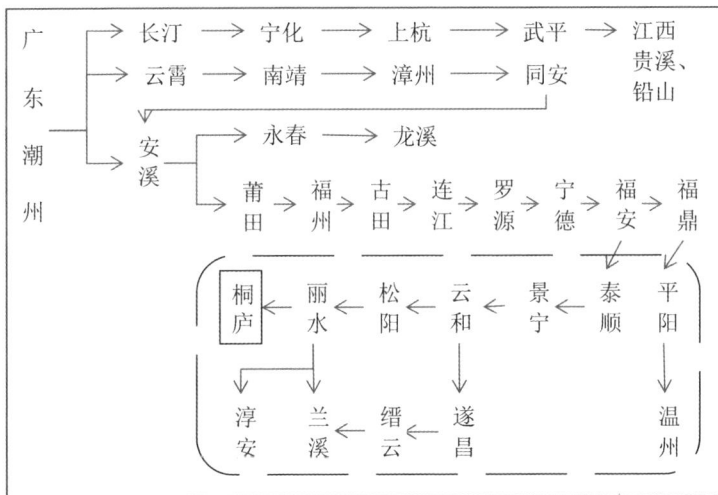

图 1　畲族人口向浙江迁徙路线图

资料来源：龙峰民族村村委提供。

三、宗族与姓氏

　　根据蓝、雷、钟等十多本族谱记载，畲族的总祠堂是广东潮州凤凰山的盘瓠总祠。在浙南各地的畲族，族有族长，房有房长。各族都有祠堂，有族长一人、房长若干人管理。族长由辈分最高、德高望重的人担当，族长可按习惯主持和处理一切族内事务[①]。畲族村寨多以血缘相近的同姓聚族同居，部分由以地缘组织为基础的异姓聚居。畲村有祠堂和房的组织，祠堂即宗祠，房即宗祠内子孙派系分支。同姓畲族不管血缘亲疏都以叔伯相称。畲谚云："山哈，山哈，不是同宗就是叔伯。"

据畲民口传：他们的始祖是盘瓠。在上古的时候，高辛王妃耳中取出一虫，形象如蚕，育于盘中，忽而变成一只神兽，毫光显现，遍身锦绣。高辛王见之，大喜，赐名龙麒，号称盘瓠。那时，犬戎入寇，国家异常危急。高辛王就下诏求贤。谓有能斩犬戎将军的头来献的，必把公主嫁给他。龙麒便挺身而往敌国，斩了犬戎将军的头来报命；高辛王当即下诏，让盘瓠和公主结婚。盘瓠挈妻入山居住，生三男一女，长子姓盘，名叫自能；次子姓蓝，名叫光辉；三子姓雷，名叫巨佑；女婿姓钟，名叫智深。因此，畲族主要有蓝、雷、钟、盘四姓，以蓝、雷二姓为多，后又增一李姓。

龙峰民族村现有 27 个姓氏。其中雷、蓝、钟、李是本地畲族的四大姓氏，主要分布在畲族同胞聚居的尧山坞一带，其中又以钟姓人口居多。尧山坞村是典型的宗族聚居型村落。一般来说畲族的四大主姓为盘、蓝、雷、钟，而尧山坞则略有不同，这里没有盘姓，却有李姓，虽现今人数不多，但其先祖却是龙峰民族村的早期居民之一，与雷姓、钟姓一样自清末就定居此地。而蓝姓虽然是畲族传统主姓，其在本村却并非原住民，于新中国成立后因新安江水库移民才迁入。

除了四个畲族姓氏，本村还有 23 个汉族姓氏，罗列如下：傅、徐、陈、吴、潘、董、谢、郑、张、祝、季、钱、赵、杨、刘、林、周、卓、程、滕、胡、叶、彭。汉姓人口多分布于原双华村一带。原双华村的人口常年保持在八九百人的规模，却有二十余个姓氏。一般来说，宗族聚居型村落中会有一个主姓，而且一个村的姓氏不会太多。双华村情况正好相反，这里的姓氏五花八门，整个村庄也没有一个明显的主姓。这与太平天国时期战乱移民有关。战乱之下原住民家族迁出、衰落，之后又有移民进入，导致村庄姓氏多而杂。徐姓是太平天国战乱之前双华村汉族的原住民之一，也是本村最大的汉族姓氏。

---

① 叶大兵 . 中国民俗大系·浙江民俗 [M]. 兰州：甘肃人民出版社，2002.

龙峰李氏源流

李氏始迁祖李承然，又名李阿寅，是龙峰民族村的祖先之一，光绪三年（1877）李阿寅携妻从青田八都五源富沃长山庄（今属文成县）迁入龙峰村，初居塘田，后定居尧山坞，至今已传六世。其墓（李阿寅古墓）建于清宣统三年（1911），造工考究，至今仍保存于村中，是桐庐县文物保护单位。

龙峰尧山坞李氏，始迁祖李承良，字聚良，约于同治十年（1871），从青田县八都旁垄迁居莪山乡龙峰村尧山坞。

龙峰蓝氏源流

蓝氏定居龙峰村的历史较短，是本村畲胞中最为年轻的一支，系新中国成立以后因水库移民迁居至此。1958年3月，因建造新安江水电站，蓝有年从淳安县茶园镇大驮山村由国家安排初迁窄溪公社前村村（今属江南镇）。因平原地区缺柴，生活多有不便，1960年3月又回迁淳安茶园大驮山。1964年11月复由国家安排再迁莪山公社尧山坞（今属龙峰村），至今已传四世。

龙峰徐氏源流

徐姓是本村最大的汉族姓氏。徐氏族人也是本地较早的世居居民。龙峰村下珠徐氏其先祖可追溯至西周，周有徐国，偃王徐诞南迁于浙江龙游另建姑篾国，江南徐姓均为姑篾后裔。元至正（1341—1368）末，徐氏一始祖徐乾，字德君，从上虞县下管迁莪山乡龙峰村下珠，生四子，长居下珠，余分迁旧县街通大山、富春江镇大溪边及本乡西坞。徐姓郡望东海郡，堂号德馨堂。现有龙峰村村民徐木林为"昌"字辈，已传至"昌"字辈后两代。可知辈分为东、海、族、第、南、州、高、风、源、自、瀛、起、赐、姓、咸、从、文、学、行、启、家、声、道、德、永、昌。莪山乡西坞村徐氏为龙峰村下珠徐氏派衍。西坞村村民徐德昌为"德"字辈。清末建宗祠，1946年修成支谱，宗祠拆于合作化时期，宗谱毁于"文革"。

龙峰钟氏源流

钟姓在龙峰村是最大的姓氏，各家祖先迁入本村的时间各不相同，龙峰白栎湾钟氏，始迁祖钟建邦，约于道光（1821—1850）初年，从青田县八都四源高畲迁入莪山乡龙峰白栎湾，现可知本支为浙南畲胞迁入莪山最早的一支。

其他钟姓源流如下：

龙峰尧山坞钟氏：源出商代大贤微子启之后。至宋桓公之曾孙伯宗仕于晋，为大夫。其子伯州黎仕于楚，食邑钟离。裔孙姓钟或复姓钟离，均出同源。本支以石洪公为第一世，于明万历（1573—1620）间，由福建宁德县迁居浙江景宁县二都七源锦岱垟。二世振台公于明崇祯三年（1630）转迁青田县八都西坑，续迁高丘。七世文拱公于清雍正四年（1726）再迁五源萧山。自石洪公起辈分排序为石、振、法、春、德、孔、文、朝、廷、国、圣、世、士、运、开、昌、家、庭、立、业、志、克、光、宗、守、正、维、邦、永、承、治、绪。迁桐庐始祖钟圣聪，又名堂严或大有，于同治七年（1868），从青田县五源萧山迁入莪山乡龙峰村白栎湾，至今已历六世。

龙峰钟氏：始迁祖钟大体，又名乐然。清光绪十六年（1890），从青田县八都培头迁入莪山乡龙峰村项家，至今已历六世。

龙峰钟氏：始迁祖钟炎纷，于光绪元年（1875），从青田县五源迁入莪山乡龙峰村，初居白栎湾九州庙，后定居尧山坞。

龙峰钟氏：始迁祖钟大波，一名来承，约于同治十年（1871），从青田县八都培头迁入莪山乡龙峰村项家。至今已历五世。

龙峰尧山坞钟氏：始迁祖钟学出，又名金生。约于光绪三十年（1904），从青田县八都城山底迁居莪山乡龙峰村尧山坞。已历五世。

龙峰双园钟氏：始迁祖钟思谨，又名步谨，约于同治十二年（1886），从青田县八都高丘迁入莪山乡龙峰村双园。已历五世。

龙峰尧山坞钟氏：以畲族始祖龙麒之婿钟志琛为钟姓之始。本支以唐状元景期公，讳旭，字琴山为第一世。始迁祖钟士盈，又名福清，约于光绪三十二年（1906），从青田县八都迁入莪山乡龙峰村尧山坞，已历五世。

龙峰雷氏源流

龙峰白栎湾雷氏：以畲族始祖龙麒第三子雷巨佑为雷姓之始。本支雷姓以启新公，一名法新，字子将，为第一世，居青田县八都养源头。自启新公以下辈分排序分别为启、文、周、世、宗、子、胜、成、士、元、永、德、本、明、昌、绍、义、仁、廷、开、延、富、贵、家、邦、有、吉、全。始迁祖雷德南，又名火南，约于光绪十七年（1891），从泰顺县底庄迁入莪山乡龙峰村白栎湾，今已传六世。雷姓郡望冯翊郡，本支堂号谦让堂。

龙峰白栎湾雷氏：始迁祖雷本源，又名瑞本，于民国十六年（1927），从泰顺县底庄迁入莪山乡龙峰村白栎湾，今已传四世。

龙峰白栎湾雷氏：始迁祖雷本传，又名本善，于1949年，从泰顺县底庄迁入莪山乡龙峰村白栎湾，今已传四世。

龙峰尧山坞雷氏：始迁祖雷明坤，于民国三十七年（1948），从青田县八都水牛丘赘入龙峰村尧山坞，今已传四世。

龙峰雷氏：始迁祖雷明坤，民国三十七年（1948），从青田县漈下迁入莪山乡龙峰村，今已历四世。

龙峰白栎湾雷氏：始迁祖雷本传，又名本善，于1949年，从泰顺县底庄迁入莪山乡龙峰村白栎湾，今已传四世。

龙峰尧山坞雷氏：先世福建连县安民里。约于明万历三十年（1602），始迁祖奉伍公初迁浙江景云（宁）县包凤。未久，奉伍公之子继迁青田县八都二源养源头，为雷氏迁浙江之始。本之始迁祖成财公，约于清咸丰八年（1858），从文成县莳寮迁居桐庐县莪山乡龙峰村尧山坞。自始祖以下辈分排序为始、奉、启、文、周、世、宗、继、胜、成、士、永、元、德、本、明、昌、绍、义、仁。村雷土根为"本"字辈，谱名本根，已传八世至"昌"字辈。雷氏郡望冯翊郡，堂号谦让堂。

四、龙峰村宗谱名录

龙峰民族村内共保存了八份家谱（表1），初修年代最古老的当属隋开皇五年初修的《雷氏宗谱》；卷数最多的为《徐氏宗谱》，最近一次修编在光绪十一年。这些家谱不仅是记录宗族世系及其事迹的档案，供后人寻根溯源的依据，也是研究龙峰民族村历史的宝贵资料。这些家谱中的相关记载，为确定莪山乡一带村落形成的年代提供了依据。

表 1　龙峰民族村宗谱名录

谱名	卷数	修年	主修者	版本	初修年	本次修次	收藏者
雷氏宗谱	1 卷	2011 年	雷明华	电脑打字	隋开皇五年	3	龙峰村 雷明炎
雷氏宗谱	2 卷	民国 二十二年	钟士进	手写石印	清道光 二十五年	3	龙峰村 尧山坞 雷土根
钟氏宗谱	1 卷	2014 年	钟昌洪	活字铅印	清宣统二年	3	龙峰村 白栗湾 钟卫星
桐江下珠 徐氏宗谱	4 卷	清光绪 十一年	不详	木刻	南宋建炎 二年	13	龙峰村 下珠 徐木林
黄坦张氏 宗谱	3 卷	2014 年	张德锐	电脑打字	宋景炎二年	9	龙峰村 大厦 张恩
永嘉荥阳 潘氏宗谱	1 卷	2008 年	潘泰来	电脑复印	不详	不详	龙峰村 潘林木
弘农杨氏 宗谱	2 卷	清光绪 二十四年	不详	木刻雕版	清道光 二十五年	2	龙峰村 下珠 杨根宁
季氏宗谱	1 卷	1998 年	季渐仁	电脑复印	清康熙 五十八年	6	龙峰村 下珠 季阿来

注：根据《莪山畲族乡乡志》相关资料整理。

第三节　民风民俗

一、龙峰村民风

畲族人民自古开山垦田，以山为家，长期在汉人地主的压迫下，形成了勤劳、诚实、俭朴、坚韧、热情好客的民族性格。"畲民的性情最好的是一个'真'字，他们无论对于什么事，多能够表现出他们纯洁的天真……畲民做事非常坚韧，无论男女老有，人人勤勉，虽严寒酷暑，不稍间断。无论何时，从没有半途而废的。且该族之中不论贫富，没有一人坐食……"[①]

[①]　沈作乾 . 畲民调查记 [J]. 东方杂志，1924（7）：56—71.

龙峰村的畲族同胞比较齐心，而且习有武术，在周边村庄中较有威慑力。新中国成立前尧山坞发生了这样一件事情：村里人因为看戏座位和隔壁中门村的人发生了口角，中门村的人请来了两个厉害的武师名叫洪十七和洪十八与尧山坞的畲民比试，最后败下阵来，洪十七回家一个月后伤重而亡，此后周边汉民村庄都敬畏这里的畲族人。①

现在龙峰村的畲族同胞诚实友爱、团结合作，其诚实、勤劳、实干、团结的品质受到周边汉族人的尊敬。畲族人这一点在尧山坞与双华的合并中起到了作用。两村合并后，村民们对村庄发展有了更多期待，共同推选了畲族人雷天星回村任职。畲汉两族人民共同构建了一个亲缘关系下安定有序、有内在凝聚力的村庄社会。

二、宗族聚居

畲族以同姓聚居为主。畲语"山哈山哈，不是同房就是叔伯"印证了其典型的宗族家族组织的结构。龙峰村村落血缘性和农耕地缘性聚居特点明显，这种通过空间的亲和力和相互之间密切的交往与空间生活，以血缘、地缘和业缘的关系获取团结一致的力量是人类战胜自然灾害、抵抗侵略者入侵、相互关爱并努力营建自己的家园、推动社会整体的良性健康发展的基础。畲族的迁徙，最早以家为单位，每迁移到一个地方，"所居在丛箐邃谷，或三四里，或七八里始见一舍，无比屋而居者"。村落的形成，便是由一户或是两三户畲民发展而成的。畲族这种"不谋聚居、不杂土著"的迁移方式，一方面有利于村落宗族事务活动以及畲民之间某些事务的互相帮工（概不计酬），相互照顾，同舟共济，共同发展，使得畲族族群得以发展壮大；另一方面，在抵抗外族侵扰的时候，能够团结一致；再者，主观上有利于保存民族特点，使得畲族在比较长的历史时期里，其传统文化与习俗得以完好地保存。畲族迁徙聚居的实质，是"一个弱小的民族，在一个强大的封建民族的迫使下的 种逃离封建化的行动，是落后的原始生产力，一时无法适应封建关系而产生的自发性抗拒"②。

畲族人历来重视子嗣承继，没有儿女的家庭可以抱养孩子继承香火，以尽赡养之责。对于婚姻奉行族内婚、同姓不婚的原则。过去畲族人不与汉族通婚，主

---

① 钟相贵访谈记录。
② 邱国珍．浙江畲族史[M]．杭州：杭州出版社，2010．

要是畲汉地位差异，再者汉人不懂畲语，语言沟通有障碍，日常生活习惯也有不同。"畲民以汉女不能操作，汉男亦以娶畲女为可耻，因此，两方就没有接近的机会。"①

三、语言

语言是民族文化的重要载体。畲族有自己的语言，属汉藏语系苗瑶语族，畲语发音与客家方言较为接近。旧志称畲民"语音侏离而不可闻，与邑之操，其土者又迥殊焉"，全国各地畲族族内语言具有共通性，不同地区的畲语不存在交流障碍。桐庐、临安、建德、淳安等县市是吴语方言区的腹地，这一带的畲民居住比较分散，畲汉往来频繁，因此当地的畲语受吴方言的影响较大②。历史上畲民一直有讲"双语"的传统，因为畲族村落没有集市，畲民也不经商，畲民必须到汉人的集市交换物品，所以多数畲民都会讲本地方言，久而久之形成了对内讲畲语，对外讲汉语的语言传统。发表于民国十三年的《畲民调查记》中载："凡小孩能学语时，他们的父母，就同时教他们两种话——汉语和畲语——就是已经同化和汉人杂居好几代的畲民也是如此。"③

龙峰村的畲族同胞很多都会说三种语言，即畲语、桐庐本地话和普通话。在家里一般使用畲语交流，而与当地汉族人则讲桐庐话，外出办事就讲普通话。畲族人视自己的语言为畲族人的象征，两位会畲语的陌生人碰在一块，都会感到特别的亲切，常称"看见自己人"。龙峰村的汉族人因长期与畲胞杂居，基本上都懂畲语，有的甚至还会讲畲语。

畲族人使用畲语，文字通用汉字。"据父老相传从前畲民本有文字，但现在这种文字已不能的见，究竟是否仍保存着抑或已消灭？我们均不得而知。"民国时期畲民使用《七言杂字》《五言杂字》《记账行用》《家常应用》等汉字抄本作为儿童识字课本。对儿童的教育也仅限于此。千百年来，畲族人民内部的生产、生活和民族文化传承等都是通过畲语口口相传的方式进行的。所以畲语的传承对于保存畲族民族特色和文化具有重要意义。近年来，畲语的传承面临危机。畲语的传承主要依靠家庭环境中长辈的口耳相传。但随着畲族汉族日常生活交往的加深，畲汉通婚导致家庭语言氛围变化，在畲族汉族杂居地区的畲族年轻人使用畲语的生

① 沈作乾.畲民调查记[J].东方杂志，1924（7）：56-71.
② 傅国通，郑张尚芳.浙江省语言志[M].杭州：浙江人民出版社，2015.
③ 沈作乾.畲民调查记[J].东方杂志，1924（7）：56-71.

活场景越来越少。一些父母单方是畲族的，他们的子女，特别是在城里长大的畲族青少年都已经不会说畲语了。同时学校教育以普通话为主，有村民反映"我的小孙子上了幼儿园，现在说起话来就文绉绉的，我们说话他就不大听得懂了"。为传承畲语文化，茗山乡政府也做了不少努力，例如每年举行畲歌比赛，茗山乡民族小学每周开设畲语兴趣课。

四、民歌

畲族民歌是畲族同胞在生产生活中创作的口头文学，是畲族文化传承的重要载体。畲族只有语言没有文字，因此在日常生活中常常"以歌代言、以歌叙事"，畲歌的内容中融入了畲民生产生活的各种场景，形成了劳作对歌、来客盘歌、婚庆喜歌、祭祀颂歌、丧葬哀歌等歌俗。唱山歌是畲族人民劳动和生活中一种最为重要的文化活动形式，过去畲族男女老少人人善歌。畲歌也是畲族人民传授历史、文化、生产、生活等各种社会知识和进行文化娱乐活动的重要手段。畲族常借用汉字记畲语音法手抄许多歌本。旧社会畲民没有受文化教育的机会，把学歌唱歌作为一种重要的文化生活。所以 20 世纪 60 年代以前，民歌普及率较高，常以歌代言，沟通感情；以歌论事，扬善惩恶；以歌传知，斗睿斗智，形成一套上山劳动、接待来客、婚丧喜事的对歌习俗。

畲歌的歌唱形式有独唱、对唱、齐唱，很少伴有动作与器乐。曲调因地区不同而不同。浙江畲歌也有五个基本曲调，即丽水调、景宁调、文成调、龙泉调、瑞安调[①]。茗山乡一带畲歌属文成调。按题材内容大致可分为叙事歌（含神话传说歌和小说歌）、杂歌（含爱情、劳动生活、传授知识、伦理道德、娱乐生活等内容）、仪式歌（含婚仪歌、祭祖歌和功德歌等）。畲歌以轻声细语为特色，在词曲结构方面，歌调比较整齐，多七字一句，四句成一段（又称为一条）。一首民歌，少则一二条，多则七八条；代表作《高皇歌》《封金山》《时辰歌》等。2006 年畲族民歌被列入第一批国家非物质文化遗产名录。

五、节日

三月三是畲族人民流传千年的，规模最大、最隆重、内容最丰富的传统民俗祭祀庆典活动，是畲族最有代表性的节日。在这一天要祭祀、对歌、吃乌米饭，

---

① 施王伟.浙江畲族民歌 [J].中国音乐，2008（2）：116-118.

因此也成为"唠歌会""乌饭节"。相传这个节日始于唐代。据《浙江省少数民族志》载："相传唐朝时，畲族起义军兵败退入深山，缺乏粮草，采食一种乌色称'乌稔'的野生果子充饥而军威大振，于三月三这天冲出敌人包围。"以后每逢三月三，畲民就采"乌稔"叶煮汁拌米煮饭吃，以歌颂先祖"龙麒忠勇王"的功绩和纪念首领蓝奉高、雷万兴抗苛税反暴政的英雄事迹。同时，畲民家中也都宰杀牲口，用于进行祭祀祖先的系列祭典活动，表达了畲民对先民们勤劳勇敢的苦难历史的追溯及祭奠。畲族"三月三"于2008年6月14日被列入国家非物质文化遗产名录。

畲族人民对"三月三"的重视可与春节相媲美。每年农历三月初三，莪山乡的畲族村歌舞飞扬，乌饭飘香，篝火浓烈，游人如织。畲族同胞在庆祝传统节日的同时尽情展示民族服装、饮食、歌舞等传统文化习俗，带动了当地乡村旅游的发展。如今畲族的"三月三"已经成了莪山乡和龙峰村一年一度的特色旅游项目。

六、信仰

龙峰民族村畲族的民俗信仰与我国众多乡村地区一样，是一个庞杂的多神信仰系统，大致可以分为两类，即祖先崇拜和多神崇拜。祖先崇拜是对远古祖先和已故祖先的缅怀和纪念，祈求祖先庇佑后代。远古祖先崇拜现在更多地体现在民俗仪式中，以凤凰、龙麒等图腾为载体。保留较好的是对自家祖先的祭祀。相较于汉族民居将神位供奉于一层堂屋正中的墙上，龙峰村畲民家中的香火龛多设在顶楼堂屋较为清净之处。逢年过节家家户户会给先人牌位上香、上供品，清明节和先人忌日到坟墓祭扫。过年的时候也会到各房所属的祠堂去祭拜，以祈求好运。

畲民属于多神崇拜，寺庙内往往佛道同堂。畲族的民间信仰颇具道教色彩。畲族道士做法事的装饰和宗教用具，与普通道教醮仪的法器有诸多相似之处，如头冠、法袍、铃铛、敕令牌和笏板等。除了观音、弥勒佛和道教的神像，畲民把为本土本族做过贡献的人也作为祭祀的对象。龙峰村现存两座小庙，位于塘田的崇福庙主祀陈十四娘娘，尧山坞的杨府庙主祀杨府相公，也称杨府侯王、杨府大人。

陈十四娘娘神名陈靖姑（767—790）福建古田县临水村人，父陈昌，曾为户部郎中，母葛氏，善巫术。相传陈靖姑曾去福州闾山学法，拜许真人为师。学成后在闽浙一带广设坛占醮，为民解厄消灾，治病驱邪。后居古田临水洞，值当地大旱，靖姑不顾自己身怀六甲，脱胎家中，为民祈雨。结果胎为白蛇精与长坑鬼所盗，靖姑坐化于蛇精洞口，终年二十四岁。其殉难时，曾立誓"吾死后不救世人产难，不神也"。陈十四娘主要以保护妇女、儿童为责，尤在"救产"。莪山乡一带又称"六谷娘娘"，相传逢旱求雨，祷之辄灵。随着畲民在莪山乡一带陆续定居，娘娘庙在当地也是遍地开花，一些汉族村落庙宇中也开始供奉陈十四娘娘，形成当地"有庵必有陈十四"的说法。因庙宇在"文革"前后均受损，现莪山有遗迹可寻的娘娘庙除龙峰村塘田外，莪山乡境内还有龙峰村白栎湾、项家，新丰村冷水坑，塘下村船岭庵及沈冠村大钟院偏殿均有祀陈十四娘娘。

杨府相公神名杨精义（644—751），安固县（今瑞安）廿八都苌芬西村人。唐高宗总章二年（669）进士及第，官至都督大元帅。相传他活至108岁，后羽化飞升，致精光不散，道义常昭，灵著海疆，祷之咸应。在浙南沿海一带广受渔民、船民、商民、农民信仰，为有特色的地方俗神。随着畲民北迁，南方宗教文化也传入桐庐。

畲族民众由于长期生活在比较艰苦的自然环境中，对周围的环境有一种敬畏的心理，认为人与周围的一切存在着某种神秘的联系，这种万物有灵的心理在少数民族中普遍存在。不但日月星辰风雨雷电，就连田头墙角、树根厕所可能都有鬼神掌管，有种"举头三尺有神明"的意味。据龙峰村村民讲述，直到现在很多人还是相信的，如果有人做了亏心事不肯承认，就叫他赌咒发誓他就不敢狡辩了。畲族自然神中与农耕生活最为密切的是谷神、种子仙和稻秧仙等。村民陈凤凤讲了关于谷神的故事：谷神是最大的神，可以驱邪避鬼。丰收过后家里装满了谷子，谷神就来到了家里，即便夜晚独自在家里也不必害怕，有谷神在家其他的鬼神就不敢来了。人要爱惜粮食来敬爱谷神。传说有一个富裕之家粮食很多，渐渐地家人就不爱惜粮食了，谷神就离开并且不保佑他家了。为了请谷神回来，家里特地娶了一位贫苦人家的姑娘做媳妇，因为她有爱惜粮食的美德。有一次几粒饭粒掉在了茅厕附近，这位媳妇毫不嫌弃，拿了头上的钗挑起来洗干净吃掉了。谷神被她的虔诚感动，又回到了这家。

七、畲族道士

在畲族的传统文化中有对一些自然力量的崇拜，如畲族妇女以凤凰的形象为装饰的原型，并在服饰的细致入微处模拟凤鸟的风采。在民国时期乃至新中国成立初期，在农民还是文盲和半文盲的时候，畲族人对这些自称掌握超自然力量的人还是比较信服的。与传统的道教的道士不太相同，村里的道士一般都是待在家里，自称会一些法术，能够看手相、看墓穴、捉鬼做法等而且会一些郎中草药，经常被请去参加红白喜事、给住宅开光等。

前面提到的雷依香老人的爷爷就是一个这样的道士，还很有名。老人的父亲也是道士。据老人回忆："这样的本事是祖上传下来的。具体来自哪里也不知道。"村里文化员雷老师（雷依香老人是雷老师的姑姑）回忆："小时候看到爷爷过刀山火海（刀山是指用刀替换梯子上的木棍，刀刃向上，刀背向下。人爬梯子的时候，手和脚都在刀刃上。每爬行几米就要吹响手中的号角。火海是指柴火燃烧后留下的草木灰堆，上面还有火星。过火海的时候人要光着脚从草木灰堆中蹚过去，反复几次。在畲族大型的节日或庆典活动上都有过刀山火海的表演。目前能够表演的人员已经不多了），几个八仙桌摞老高一个翻身就上去了。""学这些东西有些忌讳，家里有专门用来教这些东西的册子，不想学不能看。那时道士经常被请去做法事，所以收入还是可以的，手头有一些活钱，家里的生活条件要比其他人要好一些。现在道士传承基本没有人学，村里只有四户人家还在做，而且都是老人，做的也多是看风水、造坟头等。"

道士因为要四处走动，一般都有武艺傍身，而且武术水平不错，是畲族武术重要的传承人。据说自春秋战国时，畲人就习练武术，世代相传，畲族武术有拳术、棍术、刀术、气功等，重在强身健体，防身护身，攻防别具一格，虎虎生威。畲族武术基本上可分作棍术和拳术两大类。即使在传统武术已经逐渐开始衰微的今天，龙峰民族村仍然有不少人在习练武术，将畲族武术很好地传承下来。刨去封建迷信的部分，道士其实传承着最为传统的畲族文化，是畲族文化天然的保护者和传承者，也是畲族文化重要的组成部分。

八、特色饮食

从食材、口味和制作方式上看，畲族饮食传统上是以杂粮为主食，山地适宜种植番薯、玉米、大豆，畲民水田数量少，收获的稻谷要用来交租和交换生活必需品。口味上嗜辣重咸，善腌制食品，喜食野味、河鲜。还有就是喜欢饮酒，常以自家酿制的米酒招待客人。红曲酒是畲族米酒的代表。龙峰村的畲民至今还保存着吃乌米饭、菅叶粽，酿造红曲酒的习惯。

乌米饭

乌米饭主要是在农历三月初三畲族传统节日"三月三"食用。乌米饭是用从山地里采来的野生乌稔树的嫩叶，置于石臼中捣烂后用布包好放入锅中浸，然后捞出布包，将白花花的糯米倒入乌黑的汤汁里烧煮而成。畲族乌米饭名副其实，吃起来连碗筷也被染粘成乌黑色。

菅叶粽

菅叶粽通常在端阳节和龙节时食用。将精选优质糯米倒入黄碱水里浸泡若干小时，拿两片菅叶对折成一条槽底，而后舀碱水泡过的糯米放入叶槽中，绑成一条20厘米长、呈玉米棒子状的菅叶粽，放到锅里煮十余小时遂成。每逢端午节，菅粽除供敬祭祖宗外，还用以馈赠亲友。

"黄金粽"是桐庐莪山的特色，与别的粽子不同的是，它的食材里含有一种叫黄金柴的植物。这种木柴长在大山顶上，形同矮灌木，有清热解毒、解暑祛湿等功效。每到端午，莪山家家户户都会包"黄金粽"，打开粽叶，粽子色泽金黄透亮，咬上一口，糯米带着韧劲，又夹着一股特别的清香。

红曲酒

红曲酒是中国传统名酒，属于宋代制曲酿酒的一个重大发明。宋朱翼中的《北山酒经》是一部制曲酿酒的专著，其中就有红曲酒的记载。到明代时，李时珍的《本草纲目》和宋应星的《天工开物》都有红曲的制法和应用的记载。红曲用于酿酒以后，酒类品种大大增加，且渐渐渗透到酒文化之深层，江南靖士"白莲藕引兴清发，红曲酿催诗醉工"诗句成为人们乐道的红曲酒催诗的故实。当时酒类品种，仅《本草纲目》记载就有70多种。

红曲酒酿造技艺有着畲乡鲜明特色，也是我国传统酒文化颇具特色的重要组成部分，更是我国古代早期米酒醅技艺的典型代表和完整遗存形态。龙峰民族村就是红曲酒酿造技艺非物质文化遗产的主要传承基地。每年农历十月二十，龙峰民族村的畲族村民便开始酿制红曲酒。目前，龙峰民族村已经举办了三届开酒节，彻底打响了龙峰民族村红曲酒的名气，许多人慕名而来，专门来喝或购买红曲酒。

甜茶

甜茶是一种以植物为原料制成的饮料。这种野生植物大约一人多高，整根砍下来晒干，煮出汁水甜味，夏天不会变酸臭，对胃有好处。夏天饮用，避暑利尿，也是一种药材。

龙须

所谓"龙须"就是红薯粉条，是莪山畲族乡和横村镇一带的特产。每年 12 月，当地村民们收割了番薯，留一部分煮食之外，就把多余的番薯洗净磨碎做成番薯淀粉。再把番薯淀粉深加工，兑水打成浆，用蒸屉蒸出果冻状的饼，待风干之后刨成面条状，盘起在竹匾上晒干，番薯龙须就制成了。那段时间，走进村子就能看到每家每户门口一排排竹榻上晒满"龙须"，成为一道独特的乡村风景。龙峰村制作的龙须具有耐煮耐炒、不糊不断的特点，随着农家乐、民宿的发展，当地的特色炒龙须就成了畲乡的一道招牌菜。

豆腐

豆腐和豆制品也是畲族同胞餐桌上必不可少的佳肴。每到冬季快过年的时候，龙峰村的村民们就开始忙着做豆腐了。冬季气温较低，鲜豆腐制出来易于保存，也可以丰富节日的餐桌。豆腐的烹调方法就多种多样了，最家常的就是红烧豆腐煲。也有人把豆腐制成油豆腐，这样可以保存更长的时间。

第四节　古迹与传说

一、人文遗迹

龙峰民族村历史悠久，在古代就是有先民集居的村落了。境内有众多的历史文化遗迹，比如双井坞自然村的双眼古井、白栎湾钟氏祠堂、下珠慈荫亭、李阿寅古墓、古驿道、古民居等。

双眼古井

双眼井位于双井坞自然村，开凿于唐代，该村得名于此井。双眼井由石头砌成，巨石覆面，上凿圆形双孔，一孔覆盖，一孔取水，成阴阳状，形状独特。内直径 1 米，井深 3 米，水深 2.5 米，井泉清冽可口、大旱不涸，冬暖夏凉。现在仍然供村民生活用水。2011 年该古井被列为桐庐县第四批文保单位。

慈荫亭

慈荫亭始建于民国十七年，位于官道必经之路，便于往来客商休憩，由乡绅吴门蔡氏捐建。地面由鹅卵石铺就，亭两侧有楹联数副。

李阿寅墓

李阿寅是龙峰民族村的祖先之一，又名李承然。光绪三年（1877）李阿寅携妻从青田八都五源富沃长山庄（今属文成县）迁入龙峰村，初居塘田，后定居尧山坞。据说，李阿寅曾"开天门"求雨成功。整个过程有很高的难度，也最能考验道士的功力，一般道士不敢轻易尝试"开天门"。因此，李阿寅甚至还得到了桐庐县令的接见，县令还赐给李阿寅一套金灿灿的衣服。[①]

李阿寅墓筑于清宣统三年（1911），造型朴素考究，石料制成，形似椅子。2003 年被列为桐庐县第三批文保单位。"此墓坐北朝南，墓顶以扇形块石砌作。呈伞盖状，墓前有拜堂。上竖'绳武堂'一座。刻有'本支百世不易，承赏千古常新'楹联一副，两侧刻有狮子等瑞兽。墓周以三层条石砌阶形护墙，由南向北递升。整座墓全以花岗石砌成，构筑考究，风格独特。"[②] 在当时，这座墓的造价不菲，甚至与建一座祠堂的花费差不多。由此可见，畲民十分重视先人墓葬建制和祭祀仪式。莪山乡一带畲民传统实行土葬，采用浙南传统扶手椅式坟墓建制，形成畲族特色的椅子坟。莪山乡当地这种坟墓，全用花岗岩与青田石围砌封顶，有的还配有精细石刻，可历百年不毁。

申阴寺

位于龙峰村申阴寺水库北。创于南宋绍定（1228—1233）间，寺院中轴线依次为放生池、天王殿、大雄宝殿、方丈室，另有寮房、香积厨。寺院弘丽，寺周有香樟、枫香、麻栗古树丛林，方丈室前有两棵百余年古桂，寺前有古井，寺中有一公尺多高大铁钟一口。每年中元都举办为亡灵超度的香会。有寺田 20 亩，1958 年，申阴寺为建造水库拆除。今存和尚弄僧人丛葬处。

崇福庙

位于龙峰村塘田。庙创于光绪二十年（1894），新中国成立后毁圮。2006 年重建小庙，2015 年扩建成三间两弄，总占地 3 亩，建筑面积 115 平方米。主祀陈十四娘娘，配祀杨府侯王、徐三公、黑虎玄坛及本境土地等。陈十四娘娘神名陈

---

① 源于该文献中对尧山坞某村民的采访。张彩霞 . 涵化与互动：一个浙北畲族村落的田野民族志 [D]. 浙江师范大学，2010.
② 李阿寅墓旁碑文。

靖姑（767—790），福建古田县临水村人，父陈昌，曾为户部郎中，母葛氏，善巫术。相传陈靖姑曾去福州闾山学法，拜许真人为师。学成后在闽浙一带广设坛占醮，为民解厄消灾，治病驱邪。后居古田临水洞。24 岁时，为救旱灾求雨殉身。殁后官府在洞上建庙以祀，庙额"灵懿"，神号"灵水夫人"。宋宣和（1119—1125）间朝廷敕封为"顺济夫人"，元时追封为"护国名著夫人"，自宋至清，朝廷追封凡 15 次，其影响之大，庙宇遍及东南；信众之多，仅次于海神"妈祖"。陈十四娘娘主要以保护妇女、儿童为责，尤在"救产"。本境有俗称"六谷娘娘"，相传逢旱求雨，祷之辄灵。

杨府庙

位于龙峰村尧山坞，庙创于光绪十五年（1899），合作化时期拆除，今庙建于 2000 年。建筑面积 30 平方米，并庙前院落。主祀杨相公，又称杨府相公、杨府大人。神名杨精义（644—751），安固县（今瑞安）廿八都苌芬西村人。唐高宗总章二年（669）进士及第，官至都督大元帅。相传他活至 108 岁，后羽化飞升，致精光不散，道义常昭，灵著海疆，祷之咸应。在浙南沿海一带广受渔民、船民、商民、农民信仰，为有特色的地方俗神。随着畲民北迁，南方宗教文化也传入桐庐。现龙峰村崇福庙也配祀有杨府相公。

二、传说故事

慈祥岭① 的传说

唐朝时候，有张元帅镇守一方。其夫人仙媛随军，产下一子，一家欢喜。不料是年，有强悍军阀叛乱，张元帅出战，战败阵亡。叛军攻城，夫人见夫君殉国，于是披挂亲率唐军登城守卫。终于因叛军凶猛，城池陷落。仙媛回府，将婴儿裹入身怀，挺枪跃马，率残部杀开一条血路，她想回元帅故里钟山，重整军马，再作恢复。仙媛且战且走，后面叛军紧追不舍。阵阵接战，唐军全部战死。

仙媛单骑跑了七天七夜，这天她来到莪山与钟山交界的一座山岭，下山就是元帅故里，因经连日苦战，又未进食，深感力竭疲惫。而此时叛军喊声震天，追杀将近。仙媛自知无力再战，她决计追随元帅，她看了看怀中婴儿，只觉自己阵亡不要紧，只是怀中乃元帅独子，她有责任保护他。于是她在岭上滚鞍下马，来

---

① 慈祥岭又名弃子岭，位于莪山、钟山交界上。

到岭旁的一片丛树林里，脱下战袍，将婴儿裹好，摸出数两碎银放入婴儿怀中，将儿子放在一棵树下，又摸出一块手帕，将所有奶水挤摘在手帕上，将手帕挂在树枝上，让奶水滴入婴儿嘴中。最后她撕下一片白裙，咬破食指，在绫上写下"儿成人要为国尽忠，取名张忠"数个血红的字放在婴儿胸前。这时她仰望长天，大呼："我将追随元帅，望苍天护佑忠良后代！"就在这时，叛军追到，仙媛上马，提枪奋战，终因力竭，叛军又多，仙媛战死。

叛军知道仙媛有个刚出世的儿子，就四处搜查。这时林中又传出婴儿啼哭声，叛军循声寻来。此时正被云中一个仙姑看见，仙姑知道林中是忠良遗孤，就将手中宫扇在天上扇了几扇。大地忽起狂风，尘土飞扬，飞沙走石。尘沙刮得叛军眼也睁不开，树枝纷纷向叛兵击打过去，叛军只得撤退，离开了岭上。

第二天有位大伯路过这里，他听林中有婴儿啼哭之声，发现了婴儿，忙将婴儿抱回家。大伯解开包裹婴儿的袍子，见怀中血书，知是忠良之后，就将婴儿抚养成人。因为此岭是巾帼夫人遗弃孤儿的地方，人们就称此岭为弃子岭。

张忠后登科为官，他秉承父母忠志。这一年，他回家祭祖，来到岭上，拿出母亲血书，展布于地，叩拜恸哭。祭毕写下"慈祥岭"三个大字。乡人遂将三字刻在岭巅石上。今天仍能见到弃子岭上"慈祥岭"丹书。

太阳湾捕盗

民国四年（1915），龙峰村太阳湾有外来强人，聚众十余人，以高山密林为掩护，筑石设寨，经常四处掳掠，打家劫舍，造成地方不宁。有沈冠村沈家人沈贤正（1867—1949），他从小习武，通拳脚，赤手可举起360斤重石碾，还有"撩袍夺刀"之技，如空手格斗，他甩出衣袍，将对手朴刀裹住夺下。是年，桐庐县政府派兵警来围捕土匪，由沈贤正带路潜入匪巢。匪首发现县兵已及寨门，即对兵警发枪，伤一人，待匪首换药之时，沈贤正迅及跃上寨墙，起刀斩落匪首右臂，县兵一拥而入将匪寨土匪尽数擒获，全部押解回县。匪首重伤，旋即死亡。沈贤正捕盗立有首功，受县长颜士晋犒赏，以轿子鼓乐相送回里。后奖其"保境卫民"匾一块，悬于沈氏宗祠内。

第二章　地理和资源简述

　　地域资源禀赋差异是导致乡村发展差异的重要原因。自然资源和生态要素，如土地、矿产、山林、地形、水文、气候等具有不可移动性，其在空间上分布不均衡，进而导致了各个村庄经济活动的千差万别和村庄产业类型各具特色。对一个村庄来说，自然资源是传统农业型生产的基础，气候资源、土地资源、水资源、矿产资源、生物资源的丰裕程度在很大程度上决定了村庄的产业结构和发展路径，正所谓"靠山吃山，靠水吃水"。资源禀赋除了自然资源，还包括劳动力、资本、技术，以及制度、信息、管理等可变的可流动的要素禀赋。因此，自然资源禀赋薄弱的村庄可以通过提升其他要素禀赋来获得发展。

　　龙峰民族村的发展离不开当地独特的自然资源禀赋。龙峰村山林资源丰富，而水资源欠缺。从全乡比较来看，龙峰村土壤肥力差、土层浅，优质可耕地面积少，农田资源有限。这可能是由独特的地理位置造成的，龙峰村海拔较高，又坐落于龙峰山东北坡。向光坡（阳坡或南坡）和背光坡（阴坡或北坡）之间温度和植被的差异常常是很大的。南坡或西南坡最暖和，而北坡或东北坡最寒冷，同一高度的极端温差可达三四度。一山之隔，降水量可相差几倍。由于光照、温度、雨量、风速等条件的不同，土质土壤和植被也会有较大的差异。这在龙峰村一带表现得颇为明显。据村民反映，龙峰村水资源缺乏，而一山之隔的钟山乡境内则泉水丰富；龙峰村山地土层浅薄，而钟山乡境内则土层厚实。相比较而言，龙峰民族村在全乡处于自然资源弱势。

第一节 区域建置

桐庐县历史悠久，春秋时代初为吴地，越灭吴后为越地，故有"吴根越甬"之称。楚灭越，又为楚地。秦灭楚，建立郡县制，桐庐属富春县会稽郡。三国吴黄武四年（225）析富春县桐溪乡之地建立桐庐县，为桐庐建县之始，隶属于吴郡。历南朝宋、齐、梁，陈朝祯明元年（587）改属钱唐郡。隋开皇九年（589）废桐庐入钱唐县，仁寿二年（602）复置桐庐县，次年改属睦州。

唐宋时，县以下行政区域为乡，乡下置里，根据旧志载，唐时桐庐40乡，今乡、里名均无考。宋代桐庐置18乡，下辖44里。熙宁（1068—1077）中，王安石行保甲法，桐庐合并为11乡，里依旧。本乡分属桐庐乡衣冠里、左侯里。安乐乡依竹里。明代乡依旧，乡以下置管、图，本乡属桐庐乡二管一图，安乐乡二管二图。

清雍正六年（1728），行"以乡统庄"制，本乡分属桐庐乡郭家庄、塘下庄、里畈庄、陈家庄、昴岭庄、钓台庄、沈家庄、衣冠庄、下珠庄、大厦庄、双井庄、双院庄、李家庄、尧峰庄、后井庄、项家庄，安乐乡西坞庄、莪溪庄、刘家庄、徐家庄、戴家庄、山阴庄、岭上庄、对落庄、外塘庄、里落庄、章家庄。宣统二年（1910），安乐、常乐两乡合并名常安乡，以乡统庄不变。

民国三年（1914）恢复安乐、常乐两乡，以乡统庄不变。民国二十四年，行保甲法，以10户为甲，10甲为保，6保以上设乡，本乡分属桐庐乡11、12、13、14保，安乐乡7、8、9保。民国二十八年，桐庐置儒间、窄溪、横村三区，横村区公所在横村埠，桐庐、安乐两乡属之。民国三十年，桐庐乡改名旧县乡，安乐乡改制横村镇。民国三十四年，撤横村区，仍行县、乡两级制。

1949年5月，桐庐解放，废除保甲制度。县以下设置区政府，是年冬，沿用旧乡区划建立乡政权，以"保"改行政村。其中第二区区政府驻横村埠，本境安乐乡、旧县乡属之。1950年，区政府改称区公所，调整乡级建置，区划缩小（时称小乡），本乡分属塘山、尧山、莪山诸小乡，隶属横村区公所。1956年夏，撤区并乡，塘山、尧山、莪溪三小乡合并建置莪山乡，为"莪山"乡名之始。1958年10月，在人民公社化运动中，行"政社合一"体制，建立横村（大）公社。初，下辖称大队。1959年4月后，大队更名称管理区。8月，将原横村公社中门、尧山、山阴岭三管理区合并为莪山管理区，仍隶属横村（大）公社。1961年10月，公社规模缩小，废管理区，下设大队，同时重建区一级建置，本乡为茆山公社，隶属于横村区。1963 年 8 月，撤销区建置，茆山公社直属于县。

1984 年 3 月，完成"政社分设"，重建乡村政权，以公社管理委员会改制称人民政府，生产大队改制称村民委员会。本乡复名茆山乡，驻地山阴岭。下辖山阴岭、塘联、山阴湾、西金坞、尧山、衣冠、沈家山、双华、尧山坞、中门、铁砧石、潘龙、戴家山等 13 个行政村。共 83 个村民小组，有 62 个自然村。1988 年 12 月，建置茆山畲族乡。2005 年，调整行政村规模，茆山畲族乡由 12 个行政村合并为 7 个行政村。其中茆山、中门、新丰、龙峰为畲族民族村。

第二节　地理与资源概况

一、地形地貌

桐庐属浙西中低山丘陵区，四周群山耸峙，中部为狭小河谷平原，山地与平原之间丘陵错落，富春江由南而北纵贯县境东部，分水江自西北向东南汇入富春江，全境山地丘陵面积占 86.3%，平原水域占 13.7%。

龙峰村所在的茆山畲族乡位于桐庐县中南部丘陵地带，地处东经 119°30′21″～119°35′41″，北纬 29°45′13″～29°49′41″之间。东距桐庐县城 11.5 千米，东北距杭州 80 千米。东连旧县街道，东北接横村镇，西南与钟山乡相邻，南端一隅与建德市钦堂乡相接壤。茆山乡境东西最大直线距离 8.6 千米，南北最大直线距离 8.2 千米。乡境地势西南高、东北低。西依狮子山为主峰，南依清冷山为主峰，狮子山、清冷山均为浙皖边境昱岭山余脉，自临安市由西向东延伸入县境，蜿蜒于分水江南部，系古代褶皱岩系组成，山势峻陡，切割强烈。山势走向北西高、南东低。西陲狮子山在本乡与钟山、瑶琳、横村镇诸乡镇界上，主峰海拔 917.6 米，有东南两支分向延伸。南支荆刺窠、大平岗、平石岩、龙峰山高度均在 800 米以上，山体雄伟，东南延至适桐岭与清冷山相连。

龙峰民族村就坐落在龙峰山脚处，海拔 138 米。龙峰民族村位于茆山乡西南部，东连尧山村，北邻中门村，西依新丰村，南与沈冠村及钟山乡接壤。龙峰民族村四周环山，多山地，山林面积 2294 亩，耕地面积 1317 亩，村域面积 4.6 平方千米。龙峰民族村辖下珠、水洪里、大厦、双井坞、尧山坞、塘田、白栎湾、项家、和尚弄、大塘岭 10 个自然村 12 个村民小组。因为山区平地少，这些自然村多散落在山脚围墙、山腰坞壑凹地或小谷地。这里的地名也大都与山有关，多以"坞""湾""岭"命名。坞是指山坳，也泛指地势周围高中间凹的地方，如尧山坞；湾是指山沟里的小块平地，如白栎湾（白栎湾在有的地图上和文字材料上也有写作"百里湾"，但根据当地村民讲述和地形来判断，能够肯定"湾"应该是误用。因为龙峰村地处低山丘陵，附近并无大型湖泊河流，"湾"字没有根据。而"百里"二字也是误用。据村民说多年以前此地有很多白栎树，又地处山湾，因此得名"白栎湾"。在当地语言发音中近似"百里"，畲族没有文字，所以借用汉字做文字记录，很可能是借用的过程中出现了错误）；也有靠近山塘以"塘"命名的，如塘田。

龙峰山耸立在村西，山体高峻，海拔 863 米，龙峰村的名字就是来源于此。除了龙峰山，村周围还有香炉山、清冷山、慈祥岭。

龙峰山　位于本村与钟山乡界上，旧称罗峰山，盘亘数里，呈西北——东南走向，最高峰平石岩位于西侧，海拔 863 米。山上长毛竹、柴薪、竹筱。

平石岩　位于本乡与钟山乡界上，处大平岗东南，海拔 863 米，处龙峰山西北，为龙峰山主峰，山上长松、竹。

香炉山　位于本乡与横村镇界上，为岭峧岭东隆起一峰，形似得名。山东为横村镇，海拔 509 米。山上春夏间常有云雾缭绕，"香炉紫雾"为当地八景之一。山上多松树、柴薪，山麓多梯田、泉洞。

清冷山　位于本乡南隅，与建德市钦堂乡界上，为桐庐县中南部大山，主峰在 800 米以上，山上多松树、柴薪，山腰多梯田。

慈祥岭　位于乡西南，处本乡与钟山乡界上，下珠村西南，昔名弃子岭，清光绪间，桐庐知县杨葆彝观风过岭，勒石道旁石上，后改名"慈祥岭"。岭上产花岗石，20 世纪 80 年代后广栽梨树。1958 年建成县道徐七线过岭。

尧山坞　位于龙峰山东，尧山溪上游，村道南接徐七线，西通蓝田山，多畲胞居住。

双井坞　位于慈祥岭东，村处坞中，村中有井，一孔双眼，凿于宋代，为县级"文保"单位，村道北通下珠。

二、自然资源

（一）土壤资源

莪山乡境地形起伏，丘陵面积广大，境内主要河流龙伏溪沿岸高度大约在160米以下，畈垟面积狭窄，土壤大多由多年黄土潴育而成。境内土壤种类大致有山地黄泥土、黄泥土、黄大泥田土、黄泥松土、黄泥沙田、烂潞田。其中黄泥沙田属于耕作水稻土，最适宜种植水稻，主要分布在龙伏溪徐七线桥下游的小片畈垟。黄泥松土适宜种植松、杉及茶叶、黄花菜或蕃芋、马铃薯等旱粮作物，主要分布在沈冠、莪山、塘联诸村。这两种适宜耕种的土壤在龙峰村都比较少，龙峰村比较多的是山地黄泥土和黄泥土，两者均属宜林土壤。

山地黄泥土　分布在龙峰山东北坡，山地黄泥土质地粘细，属重壤—轻黏土，全土层厚在 68～156 厘米之间。有机质含量可达 5% 以上，呈黑褐色—灰棕壤，土壤松软有弹性，团粒结构发育，心底土层棕黄—黄色，土中含有较多砾石和岩屑。土壤酸碱度由表土向心底土逐渐增大，湿度大。PH 在 4.0～5.4 之间，含氮量在 0.25%～0.688% 之间，全磷含量在 0.027%～0.1% 之间，速效钾（PPM）在24～111 之间。山地黄泥土植被茂盛，大多为用材林基地。

黄泥土　分布在龙峰村境内丘陵地带，其面积广大。土壤母质为凝灰岩、流纹岩、细晶花岗岩及砂岩风化成的残积坡积体。红壤化作用弱，淀积层发育差。土壤厚度差异悬殊，一般在 50～100 厘米之间。表层棕灰—棕黄色。砾石含量在19.5%～38.8% 之间，黏粒含量在 3.09%～16.49%，砂粘比为 1.37～11.37。质地中壤—重壤。表层和（P）层 PH5.4，表层碳氮化比为 10.6，黏粒硅铝率为 2.89，有机质含量 0.94%～2.75%，全氮含量 0.04%～0.15%，全磷含量 0.036%～0.043%，速效钾（PPM）42～59。养分含量中等，保肥性能好。黄泥土是宜林土壤。

烂潞田　多在山间沟谷，数量不多。一般山区都有这种土壤类型。其母质为石英闪长岩风化坡积体。本土种的土体黏糊，无底隔为主要特点。风化体富含石英砂，砂粒含量达 30% 以上，质地为中石质重壤土。田中常有冷泉涌水，渗出水露后呈铁锈状，亚铁危害严重。全土层深厚呈青灰色。有机质呈还原分解，散发臭味。土壤呈中性，耕层氮、磷、钾含量低，但潜在肥力好。该土壤要注重排水。

（二）矿产资源

莪山乡一带主要的矿产资源有花岗石和铁矿。花岗石属于横村、莪山、钟山花岗石矿脉，远景总储量在数十亿吨。莪山乡花岗石储量大，储量在十亿余吨。花岗石硬度大，辐射小，为建筑良材。2009 年，大钟院后山矿点经国家招标拍卖，由企业开采。2015 年 4 月由于承包期满已中止开采。此外，经风化的花岗石，尚有少量自然石产出。铁矿矿体均不大，且含量较低，在 1958 年的"大办钢铁"运动中曾经开采，不久中止。

（三）水资源

龙峰民族村境内有尧山坞溪和双井坞溪两条溪流。尧山坞溪与邻村衣冠溪、钓台山溪汇合后成为尧山溪，至潘山桥汇入莪溪后称为龙伏溪，最终经横村镇境内流入分水江。尧山坞溪和双井坞溪是村里主要的用水来源。其水位涨落迅速、径流量季节分配不均、径流量年际变化大，当地人称之为"蓑衣溪"，雨天的水流大，不下雨就没有水。但两条溪流含沙量较小，水质好，流域内工业经济欠发达，基本上没有工业污染。由于水源区有限，夏季干旱容易造成溪水断流。

（四）林木资源

龙峰村所处的莪山乡境内气候温润，降水丰富，地形多样，尤多低丘缓坡，植被属中亚热带常绿阔叶林地带。植物种类繁多，已可知植物共有 1149 种，分属 139 科。龙峰村有山林面积 2691 亩（有的报表显示 2232 亩），林木资源丰富。境内多山地，在龙峰山上就有 1000 多亩的毛竹基地。丰富的林木资源为村民提供了便捷的薪柴来源。过去畲民们常常挑薪柴下山去卖或者交换些生活必需品。

三、气候和自然灾害

龙峰村所在的桐庐县地处亚热带季风气候区，四季分明，日照充足，降水充沛。一年四季光、温、水基本同步增减，配合良好，气候资源丰富。年平均气温 16.5℃；极端最高气温 41.7℃，气温高于 35℃的高温天气年平均 29 天；极端最低气温 –9.5℃，气温低于 0℃的冰冻天气年平均 31 天。年平均雨日 161 天。年平均降水量为 1525 毫米，年际间差异较大，1—6 月逐月递增，7—8 月起逐月递减，3—9 月雨量均在 130 毫米以上，雨量最多的 6 月为梅雨期，降水集中，月平均雨量 248 毫米。年平均相对湿度 79%，年际间变化较小，在 76%～81%。无霜期 258 天。桐庐每年都会出现灾害性天气，影响比较严重的有涝、旱、风、雷、雹、雪、冰冻等。[1]

根据村民回忆和《莪山乡畲族乡志》资料记载，龙峰村所在区域发生过的比较大的灾害有：

民国三十二年（1943），桐庐水灾兼虫灾，资料显示全县受灾面积达 42998 亩，田稻减产七成。

1958 年，自 5 月中旬起，桐庐、分水久旱不雨 97 天，受灾水稻 12.5 万亩、旱作 9457 亩，减产粮食 750 万斤。

1963 年，自去年 12 月至本年 4 月上旬，冬旱连春旱 131 天，山塘水库干涸，溪水断流，受灾面积 14.23 万亩，大批麦田、草籽田无水翻耕。横村地区受灾特重。夏秋之交又旱，受灾面积 5.1 万亩。

1964 年，自 6 月底起高温少雨 70 多天，全县 142 座水库干涸，206 条溪涧断流，受灾晚稻 8.1 万亩。横村地区受灾尤重。

1969 年 7 月 4 日，分水江流域日降水 183.2 毫米，造成山洪暴发，分水江沿岸 115 村受灾，2524 户房屋无存，溺死 454 人。其中印诸公社南堡全村 231 户被夷为平地，淹死 219 人。

1994 年 6 月 24 日出梅，较常年早 14 天，出梅后就晴热少雨，连续 56 天降水仅 61 毫米，较常年少 78%，蒸发量 499 毫米。莪山山区柴草枯死，松毛落叶，溪河断流，粮食损失 90 万斤。

1998 年 1 月 28 日，普降暴雪。至 23 日，雪深 19 厘米，莪山压倒房屋 98 间，压倒树林 300 余立方米，毛竹 2 万余支，受灾农田 3300 余亩，经济损失 250 万元；2003 年 3 月 20 日，莪山花炮厂火药仓库再次遭雷击发生爆炸，库房出现蘑菇状云，强大的冲击波夹带泥沙飞向四方，方圆一千米内居户房屋玻璃被击碎，数十间房屋受损，受伤 17 人，经济损失 50 余万元。

2008 年 2 月 1 日，莪山山区雪深 60 厘米，折断竹木数万支，经半月雪仍不化，经济损失 560 万元。

第三节　物产

一、粮食作物

龙峰村农业以水田种植为主。传统上水田耕种一直以一年一熟或一年两熟为主。一年一熟种单季稻，秋收后农田冬翻灌水，待来年再种；一年两熟的为单季稻＋小麦，或单季稻＋油菜，或单季稻＋绿肥。1956年后国家推广种双季稻，冬灌水田减少，耕作一年三熟，即早稻＋晚稻＋小麦，或早稻＋晚稻＋油菜（春花），或早稻＋晚稻＋草籽。家庭联产承包后，单季稻高产稳产，农民粮食富足，小麦已基本上不种；农民副食品商品化大大提高，家养生猪也大大减少，绿肥退出种植领域，耕作制度又回到一年一熟或一年两熟。

1. 水稻

水稻是本地传统上最重要的粮食作物，籼稻为主，糯稻次之。主要品种有细叶青、大叶青、红谷、乌谷、红壳糯、白壳糯、竹丝糯等。本乡莪溪所产细叶青以香炉山"百泉"之水灌溉，山泉寒凉，水稻生长期长，其米质香软。细叶青也是过去龙峰村一带的主要种植品种，但产量比较低，据村民回忆20世纪50年代，本地细叶青的产量只有每亩200～300斤，但口感香甜米质很好。新中国成立后，引进了一系列新品种，1961年后推行"高秆改矮秆"，主要品种有矮脚南特、莲塘早、矮南早、青小早、圭陆矮、珍珠矮、陆财号等。70年代引进的矮秆品种有二九青、广场矮、广陆矮、先锋1号等。矮秆的优点是普遍具抗倒伏，有的还耐肥。晚粳有光蔓、桂花黄、红须粳、新太湖青等。1964年，引进的"农垦58"成为晚稻新当家品种，农垦58具抗病虫、高产、米质香韧等特点，受农民普遍欢迎。后又有农虎6号、加湖4号、东方红1号、农红73等新品种，但仍以农垦58为主要品种。1976年有杂交水稻"南优2号"推广，该品种植株高大、分蘖率强、抗病虫、高产，试验出亩产达千斤，迅速受到农民欢迎，并使产量"晚稻超早稻"成为现实。1984年，本乡有16户共种植杂交水稻143亩，平均亩产达1065.6斤。此后杂交水稻新品种尚有矮优、南优、汕优、威优等推广，但仍以"南优2号"为主。本乡糯稻品种尚有西洋糯、乌咀糯、霜降糯、杭州糯等。

随着农业技术的不断提高和农业机械的普遍采用，水稻选种、催芽、育秧、插秧和田间管理都更加简便易行，各个阶段的劳动强度也大幅降低。原来杂交水稻须"二段育秧"，即经播种出苗一叶一芽的小苗，寄摆于别丘秧田，间距 5 厘米，以培育壮秧，此为杂交水稻育秧所特有。20 世纪 90 年代有带土小苗抛撒，"二段育秧"废止，后来发展到芽谷抛撒，完全改变了 90 度弯腰插秧的高强度田间劳作。

2. 小麦和大麦

麦类系旱地作物，20 世纪 50 年代后，政府为提高单位面积粮食产量，破除"吃了麦粿，丢了米粿"的旧传统，大力提倡小麦在秋粮收获后，作春粮在田间种植。1972 年有 908、浙麦 1 号、钱江 1 号、扬麦 1 号、扬麦 4 号等推广。其中"908"具早熟、稳产、抗病优势，很快普及。另外桐庐县农科所繁育良种"桐科 9号"具有大穗型特点，在浙中一带得到推广。

传统种麦须经土地翻耕、破碎、做畦、打孔、稀植点播，落子每亩约 5 市斤。1955 年推广阔幅条播，60 年代推广坂田撒播，都取得良好效果，不仅减轻劳动强度，且获得丰收。坂田麦麦子在撒播前须经消毒处理，并拌以磷肥，再撒播田间。坂田麦须深沟阔畦，开通四沟（总沟、直沟、横沟、边沟），以利通水，田坂合理墒情。小麦越冬在三苗期要敲麦、覆土、压苗，以促春来分蘖。注意三肥投施，即基肥、麦枪肥、拔节孕穗肥。农谚"油菜饮花麦饮苗"，小麦尤重苗期追肥。小麦亩产虽不断提高，但花费工大，生长期长，亩产 360 斤算好。所以在家庭联产承包后，本地粮食已极大富足，小麦已基本退出粮食作物种植。

3. 玉米

玉米又称六谷、苞萝、玉蜀黍。玉米原产中南美洲，明隆庆（1567—1572）年间，福建沿海已有种植。桐庐种植首在百江，据《分水县志》载："清嘉庆元年（1796），客民种玉米于莪山（今百江镇罗山村）一带，获厚利，土人仿效。"玉米适应性强，具耐旱、耐瘠特点，可在山上、旱地种植，不与水稻争地。玉米粉热性，且耐饥，所以一经传入，很快普遍种植。玉米有山玉米、田玉米之分。山玉米品种有金皇后、白马齿（白玉米）、满蒲金等。中华人民共和国成立前的山区农民，尤以畲家客民，垦山以"刀耕火种"之法，垦殖山地以玉米、油桐、杉木轮种，一般 25～30 年为一周期。20 世纪 50 年代末，国家为保持水土，禁止垦山种植，山玉米渐少。山玉米播种期一般在芒种前后，生长期经间苗、除草，收获在秋分之后。田玉米有半黄、八十工、壳里老等品种，多在早稻收割后，因缺水不能种晚稻的田间种植，时间在立夏之后，因此也叫秋玉米。生长期一般为100天。70年代后有杂交玉米推广，品种有旅曲、丹玉6号、苏玉1号等，皆蒲大粒粗。90年代有新品种甜玉米引进，甜度好、口感佳，仅供鲜食，种子有种子商店供应。玉米旱作种植均须经翻土、做畦、打孔、点播，施足基肥，注意追肥，培育壮苗。20世纪种植玉米尚不多，进入新世纪后，因为闲田增多，为使主食多样化，并为禽畜提供饲料，又由于玉米种植简单，所以玉米产量一直增加。

4. 大豆

大豆可制成多种豆制品，丰富席上美味，所以大豆种植向为莪山乡农家重视。大豆按播种期有春大豆、夏大豆、秋大豆之分。春大豆清明前后播种，小暑前后收获；夏大豆小满前后播种，处暑前后收获；秋大豆大暑前后播种，霜降前后收获。春大豆、夏大豆、秋大豆又有五月拔、六月拔及青豆之名。1982年引进矮脚早新品种，具秆矮、籽密、粒粗并产量高的特点，播种春、夏皆宜，很快普及推广。集体化时种植大豆受控制，仅在山地和田塍，今农家种植除自留地外，大田也种植，产量持续增加。种植大豆简单，只要除草、不用施肥，还可改良土壤。

5. 番薯

新中国成立前后，番薯品种主要有红皮白心、白皮黄心两种，但以红皮白心为主，脆嫩鲜甜，水分较多。1956年，推广"胜利百号"新品种，该品种具抗病力强、产量高、耐贮藏、晒丝率高、洗薯粉出粉率高等特点，闷熟的番薯口感沙粉硬实，香甜可口，群众喜称为"栗子番薯"，深受欢迎。20世纪70年代引进红红1号，1983年又引进徐薯18、浙薯60—2等，各有特点，但农民种植仍以胜利百号为主。本乡畲民种番薯很有经验，有曰"小满种薯满笋担，芒种种薯用竹篮，夏至种薯像鸡蛋"。种番薯讲究"早育苗，早扦插"。番薯育苗以前只在露天，70年代后，普及地膜育苗，提早扦插时间。番薯种植均在山地缓坡及旱地，番薯产量有一株薯重三四十斤的。以前山区畲胞以竹帘或大石上晒薯丝干贮存，户达千斤，以作一年主粮。今以番薯作主食的已不多，仅作点心。主要以番薯磨制淀粉，制成龙须，以作菜肴或商品出售为大宗。

粮食作物除以上所述外，尚有黄粟（小米）、高粱（萝穄）、荞麦、蚕豆、田豆、豌豆、马铃薯等，但都是零散播种，不具规模。

二、经济作物

1. 油菜

"柴、米、油、盐、酱、醋、茶"，油为生活所必须。中华人民共和国成立前，莪山约年种油菜650亩，产量52000斤。后来油菜种植面积不断扩大，但因推广种双季稻，油菜播种时间推迟，病虫害严重；加之有关方面"抓粮挤油"，致使油菜种植面积和产量不断下降。20世纪70年代后，由于引进水稻高产良种，粮食渐宽余，油菜种植低迷情况始有改变。改革开放后人民生活水平不断提高，油菜种植面积不断扩大。

历史上，油菜品种单一，为白菜型油菜（俗名土油菜）。此品种早熟，不影响单季稻种植，但产量低，亩产在80斤左右，土油菜抗病力较差。1955年，引进四川甘蓝型油菜（俗名胜利油菜），胜利油菜具有枝多、荚多、粒多、耐肥、耐湿、抗病虫强等优势，亩产可达300斤以上，后迅速得到推广。1972年后，又先后引进军农、长秆油白菜"四八〇"和"九二一系"等新品种，但胜利油菜仍为当家品种。由于土油菜具早熟特点，有利于农事安排，所以土油菜仍占一定比例。

2. 茶叶

莪山合作化时期许多生产队、大队办有茶厂，以生产绿茶炒青及烘青桐庐茶蜚声久远，唐朝茶圣陆羽在他所著的《茶经》中道："浙西茶以湖州上，常州次，宣州、杭州、睦州、歙州下。"宋朝范仲淹刺睦州，在其《潇洒桐庐郡十绝》中道："潇洒桐庐郡，春山半是茶。轻雷还好事，惊起雨前芽。"南宋时，桐庐产"天尊岩茶"列入贡品。民国四年（1915）桐庐所产谷芽茶荣获巴拿马万国博览会金奖。莪山山区，村民依坡地植茶历史悠久，不过仅在地头坎边零星栽培，所产茶仅供自给，作为商品外销不多。合作化时期，为抓集体经济，生产队普遍利用坡地砌坎，条带密植开辟茶园，生产队均有大队经营的茶园。茶树品种有鸠坑、龙井、福鼎、苔茶、水仙及祁门槠叶种等。早年散种茶树不行整枝修剪，任期生长。合作化后的大片条播茶园讲究修剪，一般植株高0.90米，条带宽0.70米。采茶为茶区妇女的主要劳作，且往往为抓季节须冒雨采摘，较为辛苦。清明前只采茶芽，名谓"明前"，产量甚少；清明后茶叶渐荣，采摘一叶一芽，名谓"旗枪"。新中国成立前只采春茶、夏茶，夏茶一次清，不采秋茶。20世纪60年代后，也采秋茶。茶采新叶，早采称茶，晚采称茗。

品种上以绿茶为主，也有少量红茶。由莪山供销社统一收购，卖给桐庐茶厂。莪山产茶量最高年是 1988 年，共产茶 830 担。后由于市场经济发展，农民致富途径拓宽，农民弃农，就业各展其能，致第一产业萎缩。种茶辛苦，致茶园荒废，2014 年仅产茶 300 担。废弃茶园，随处可见。

3. 水果

莪山乡农家素有在屋前后园、自家土地上种植水果的传统。合作化以前为个体经营，均未形成产业，仅自种自给、馈赠亲友，商品率很低。合作化时期以抓粮食生产为主，种植果树被视为搞资本主义经营，水果产量一直有限。改革开放后始有规模经营，1985 年莪山全乡共种有红心李 2800 亩，其中中门 700 亩，1990 年共产李子 4000 余担。1994 年，中门村在茶叶山种黄花梨 70 亩。李子、梨子少部在市场销售，大部分统一由桐庐镇梅蓉蜜饯厂收购。21 世纪初全乡年种西瓜约 500 亩，其中新丰村戴家山因高山黄沙性松土，土地阳光充足，所产西瓜甜度高，在市场有一定知名度，戴家山年种西瓜约 100 亩。1995 年龙峰村开始在项家山种植杨梅，品种有东魁、炭黑等，现已规模种植达 600 余亩。2005 年，组建龙峰杨梅专业合作社，入社 105 户，法定代表人傅木生，2014 年共产杨梅 180 吨。现为县级杨梅示范基地。2000 年，龙峰村种植椪柑 60 亩，现仍挂果产出。

4. 竹笋

莪山山地起伏，属亚热带湿润性季风气候，极宜竹类生长。合作化以前，山麓缓坡多有竹林，种类有毛竹、雷竹和黄罗头竹。毛竹除提供竹器制作用材外，一年中另有毛笋、冬笋及鞭笋等食用笋产出。雷竹、黄罗头竹皆主产雷笋、黄罗头笋等食用笋类。家庭联产承包前，食用笋商品率甚低，合作化时期，新丰、中门村有村民集体挑毛笋到横村、桐庐去卖，数量也不多。20 世纪 80 年代后大力发展效益农业，将山麓缓坡原有的柴薪次生林地开垦，种上高节竹，于高节竹上坡种植毛竹。数年后，山地林相改变很大。2004 年，政府推行"退耕还林"，原部分山地、梯田也种上了竹林，使竹林面积再次扩大。此后莪山乡山地林相基本上以高山松、杉，低山竹林为主，群山拥翠，修竹连绵。2015 年全乡共有竹林面积 10500 亩，其中毛竹林 4000 亩，高节竹林 6500 亩，竹林面积以新丰、中门两村为多，其中新丰有竹林 5500 余亩，为省"高节竹之乡"。每年 3 月毛笋出土，4 月高节竹笋旺长，"雨后春笋"，此时竹笋生长极快。3—5 月是山乡农民挖掘春笋最忙的季节。

5. 茭白

莪山乡虽素产茭白，但仅有少量农家在池塘田角种植供自家食用，基本没有上市买卖。20世纪90年代为抓特色农业，经农业部门推广，开始引种茭白，主要产区在中门村，连片种植见于上畈、黄家畈，规模种植达560亩

6. 油桐、油茶和柏子

油桐、油茶和柏子曾是本地农民的一宗重要经济来源，由于时代变革，现在这些产业均已不存在。桐庐素产桐籽，据民国二十二年（1933）《中国实业志》载："桐庐产桐籽5000担，价10万元。"桐庐产桐籽以量大质优驰誉市场。莪山山区以前普遍种植油桐，尤以新丰、龙峰、中门为多。山乡畲胞种植油桐经验丰富，他们将向阳肥厚坡地"刀耕火种"垦殖后，初三年播种玉米，待土壤肥力下降后，即更植油桐，十年后油桐败蓬，又改植杉树，如此三十年一周期。抗战前桐籽价格合理，每担价26元，折米4石。抗战中，销路受阻，价格下降，仅每担折米1石，山农大多伐桐改种豆麦。新中国成立后，人民政府以提高价格鼓励恢复油桐种植，产量有所增加，然终未达到抗战前的最高产量。1956年莪山产桐籽200担。后因封山育林和矿物油脂源源面市，油桐种植退出经济作物领域。

以前莪山山区油茶树随处可见，山区农民油茶自种、自采、自榨油，以满足日常食用。据1948年《桐庐县国民经济和社会发展统计资料》载："1936年，桐庐产油茶籽3200担。"合作化时期，国家"抓粮挤油"，山区农民食油指望于油茶，出售油茶籽也有粮票、布票、油票等奖励。莪山油菜种植以新丰、龙峰、中门为多，其中新丰有190亩，龙峰240亩，中门150亩。1978年，产油茶籽600担。家庭联产承包后，农民创业致富途径广阔，第一产业不断下降，食用油市场购买率提高，油茶种植面积不断萎缩。

柏子是提取柏蜡和清油的原料，用以做蜡烛和肥皂，过去也是农民的一宗经济收入。明徐光启在他所著的《农政全书》中有载："桐庐、分水两县种乌柏普遍。"民国二十一年（1932）《浙江省建设月刊》载："查桐庐产乌柏特著。"秋来富春江两岸"一江流碧玉，两岸点红霜"中之"红霜"，即指春江两岸的乌柏红叶美景。农民称乌柏树为"铁杆庄稼"。桐庐民国二十五年（1936）产柏子25820担。昔时莪山乡一带山麓、旱地、田塍、坎头乌柏树随处可见，晚秋落壳柏子犹如寒

梅着花。1958年萩山产柏子700担。后来由于矿物油脂增多，柏子价廉，农民大砍柏树做板箱；又因大批旱地改为水田，原本种植在田埂上的乌柏树对单季稻或旱作作物采光影响不大，后来改种双季稻，乌柏树对作物采光影响较大，很多树木就被砍伐了，再加上旱地改为水田，乌柏树因不耐水而死亡，造成柏子产业消失。据龙峰村村民回忆，20世纪50年代村里田埂上还曾经有很多乌柏树，后来由于影响作物采光而被砍伐了。

三、养殖业

1. 家禽

主要是养鸡。农家素来有于房前屋后放养鸡的传统，有养三四只到十余只不等，既作为家庭副业，也为家庭提供肉食和禽蛋，农民认为和中药炖烧的"神仙鸡"具滋补强身之功。鸡种具为本地土鸡，母鸡孵蛋，一般是一年一批。合作化时期集体经济薄弱，农民日常用钱就靠出售禽蛋，"文革"期间，视个体养鸡为资本主义尾巴，往往以"赶、打、毒、杀"处理，由此养鸡业一直处于停滞发展。本地尖山孵坊历史悠久，苗鸡来源除自家母鸡孵化外，还有上门销售。党的十一届三中全会后，家庭养鸡始得放开发展。并引进罗斯鸡、新浦东、海新等良种。与本地土鸡杂交，新鸡种概称"本鸡"。20世纪90年代后农村各种专业户兴起，家禽养殖始呈规模经营。

2. 养兔

约1956年，供销社引进肉食兔，供自家食用。1978年，开始养毛兔，后来兔毛价格下跌就没有人养兔了。当时全乡13所村小组织发展勤工勤学，派代表到嘉善学习当地村小勤工勤学养兔和大集体养兔经验（雷老师去过），回来后就开始养兔，最多的时候共有50多只，由老师指导学生负责饲养，学生割草每天带到学校来，暑假里由老师代养。兔子食物来源广，秋天种萝卜给兔子做冬饲料，家里的豆秆、番薯藤、豆叶都可以做饲料。养兔收益比较好，每月剪2次毛，每次大约有二三十元收入，一学期下来就有近2000元收入，用于对勤工俭学的积极学生进行奖励、免除困难学生的学费、办公费用，不用来支付工资。村小是民办小学，老师是代课老师，村里给14元/月工资，其余记工分。勤工勤学收入很大程度上解决了学校资金缺乏的困难。后来村民们看到了之后就开始家庭养兔，养得太多了，兔毛价格下跌，就都不养了。这样搞了三四年，一方面价格下跌，一方面学校也是因为要提高教学质量所以也取消多余劳动，把兔子卖给农户。那时其他副业如养猪养牛也兴起了，比养兔子有赚头。

3. 养牛

耕牛是农村主要的畜力，历来受到重视。1956年，耕牛以"公牛户养"形式折价入社归公。公社化后因耕牛养护制度不落实，耕牛役使过度，大多瘦弱，不见壮牛，造成耕牛减少。龙峰村黄牛比较多，因为梯田多、田块小，黄牛体形小，转身灵活，比水牛适应地形。过去，每个生产队都有十来头牛。1985年后，耕牛基本归户饲养，使壮牛饲养有了保障。但随着各种农业机具的不断增加，耕牛饲养逐渐减少。莪山耕牛存栏最多的时候是1970年，达627头。至1990年基本保持在400头以上，1990年后基本在300头左右，进入新世纪，年饲养量仅数十头。此后有山区农民利用高山草场饲养黄牛，以作菜牛出售。2007年，新丰村戴家山章钟明户养黄牛4头，均作菜牛出售。

4. 养羊

集体化时期，当时的尧山坞大队利用龙峰山草场兴办养羊场，高级社到生产队时期，互助组末生产组开始，那时尧山坞高山梯田很多，稻子割掉之后就把羊放上去，品种是本地山羊。养殖规模从200多只发展到400多只，曾建羊舍5间，面积150余平方米。但经济收益并不是很好，主要是自产自销食用。母羊每年生两次，繁殖快，青草消耗快，传染病、吃露水、淋雨都会造成死亡率高。当时的养殖技术和养殖条件差，养羊场持续了两三年时间，最后因疫病而关闭。至20世纪90年代以前，莪山乡年养羊均不足百头。90年代后，农民致富途径拓展，莪山乡出现一批养羊专业户，并引进良种波尔羊，但龙峰村再没有出现规模养殖户。

5. 桑蚕

虽然桐庐县种桑养蚕历史悠久，但莪山一带向来很少从事桑蚕养殖。至1981年，莪山乡年产茧仅0.5吨。落实家庭联产承包责任制后，农户家庭发展多种经营，种桑养蚕在1980—1990年兴旺一时，成为农户家庭经济的有利补充。1985年，全乡有桑园304亩，共养蚕188张，产茧5.7吨，产值23700元。本地桑苗赖外地供给，主要品种为湖桑197、桐乡青等。在一年5期养蚕中以春蚕、早秋及晚秋蚕为多，产量最多的时候是1990年，共产茧18.30吨。20世纪90年代之后，蚕茧由收购站统一收购改为市场化销售，对农户来说收购价格低，无利可图，至 21 世纪初全乡已基本无人养蚕。

当时龙峰村也有一些农户搞起了桑蚕养殖。因为养蚕的技术要求较高，也不是本地传统产业，所以尝试的农户并不是很多。最早采用山上的野桑叶，后来用稻田种植桑苗，产出的蚕茧挑到横村镇的收购站去卖，收入尚可。后来发现蚕对农药很敏感，稻田喷洒农药飘到桑叶上或是药水味道进入蚕房都会造成蚕减产或死亡。到了 1990 年也就无人再种桑养蚕了，桑田也被挖掉又变回稻田。

第四节　人口资源特征

一、数量增长缓慢

2018 年底，龙峰民族村人口 1497 人，家庭 472 户。1974 年，当时的尧山坞大队和双华大队总人口 1268 人，之后人口规模增长缓慢，到 2002 年两村人口总和达 1474 人。2010 年以来，龙峰民族村人口规模一直稳定在 1400～1500 人，每年因自然出生和死亡略有增减。村内畲族人口数量自 20 世纪 70 年代就稳定在 500 多人的规模。2017 年，畲族人口 506 人，约占全村总人口数量的 1/3，这个比例近十年来也一直保持稳定（见图 2）。总体上，人口数量变动缓慢，畲族人口数量稳定，20 世纪 70 年代以来增加的人口多为汉族。

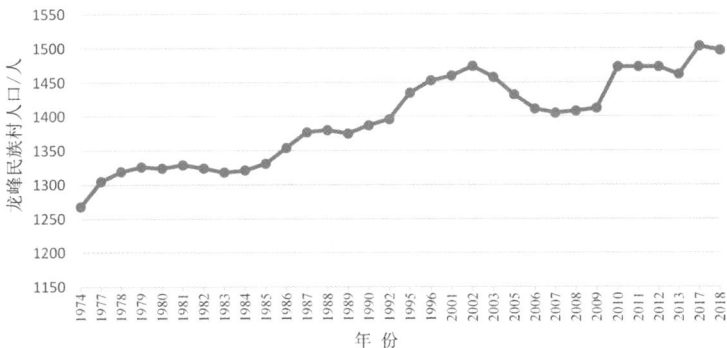

图 2　1974—2018 年龙峰民族村人口规模变化趋势

数据来源：1974—1996 年数据根据桐庐县档案馆相关档案整理；2001—2013 年数据来自历年《桐庐年鉴》；2017、2018 年数据由龙峰民族村村委提供。

二、老龄化现象显著

当一个地区 60 岁以上老年人口占人口总数的 10%，就可以说这个地区进入了老龄化阶段。龙峰民族村 60 岁以上人口 318 人，占全村人口总量的 21%，远超过国际上对老龄化地区的定义标准，龙峰村人口老龄化趋势已经相当显著。除了人口自然老化，年轻人口的流失使得人口总量增长乏力，加剧了村庄人口老化的趋势。调查中发现，近年来村里新出生的人口往往户籍没有落在村里。原因在于年轻一代的父母更愿意让子女到附近较为发达的横村镇或者桐庐县城接受基础教育。即便小孩出生时户口放在村里，在上小学前也会在横村镇或者县城购置房产，把小孩户口迁到村外。

三、人口素质提升较快

龙峰民族村接受过高等教育的人口比例约为 9%，其中研究生占 0.3%，本科生占 2.5%，余下的为大专生。接受过初中和高中教育的人口比例大约为 25%。根据调查，村里 20 世纪 50 年代出生的人有些是受到"文革"的影响中断了学业，初中甚至小学没毕业就参加社会劳动，再也没有回到学校。虽然总体上受教育程度比较低，但近年来，村里的子弟考上大学的越来越多，也不乏研究生高学历者。改革开放以后出生的年轻一代的受教育程度有了很大提高。

四、职业分化

从人口就业方面来看，务农人口逐渐减少，务工人口持续增长，务工人口现已多于务农人口。表 2 显示，2010—2018 年，从事家庭经营的劳动力数量持续减少，从 345 人下降到 148 人；而外出务工的劳动力持续增加，从 565 人增加到 750 人，占全村人口总数的 50%。相对于到桐庐县以外，村民们更愿意在桐庐县内工作。近年来，桐庐经济发展势头良好，就业岗位充足，城市建设日新月异，公共服务和基础设施日臻完善，对周边村镇的劳动力产生了较强的吸纳作用。

表2 龙峰村劳动力非农就业情况

单位：人

年份	从事家庭经营劳动力	外出务工劳动力			合计
		乡外县内	县外省内	省外	
2018	148	588	142	20	898
2013	210	520	135	20	885
2010	345	406	125	34	910

数据来源：2018 年龙峰民族村人口统计数据，由龙峰民族村村委提供。

五、人口单向外流

自从 1979 年下乡的知青陆续返城，龙峰民族村里就几乎再没有过外来常住人口。在相当长的时期里，由于严格的户籍制度，全村人口流动仅限于婚嫁。2005年双华村与尧山坞合并，龙峰民族村"账面"人口增加了，但并不涉及人口户籍的迁入迁出。

据课题组 2018 年的调查访谈，村里的常住人口大约占总人口的三分之二。由于外出务工具有年龄上的限制性，中青年男性人口更可能外出务工，而 60 岁以上的老龄人口极少流动迁出。外出务工是导致村里常住人口减少的重要原因。有些村民已经在横村镇或是桐庐县城安家，只是户籍仍未迁出。近年来，新出生人口迁出的现象比较普遍。总体上全村人口的流动呈现向村外单向流动的特征。

第三章　过去的生活概况

　　结合村民口述，本章回顾了改革开放以前村庄的土地制度变迁和生活状况，记述了集体化时代村民记忆深刻的事件，力图全面呈现过去龙峰村的生活样貌和村民的精神风貌。

第一节　土地制度与生产关系

　　改革开放之前，龙峰村的土地制度经历了地主所有制、农民个体所有制，最终确立了"三级所有、队为基础"的农民集体所有制。相应地，农业生产关系从个体小农经济转变为社会主义集体经济。

一、土地改革时期

　　新中国成立以前，桐庐县土地制度同全国一样，属于半封建性质的私人土地占有制。少数地主、富农占有土地，他们出租土地，向佃农收取地租。占绝大部分的贫农，仅占有少量土地。更有农村雇农，处赤贫状态，家无寸土。据统计，1949 年初莪山乡共有地主 58 户，富农 52 户，地主和富农共占有土地 3919 亩，几乎占全乡耕地 60%；贫农 606 户，仅有耕地 1243 亩，占有耕地还不到 19%。地主向佃农收取的地租，一般是占土地收获物的 50%，有的甚至达 60% 或 70%。随着 1949 年 5 月桐庐解放和随即展开的土地改革，农民们才彻底从封建土地所有制中解放出来。

　　1950 年 9 月，桐庐县内各村普遍建立了农民协会（以下简称"农会"）。人民政府通过农会向地主提出免除一切旧欠租谷，并实行"二五减租"，即在原有地主、佃农收获物分成的基础上，要求地主所得部分再减少 25%，佃农负担大大减轻。1950 年 6 月，中共中央颁布《中华人民共和国土地改革法》，组织土地改革工作队下乡，大力宣传《土地改革法》，实现"耕者有其田"。贯彻"依靠贫农、雇农，团结中农、中立富农，有步骤地、有分别地消灭封建制度，发展农业生产"的方针。依靠农会发动贫苦农民，召开大会揭发地主恶霸剥削、欺压贫苦人民的罪行，提高群众觉悟。清查村户土地，按照土地、财产划分村人成分，并登记造册，防止地主隐瞒、漏报、转赠。并没收一切族田、寺庙田、会产田、学田等。按照本农会会员土地、不动产、动产具体情况，按人口进行均分。根据土地的多少和家庭资产的多少进行农村阶级成分划分。贫雇农在 1951 年秋又进行了复查，纠正"土改"偏差。通过土改，莪山乡各农会人均获得耕地在 1.2 ～ 2.5 亩之间，并有 41 头耕牛、211 件大农具（犁、耖、耙、稻桶、风车、水车等）及 125 间房屋分给贫苦农民，由县人民政府颁发《土地证》《房产证》。

当时尧山坞的村民们通过土地改革也都分到了属于自己的土地和生产资料，人均约 1.7 亩土地。土改的过程很顺利，先是政府选派下来的土改队进驻到村里，进行动员和摸底，之后通过"划成分"的方式，将农民与地主在"阶级"上分离开来。划成分主要是"自报"与"公议"相结合。每户村民自己报上自家在新中国成立以前的收入来源与经济地位，同时通过公开讨论的方式来确定每个村民的成分。据村民回忆，当时尧山坞一带阶级成分主要分为手工业者、雇农、贫农、下中农、中农、上中农、小土地出租者、富农、地主[1]。地主所有的资产、田地都被没收，所住的房子优先分给村里最困难的贫雇农。地主家没收来的粮食，先是分给最贫困的人，如果还有剩余再分给家里有困难的人。钟相贵老人回忆当时他家夫妻两人分到了 3.5 亩土地和一头耕牛[2]。雷本奎老人回忆，因为家里是贫雇农，格外受到照顾，家中共 4 人分到了 8 亩山田，还有箩筐等一些农具。由于毗邻的尧山村土地不够分配，尧山坞还拿出了一些土地分给尧山村进行分配。当时有个别农民担心土改政策不长远，害怕地主"秋后算账"，分到了地主家的土地和粮食却不敢使用。

通过土改分到田地的村民们欢欣鼓舞，生产热情空前高涨，农业生产大幅提高。土改的前两年没有征收农业税，大概是 1953 年到 1954 年才开始有了农业税。与中华人民共和国成立前相比，农民们有地种了，有财产了，生活有奔头了，大家都享受到了土改的好处。"那时大家的热情比较高涨，开大会都是义务的，大家

---

[1] 雷敏炎访谈记录。
[2] 钟相贵访谈记录。

都必须到。而且由民兵对地主和反动分子进行监管，让其在家里劳动，不让其到外面走来走去。有亲戚和客人来都要上报，通知治保主任。"[①]村庄的权力也从地主阶级转移到了农民手中。

二、合作化时期

土地改革完成后，龙峰村与当时千千万万的村庄一样经历了个体农业社会主义改造，从互助组到初级农业生产合作社、高级农业生产合作社、人民公社，见证了公共食堂的建立和取消，经历了"大跃进""大炼钢铁"的浪潮和三年困难时期，这些经历很大程度上是受到时代大潮的影响。

土地改革解放了生产力，提高了农民的生产积极性。但是小农经济极为脆弱，为了巩固胜利果实，党和政府决定对个体农业实行社会主义改造，逐步引导农民走上互助合作的道路。1951 年 12 月，中共中央颁布《关于农业生产互助合作的决议（草案）》。1952 年 5 月中共浙江省委发出《关于试办农业生产合作社的指示》。到 1952 年底，桐庐县内各村普遍建立了互助组。至 1953 年底，莪山乡共有互助组 88 个。互助组以"土地私有，自愿结合，等价交换"为原则，并分临时互助组和常年互助组两种形式。临时互助组以"调工""人力换牛力"等形式相互帮助；常年互助组有劳动换工、评工记分、年终找补等形式。

1953 年冬，中共中央贯彻《关于发展农业生产合作社的决议》的文件，动员农民走集体化道路，组织初级农业生产合作社。初级社以"自愿入社，土地入股，集体经营，民主管理，按比例分配"为原则，实行"大农具、耕牛折价入股，付给租金，小农具社员自备"的方式。初级社中统一安排生产，社员按劳动力、技术评工记分。收获物除完成国家任务，留足生产资料外，其余按土地、农具入股金、劳动工分分配。1954 年冬，桐庐县内农村普遍建立初级农业生产合作社，莪山乡共有初级社 53 个。

1956 年底，莪山乡初级社开展扩社、并社升级，全面向高级农业生产合作社过渡。高级社土地归集体，取消土地年终分红，耕牛、农具全部折价归社，为集体所有。高级社实行统一经营，按劳分配，年终扣除上交国家粮食、集体公积金、公益金后，其余均按社员工分分配。高级社的公有化程度较初级社高，土地和生产资料私有制已不存在，转而成为社会主义集体所有制，至此对农业的社会主义

---

① 雷敏炎访谈记录。

改造基本完成。莪山乡共有 21 个高级社，分别为塘畈、长联、山阴、溪东、中联一社、中联二社、潘家边、龙门坑、新胜、桐坑、戴家山、下香、桥头、新蓬、双园、尧山坞、双华、塔山、光明、红光、象山人民公社。当时的尧山坞和双华高级社就是今天的龙峰村。

三、人民公社时期

1958 年 10 月，横村（大）人民公社建立，范围包括今横村、旧县、莪山。1960 年 1 月，钟山（大）公社也并入横村公社。与过去的高级社相比，人民公社的规模扩大了，平均户数是原高级社的数十倍，而且集农林牧副渔、工农商学兵于一体；同时，公有化程度高，不仅基本的生产资料收归公社所有，社员的自留地、家庭副业也收归公社。人民公社实行"政社合一"，把国家基层政权组织与农民的集体经济组织合为一体。公社、大队、生产队三级管理委员会不仅担负经济职能，还担负政权职能。人民公社内组织军事化、行动战斗化、生活集体化。大搞"一平二调"，即平均主义和无偿调用生产资料；收益分配实行统一核算，统一分配，以大公社为经济核算单位；大搞公共食堂，伙食共食制，吃饭不要钱。

1958 年底，龙峰村里也起办了大食堂，家家不做饭，大家一起吃，每天吃饭的时候以敲锣为号。那时候村里有歌谣："单干好比独木桥，走起路来摇三摇；互助组好比石板桥，关键时刻靠不牢；人民公社是金桥，通向天堂路一条。"每家每户不准养鸡养鸭养猪，不准个体种粮食和番薯，可以种少量蔬菜，种粮食作物和养猪都要通过集体。开始的第一年还好，第二年就出现了问题。"那时候人特别会吃，而且吃起来没有计划的。管理上也有漏洞，有的村民把饭一桶一桶的打回家。"这样下去，公共食堂就越办越差了。

1961 年，为纠正"浮夸风"所造成的不良影响，解散公共食堂，恢复自留地，允许发展家庭副业，分配上实行"三级（公社、大队、生产队）所有，队（生产队）为基础"，并实行"三包（包工、包肥、包产）—奖（超产奖）"完善评工记分，调动了农民的生产积极性。10 月，大公社全面缩小，尧山坞和双华所在的莪山公社从横村（大）公社中析出，成立了各自的生产队。从 1963 年开始，村里所有的荒地又重新开垦出来，种番薯、玉米、高粱等。种出来的东西谁种归谁。这个阶段开始鼓励种植和生产自救，据村民回忆，山边犄角旮旯的地方都被种上了蔬菜、番薯，还可以到其他村组去种地，只要没人种的土地都可以利用起来；家里也可以养鸡养鸭搞副业了，生活水平一度得到了改善。但1966年"文化大革命"开始后，家庭副业受到批判，多种经营受到严格的限制。到1968年，开始做储备粮。每一个生产组都要多打粮食，哪一个生产队生产的粮食多、产量高，就可以被树为标兵。生产队里的粮食要储存到粮站。当时邻近的尧山村修建了一个圆形大仓库，专门用于存放备战备荒的粮食。1969年，全民生产运动开始了，各个生产队都积极开荒种地，自己的村子没有山地荒田可以跟邻近村庄协商要一些荒地耕种。当时尧山坞去桐坑附近种过番薯，一年产量有好几万斤。从1972年开始，各地都在积极恢复农业生产。那个时候开始农业学大寨，村里一些干部也去山西参观过。

虽然从60年代后期开始，国家和地方采取了一系列恢复生产的做法，但集体经营的性质并未改变，集体经营的效率得不到提高，农民的积极性没有完全激发出来。直到1981年桐庐全县开始推行家庭联产承包责任制，龙峰村的村民们才彻底放开手脚去发展农副业。农民纷纷添置农具，精耕细作，农业生产得到空前发展。最初签约承包期为3年；1984年后延长到15年，并且扩大了承包内容，除农田外还将茶园、山林、果园、库塘也实行承包；1998年后复延长到30年。

第二节　改革开放前的生活水平

新中国成立以前，龙峰村社会经济发展落后，多数村民只能勉强维持生计，几近赤贫。20世纪50年代到70年代，生活水平持续改善，但仍然徘徊在温饱线上，对照20世纪80年代世界银行确定的人均每天最低消费1美元的绝对贫困标准，村民大多仍属于贫困人口。

一、新中国成立以前生活持续赤贫

在中华人民共和国成立前相当长的一段时期里，莪山乡一带的广大贫雇农都过着常年劳作却缺衣少穿、食不果腹、几近赤贫的生活。少数地主、富农占有土地，他们出租土地，向佃农收取地租。占绝大部分的贫农，仅占有少量土地。更有农村雇农，处赤贫状态，家无寸土。佃农往往"镰刀挂上壁，穷人没饭吃"，常年过着"糠菜半年粮"的生活。剥削阶级还掌握有公众的族田、庙田、学田、会田等，剥削劳动者。雇农给地主家做长工，靠出卖劳动力为生，农活、家务样样要做，终年少有休息，一般是一年可得谷1000～1200斤。地主平时只供吃饭，生死病痛不问。地主家多雇有牧童看牛，牧童常年只吃剩羹残饭，睡牛栏、柴间，无工资，年终给一套粗布衫、一双布鞋便算好的了，有的只给一块豆腐，几串沸豆腐。

只有地主家里才能经常吃到稻米。村民钟相贵老人回忆说："新中国成立前家里有一点土地用来种番薯，主要吃番薯丝。"村民雷本奎老人回忆说："当时住在全村最高的草棚，租住地主的两亩多田地，每亩地要给地主 100 斤谷子。困难的时候，大哥到中门给人看牛。四兄弟只有大哥留在了家里，其他三个都出去给人当女婿。番薯丝和玉米是主粮，白米种出来不舍得吃。油盐酱醋都需要稻谷去换，很少吃米。家里养点牛羊，自产自销。"① 许多村民上山砍柴，用柴火来换一点粮食。那时候穿的是破烂的麻衣，用很粗糙的土布做的。冬天没有棉衣，就是有也是很破烂的，下雪天大家就靠到一个火塘烤火取暖。外出都是穿草鞋，布鞋基本没有，鞋子一年下来十个脚趾都露在外面也还在穿。雷本奎老人回忆说："以前套鞋没有穿过，后来穿哥哥和父母亲换的鞋，也是破的，冬天用棕片包起来。冬天还穿着短裤。地主家能够穿上用牛皮做的靴子。"

二、集体化时代低水平温饱

新中国成立后通过土地改革，龙峰村的广大贫苦农民们都分到了自己的土地。土改时期的前两年没有征收农业税，第三年才开始征收。农业税开始时是 25 斤一亩，时期是 20 世纪 50 年代中期到 60 年代初。1952 年开始成立互助组，历时约一年，大家你帮我，我帮你，生产上实行互助。然后是农村股份经济合作社（土改时分的田地作为股份投入）、高级社（历时一年）。当时，农业生产的现代化水平非常低下。肥料基本是从猪栏和牛栏里挑出来的农家肥，犁地主要靠耕牛，田里的活都靠人力。到了互助组时期，开始有钾肥供应，但数量很少，极其珍贵。当时种的水稻品种主要是"细叶青"，稻叶尖尖的，稻头很多，是本地的土种，它产量不高，亩产最多能够达到 300 多斤。村庄地处山区，平地本就不足，沿溪可获得自流灌溉的农田更少，因此水稻田不多。即便有一些简易山塘和脚踏水车，但是由于山塘蓄水有限，溪流旱季极易断流，以至许多田灌溉不到。加之土层比较薄，地力贫瘠，因此水稻产量不足，不能成为主要的口粮。旱田、山田的比例较大，主要种植玉米、番薯。这些杂粮也是龙峰村人重要的口粮。土地贫瘠的农

① 雷本奎访谈记录。

户经常要到土地相对好的人家去借粮，粮食还远远没有到随便吃的水平。时值抗美援朝，那时有个宣传口号，大意是每人捐出一根火柴，全浙江就能换一台战斗机。家家户户有铜、铁都支援上去，有余粮都卖给国家，用这样的方式爱国，但是无限量的支援进一步加剧了农村的困难。

三年困难时期，是村民们生活最艰苦的时期。村里没有余粮，食堂做米汤时，一斤米要烧十六斤水，还要加菜进去拌起来充饥。公共食堂很快就办不下去了。陈根贤老人回忆说："那几年都是吃红薯的藤呀，什么东西都吃过。山上的野菜叶子搞来做豆腐，苦菜等都吃的。"1960年春节，按人头村民每人只分到4两用粽叶包起来的猪肉。到了1961年，情况更加严重，山上能够采来充饥的东西也少了起来。1961年，根据政策村里的公共食堂解散了，自留地也恢复了，家庭可以开展副业，尧山坞和双华所在的莪山公社从横村大公社中分出来，独立核算，分配上实行"三级所有，队为基础"。农业生产得到了恢复，生活水平也得到了一定改善。

1961年10月，尧山坞从横村大公社析出后，按照自然村分成了6个生产队，生产队下设置生产小组，通过记工分按劳取酬。男劳力一般每个劳动日记10分，妇女记7～8分，未成年的青少年一般记4～6分，体力稍差的成年男性可以记9分。口粮按年龄来分配，分成成人、老年和儿童。老年和成人（18岁或20岁以上）是一样的，一年580～600斤稻谷。有些家庭劳动力比较少的，一年下来可能做的工分还不够抵消分配的口粮。那时，生产队开始有化肥供应，不过还是配给制，粮食亩产水平提高到500多斤。到1968年，开始做储备粮。每一个生产组都打粮食，看哪一个生产队生产的粮食多、产量高，就可以被树为标兵。队里的粮食要储到粮站。当时毗邻尧山坞村的尧山村建了一个圆形大谷仓用来存放备战备荒备粮。1969年开展全民生产大运动，积极开荒种地。本村没有山地荒田的可以到附近其他村开垦。当时尧山坞大队曾去桐坑一带种过番薯，一年产量有几万斤。

20世纪60年代中期到70年代后期，浙江开展农业学大寨运动，村里一些干部都去山西参观学习过。从1972开始，各地都在积极开展农业生产。但"文革"时期家庭副业生产受到了限制和批判，"吃大锅饭"的农业生产方式也逐渐暴露出弊端，农业生产力受到严重的限制。村民们的生活一直徘徊在温饱线上。就拿吃饭来说，稻米依然珍贵，还没有成为家家户户每顿都吃得上的主食，番薯依然是主食。村民傅木生回忆说："（包产到户之前）我父亲没有吃过白米饭，我从小没有妈妈，一斤米下锅都给我和兄弟们吃掉了。父亲65岁去世，刚刚赶上包产到户，没怎么享受到就走了。那时稻谷收回来放到家里的楼上，当时100块一担可以卖掉，我父亲说再贵也不卖，变成陈米也要吃。老人家舍不得，父亲去世后60元一担卖掉的。"

第三节　村民记忆深刻的事件

集体化时代是龙峰村社会生活变迁中承前启后的重要阶段，在紧密的集体化生产生活中，村民们形成了共同的利益和情感联结，塑造了村庄的精神基底。

一、农田水利基本建设

二十世纪六七十年代是莪山乡建造水库的高潮时期，兴修水利和大搞农田基本建设在村民心中留下了深刻的记忆。莪山乡和龙峰村现有的山塘水库都是在那个时期修建的（见表3）。位于龙峰村境内的申阴寺水库于1955年动工，历经十年竣工，给老一辈村民们留下了深刻的印象。

1955年10月，为发展农业生产，在桐庐县委号召下，横村区公所决定在圣因寺位置建造圣因寺水库（今名申阴寺水库）。申阴寺是南宋古刹，新中国成立后佛事活动停止，但寺院尚在。当时周边的各村社员都投工投劳，拆除寺院，调剂土地，清理坝基。在完全没有机械化的条件下，社员们硬是用锄头、畚箕，以愚公移山的精神，肩膀当大路，挖山挑土，用石夯夯实土坝，每天投工1500人以上。男女老少齐上阵，早出晚归，家人送饭到工地，尤以冬季为建设高潮。为治山理水，甚至有社员在工地事故中牺牲。寒暑易节，至1965年5月，经十年投工达到预期设计目标，水库建成，正名申阴寺水库。水库库面80亩，库容70万立方米，为小（二）型水库，可灌田1900亩。

20世纪60年代，村里还陆续建设了塘田和老虎洞两个山塘。1976年又建设了岭脚水库。岭脚水库是当时三个村的合作工程，尧山坞、双华村、尧山的社员们投工投劳，三个村交叉监督，互相记录对方村的工分和进度。工程建了约三四年，只完成大坝脚砌石及输水涵管工程就停建了。根据莪山公社1978年农田水利情况报告表记录，1978年尧山坞兴修水利实际投放人工10000工日，居全乡之首。

为解决下游650亩粮田的灌溉问题，1989年11月，在县政协、县委统战部的牵头下，会同水利部门进行实地考察，认为该水库居高临下，不仅可以改善下游粮田的灌溉条件，还可以解决群众的生活用水问题。

1989 年 12 月，开始岭脚水库第二次施工续建。此时不再由村民们投工投劳，而是采取谁受益谁负担、公办民助的形式，由各家出资承包给工程队代建，并且季节性发动群众投工投劳。1991 年 12 月，乡党委、政府发动全乡党员、干部、企事业单位职工、中学师生上水库工地劳动。1992 年 9 月 23 日，山洪暴发，正在建设之中的岭脚水库大坝左岸决口，冲毁土石方 7000 多立方米，殃及下游粮田、房屋道路，直接经济损失 7 万余元。1995 年底完成全部工程及配套设施。建成水库的大坝高 24.5 米，坝顶长 154 米，宽 3 米，总库容量 10 万立方米，完成土石方 6.31 万立方米，总投资 32 万元，直接受益面积 600 余亩。在建造中，市政协农水组、基督教"爱德基金会"分别援助资金 5 万元和 10 万元。①

第二次施工后仍然漏水，之后进行了很多次的维修。究其原因，一是地形条件限制，岭脚水库一带为斜坡，塘底多乱石，不利于蓄水；二是承包工程给工程队，管理、监理不到位导致质量不过关；但最主要的还是在于技术条件限制，两次修建时都是人力为主，机械比较少。据亲历者回忆："那时工程上没有震动板。我当时也是管理人员，当时住在这里的有一个是桐庐县水利局管理车辆的人，叫我坐翻斗车去横村一个叫大坑水库的地方拿震动板。这个东西是帮助捣碎和搅拌水泥的，当时的条件下都没有这个东西，很不容易买到。"②

表 3　改革开放前龙峰村境内的水库和山塘

水库／山塘名称	开工年	建成年	集雨面积／平方千米	库容／立方米	坝高／米	坝型	灌溉面积／亩
申阴寺	1955 年	1965 年	0.40	70	17.1	土坝	1900
塘田	1963 年	1966 年	0.05	1.90	6.70	土坝	235
老虎洞	1965 年	1968 年	0.15	1.00	9.50	土坝	90
岭脚	1976 年	1995 年	1.10	6.60	20.00	土坝	480

二、南堡精神

在村民访谈中，多次听村民们提起"七五洪水"和"南堡精神"。南堡村位于分水江的上游，由于江道拐了个急弯，地处江湾处的南堡村洪灾尤其多。1969 年

---

① 孙潮清 . 桐庐年鉴 1995—1996.1997：183.
② 傅木生访谈记录。

7月5日，分水江发生了一场罕见的特大洪灾，洪水瞬间吞噬了南堡村。219名村民被夺去了宝贵的生命，1500余亩良田被冲毁，地表建筑损毁殆尽，全村只剩下一个灶头、半间屋架、一棵苦楝树。这在当时可谓灭顶之灾，但是，南堡人民没有退缩，他们在党和政府的关怀下，积极开展生产自救，自力更生，重建家园，当年就实现了粮食自给。为了重建家园，南堡人民办起了砖瓦厂，几个月就烧出17万块砖瓦。在特大灾难下，南堡人民没有等、靠、要，他们擦干眼泪，在灾后贫瘠的土地上，在烈日酷暑下，夜以继日地抢粮种粮、造坝修渠、建房安民，以"泰山压顶不弯腰"的精神，实现了"粮食生产一年自给，两年有余，三年建设新南堡"。

1970年6月3日，《人民日报》头版头条刊登了以《泰山压顶不弯腰》为题的长篇通讯，报道了南堡人民的英雄事迹，南堡被誉为"江南大寨"。这种面对大灾大难毫不畏惧、自力更生、艰苦奋斗的精神，毛主席称之为"南堡精神"。一时间，全国掀起了学习"南堡精神"的热潮，"南堡精神"成为教育、激励人民战胜困难、创建业绩的强大精神力量。

为了抵御洪水，南堡人民在分水江的上游筑起一座4米高、700米长的大坝，并将此坝命名为"胜天坝"，表示对大自然的征服。当时很多尧山坞和双华村的社员都参加了大坝的修筑，为南堡人民重建家园贡献了力量。

经

济

篇

变迁与发展

中国
村庄
发展

JINGJI PIAN
BIANQIAN YU FAZHAN

畲　乡　　逐　梦

　　龙峰民族村和很多民族地区一样，受到自然、历史和区位因素的制约，历史上农业和非农产业发展水平较低，村民生活水平相对落后。改革开放以来特别是最近十年，龙峰村发生了巨大的变化，民宿和文化旅游、绿色生态农业、畲族特色产业、文化礼堂、畲族文化馆等产业和设施快速发展。本篇着力梳理和展现龙峰民族村四十年来经济发展历程，尤其是美丽乡村建设以来村庄跨越式发展的一系列举措；针对当代村庄发展的共性问题——如何壮大集体经济，总结提炼龙峰民族村的做法和实践经验。

第一章　村庄经济发展

虽然从 20 世纪 60 年代后期开始，国家和地方采取了一系列恢复生产的措施，但集体经营的性质并未改变，集体经营的效率得不到提高，农民的积极性没有完全激发出来。直到 1981 年桐庐全县开始推行家庭联产承包责任制，龙峰村的村民们才彻底放开手脚去发展农业和副业生产，农民纷纷添置农具，精耕细作，农业生产和家庭经济得到空前发展，村庄也发生了一系列的变化。

第一节　土地经营制度改革激活农业生产

一、推行家庭联产承包责任制

1978 年，在安徽小岗村出现了把农田分到每户去管理，搞责任到户的做法。1981 年冬，桐庐县内开始推行安徽省凤阳县小岗村家庭联产承包的做法。后来影响扩展到了莪山乡。在龙峰村开始分田到户之前，邻近的新丰村已经先一步开始搞单干到户，把农业税按照田亩分到每户去，余粮也分掉，结果发现这样干打下的粮食比生产组种起来的还多，农户的生产积极性大幅提高。新丰村也因此成了莪山乡的一个典型。很快周边的村庄就都行动起来了。1981 年底尧山坞和双华村也开始实行责任到户，以原有的生产队为单位进行"分田"。当时村里把所有的农具包括箩筐、稻桶、耕牛、收割机等都折价分到农户手里；土地按户口上的人头算，超生的不算，小孩也一样可以分到田地，没有出嫁的女儿也可以分到。为保证分配的公平，使用抽签的方式决定。"地有好有不好的，抽签决定，抽到不好的只能怪自己运气不好。""也有的村抽签是抽序号，然后按序号决定谁先选田谁后选田，但我们（尧山坞）是搭配来的，分三等田（好、中、差），每一家都有三等田，很公平。抽到前面的序号的可以先选田，这就看手气了。"[1]不过一开始，有的村民还有些顾虑。当时主要有两种思想：一种是集体都搞不好，现在分到户了，如果我种不好怎么办；第二种就是我种好之后都是我的，一定要种好一点。

1981年底冬耕时，尧山坞和双华村就开始了责任到户。虽然当时人均只有1亩多点耕地，没有农业机械，化肥的品种和数量也是非常有限，全凭老百姓精耕细作，但当年粮食就大丰收了，一下子解决了温饱问题。"刚刚开始单干的时候还没有化肥（化肥很少），最多用些煤灰（煤矸石）来治虫。后来生产技术提高了，化肥和农药也有了，一个人比以前干的更多，这个时候粮食亩产达到了上千斤。水稻是杂交稻，当时村里还派人去海南学习了杂交水稻的培育方法，之后几年，杂交稻在村里兴旺起来，粮食增产，家畜增多，家家吃喝不愁。"[2]

二、农业生产结构转变

1981年底，龙峰民族村开始实行"分田到户"，合同期为3年。1984年家庭联产承包责任制在桐庐县所有乡镇全面推行，合同期也延长到15年。家庭联产承包责任制实行"交够国家的，留足集体的，剩下全是自己的"，分配方法简单，责任明确，利益直接，从根本上解决了农业劳动监督问题，把劳动时间和质量与个体农户的收入直接挂钩，杜绝了集体劳动"搭便车"的现象，从而提高了经济效率。生产经营方式的转变使得农业劳动生产率得到了提高，粮食产量也相应大幅提高，彻底改变了龙峰村农民吃不饱饭的状况。

落实家庭联产承包责任制后，龙峰村的农业生产结构也发生了很大的变化，从"以粮为纲"向"粮经结合"转变。集体化时代，村里粮食作物除了水稻还有小麦、大麦、番薯、大豆和玉米，但各类作物的种植面积是由计划指令下达的。实施家庭经营之后，受到国家粮食收购政策的影响，粮食作物的种植以水稻为主，小麦和大麦逐渐退出。1980—1985年，粮食作物种植面积逐年减少，由于农业机械和化肥的使用，粮食作物总产量不减反增（表4）。稻米产量持续上升，使得番薯的种植开始减少，番薯过去作为村民主食的补充是较为大宗的作物，其重要性迅速下降。集体化时代，村民们只能在山地和田塍种植大豆，实施家庭经营后大

田也可以种植大豆。种植大豆较为简单，只要除草、不用施肥，还可改良土壤，大豆产量持续增加。

表4 龙峰民族村粮食作物种植规模和产量（1974—1985）

年份	尧山坞			双华村		
	面积/亩	亩产/千克	总产量/吨	面积/亩	亩产/千克	总产量/吨
1974	921	235	215.65	1418	216	306.40
1978	803	304	246.15	1386	259	359.00
1980	951	223	211.95	1466	214	312.60
1981	951	205	242.40	1417	372	385.90
1982	909	350	317.90	1400	347	485.90
1983	889	299	265.40	1484	260	386.30
1984	846	399	337.45	1386	369	510.90
1985	846	410	346.95	1273	371	472.25

资料来源：桐庐县档案馆。

家庭经营打破了对种植经济作物的限制，水果、竹笋、茭白从原来田间地头少量种植供自家消费发展成为规模种植，在市场销售。1985年莪山乡地区共种植红心李2800亩，21世纪初全乡种植西瓜约500亩。1995龙峰村开始在项家山种植杨梅，品种有东魁、炭黑等，规模种植达600余亩。2000年，龙峰村种植椪柑60亩。与水果和蔬菜情况相反，集体化时代曾经兴盛一时的茶园逐渐荒废，一来茶园用工较多，劳动力不够；二来村里的茶园位于高山，进出不便，所以逐渐荒废。

三、家庭经营结构转变

随着家庭联产承包责任制的深入落实，家庭经营的范围进一步扩展，集体化时代受到限制的家庭养殖业得以恢复。村民们普遍饲养鸡、鸭、肉猪，或自家消费或市场出售，成为家庭收入的重要补充。村庄里的能工巧匠、技术能手、妇女劳力首先从粮食生产中解放出来，从事工副业、其他种植业、运输业、家庭养殖，转向多种经营的农户越来越多，经营范围也越来越广。有些已经由家庭副业发展为家庭主业，从小生产发展为商品性生产，有些家庭主要劳动力已经从大田生产中分离出来从事某项专业生产。1985年，尧山坞畲民三兄弟承包了申阴寺水库养鱼，承包期15年，每年上交乡鲜鱼3000斤。年养鱼2万尾，收入达1.5万元。

1988 年，受到桐庐县人民政府的奖励①。这一时期，龙峰村的村民们各显身手，种田以外养猪养兔、种桑养蚕、跑运输、做石匠、做泥瓦匠、做木工等，妇女做针织手工，家庭经济全面发展，生活水平持续提高。

家庭经营兴旺的同时，乡村工业也迅猛发展。20 世纪 70 年代末，省委、省政府就认识到，仅靠种植业很难让农户富起来，只有发展乡镇企业和农村多种经营，才能加快农村经济的发展。全国对乡镇企业的政策在 20 世纪 80 年代中期转向积极支持，浙江乡镇企业在 1985 年后迅猛发展，极大地促进了农村分工分业。越来越多的农民脱离耕地，从事工业、运输、商业、服务等行业，作为农村商品生产和交换中心的小城镇也繁荣兴旺起来。在这样的政策背景下按照 80 年代初杭州市和桐庐县政府提出的"飞鸟型"（农业是身体，多种经营和乡村企业是两只翅膀）农村经济发展构想，1986 年，桐庐县内发展了一批专业大户和个体私营企业。

莪山乡在 1981 年成立了桐庐花炮厂，是杭州地区首家同类型企业。之后又陆续成立了针纺织品、烟花、金属丝绳、石材、农机五金等个体私营企业。1995 年，全乡有企业 11 家，村办 2 家，个体和私营企业 36 家。工业总产值 4527 万元，共有职工 1066 余人，其中畲民 400 余人。1998 年，全乡工农业总产值达 11846 万元，财政收入 290 万元，农民人均收入 2865 元。毗邻莪山乡的横村镇针织产业发展迅猛，至今仍是周边工业经济的带动者。

这些本土工业提供了大量就业岗位，自然成为龙峰村和附近乡镇农民外出务工的首选。虽然龙峰村没有社队企业遗留下来，但是在周边小城镇工业经济的带动下，发展出家庭农业经营和外出务工相结合，"离土不离乡"的"打工经济"。本土工业的发展促进了农户家庭经营的分业分工，引导农村剩余劳动力向非农产业转移。

第二节　莪山畲族乡成立扶持村庄全面发展

由于历史、地理等原因，改革开放前，莪山乡的经济发展和公共事业相对落后，人民生活水平较低。为了加大改革步伐、加强民族团结、促进莪山经济和社会各项事业全面发展，1988 年 12 月莪山乡改制建立莪山畲族乡，成为杭州地区唯一的少数民族乡。莪山畲族乡成立后，杭州市政协把帮扶莪山畲族乡发展经济

---

① 浙江省少数民族志编纂委员会. 浙江省少数民族志 [M]. 北京：方志出版社，1999：406.

作为工作的重要内容，并同县政协一起帮助他们制订"转变观念，奋发图强，发挥优势，走向市场"工作思路，围绕如何帮助莪山畲族乡脱贫致富下功夫。在工业上，帮助莪山民族乡融资 60 万元，对拉丝厂、针织厂进行技术改造，帮助乡工业办公室对所属企业管理人员进行培训，帮助企业加强内部管理，以打开产品市场销路。在农业上，帮助他们改变"以粮为纲"的种植传统，利用低丘缓坡种植水果、菜竹等经济作物，并积极发展饲养业。筹集资金 30 万元，动员尧山坞、尧山、双华三个村群众投入劳力，兴建岭脚水库。

桐庐县政府也出台了一系列帮扶政策，下达了《关于扶持我县少数民族地区发展经济文化事业若干措施的通知》，确定在 1989—1991 年，县财政每年安排 10 万元发展生产专项资金，金融部门每年安排 30 万元专项资金用于少数民族乡发展生产所需的贷款指标。经委、乡镇企业、农业、林业、粮食、商业、供销等主管部门帮助少数民族地区兴办工业企业、种养业商品基地。科技部门帮助解决生产技术上的难题。劳动部门积极帮助少数民族地区组织劳务输送，优先录用少数民族中符合条件的农民。从财政税收上实行优惠，促进少数民族地区商品生产的发展。帮助少数民族地区改善交通条件。帮助少数民族地区办好教育和文化广播事业。关心少数民族地区人民的健康和生活。

1988—1989 年，莪山畲族乡得到浙江省、杭州市政协、杭州市委统战部和桐庐县 40 多个单位的 100 余万元资金扶持，发展林业和经济作物 400 公顷，修山塘水库 12 座，改造低产田 267 公顷，办工业企业 10 家，修机耕路 35 千米，帮助解决通讯、广播、饮水等困难。杭州市宗教界及九三学社捐资新建莪山中学教学楼，恢复并新建尧山坞、铁砧石民族小学。此后，每年均有扶持资金到位，中国香港及内地知名人士、社会团体亦出资相助。1993 年 2 月，县政府又提出少数民族地区发展经济文化事业工作的 6 条政策性意见。同年，制定财税体制改革后民族乡财政包干有关政策。1998 年 8 月，县政府《关于进一步加强少数民族工作的若干意见》提出 10 条关于加强少数民族工作的意见，其中确定县财政每年继续安排少数民族专项补助资金，扶持少数民族地区发展生产，改善生活条件、为少数民族特殊困难对象发放补助，对莪山乡实行财政税收优惠政策，乡财政超收和节支部门全部留乡，用于各项建设事业。在建设项目和资金安排上向少数民族乡、村倾斜。自此，莪山畲族乡的经济发展和社会事业加速发展。

第三节 家庭承包经营的稳定与深化

随着各项改革的推进，以家庭承包经营为主，统分结合的经营体制逐渐稳固下来。土地承包经营权不断巩固，激发了农户家庭经营的积极性，释放了生产力，促进了农户收入增长。然而，也出现了集体统一经营日渐衰微，村集体服务功能下降的趋势。

一、土地承包经营权固化

经过了第一轮分田到户，为了巩固家庭联产承包责任制，1984年重新签订土地承包合同，承包期延长至15年。这一政策稳定了农民的土地权利，巩固了家庭联产承包责任制。1996年桐庐县开始农村土地第二轮承包，土地承包经营权合同期延长至30年。2004年全县再次完善农村土地第二轮承包制度，按照《中华人民共和国农村土地承包法》取消"两田制"，全部耕地按照农村人口均包到户，土地承包面积、四至、合同、权证四到户，重新颁发全国统一的农村集体土地承包权证。2008年开始，全国开始推动农村土地确权、登记、颁证工作，通过完善土地承包经营权能保障农民对承包土地的占有、使用、收益等权利，通过建立土地承包经营权流转市场，允许农民以转包、出租、互换、转让、股份合作等形式流转土地承包经营权。20世纪80年代初期农村实行的"大包干"经过多年改革，形成了现在的"三权分离"农村土地制度，即土地所有权为集体所有，土地承包权长期固定给农户，土地经营权自愿、有偿、依法流转。

2008年9—11月，桐庐县林权制度改革工作在莪山畲族乡试点。涉及全乡林权证块数1068块、农户2300户，面积1527公顷。林权制度改革进一步明晰林权四至，建立林权管理地理信息系统，具体由村、组人员现场勘界，确认四至界线，县林业部门组织技术人员，按山林延包换发林权证，对村、组集体所有权地块，逐块勾绘到地形图上，同时签订边界协议。

二、家庭经济兼业化

浙江省在1992年全省农村工作会议上提出发展"一优两高"农业，把农业和农户引向市场，以促进农村经济向商品化、专业化、现代化的转变。农产品市场的开放使得农户与市场更加接近，农户不仅仅作为农业经营者，同时也作为个体私营企业经营者和普通劳动力参与市场。龙峰村的农民也在这个过程中逐渐融入市场，成为自主经营的经济主体，自由地支配土地、劳动力、资金和自有生产资料。

随着周边乡镇企业的快速发展，龙峰村农户家庭内部分工分业趋势明显，形成了以家庭种植与工厂上班结合的工农兼业为特征的家庭生计模式。家庭种植分为山田与水田。山田以种植毛竹、高节竹、杨梅、覆盆子、玉米、番薯等为主；水田种植仍然在家庭种植中有重要地位，为村民提供口粮。现在一般每年只种植一季单季稻，酿酒的农户会种植一部分糯稻。多数家庭的经济收入都来自"做工"。20世纪90年代开始，大部分务工村民集中于针织厂上班，因为与莪山乡临近的横村镇针织业发达，是当地的特色产业。20世纪90年代末，当地针织厂工人的平均工资一般每月600元左右①，也就是说如果夫妻双方都在工厂上班，每年可以有一万多元的收入，远高于农业种植。由于针织业属于劳动力密集型产业，技术要求相对低，大量的针织加工由村落中的老年妇女完成。一般针织厂会派专人把需要加工的材料送到村中，然后分给村中的老年妇女，由她们负责加工。这些工作同样计件付费，一般每天能收入5～10元。除了针织加工，男性主要从事运输、机修、管理、搬运等工作。这些企业一般是私人性质的中小企业，工人的工作、待遇情况都与工厂所接订单密切相关，按件计资，采取多劳多得的方式。

近些年来，除了在附近乡镇上班的村民外，年轻人也开始到桐庐、杭州、上海等城市打工。这些外出打工的人中又以从事快递服务的人为多，大多通过朋友、亲戚引荐的方式外出。工农兼业的家计方式让龙峰村的人与外界有了更多交流。

三、村级集体经济弱化

家庭承包经营制确立后，龙峰村农户家庭经营欣欣向荣，但集体统一经营出现下滑，村级集体经济逐渐弱化。1982年农村实行大包干后，村经济合作社发包土地和经营集体资产上缴收入是集体经济收入主要来源。2002年农村税费改革取消了乡统筹、屠宰税、农村劳动积累工和义务工，规范村提留。村级开支通过向全体村民合理收取一定村公益事业资金予以解决，乡统筹五项资金改由县和乡镇财政负担。属于村集体生产和公益事业所需劳务，实行一事一议和上限控制；酬劳标准每个劳动力每年不高于3工。村集体经济收入来源越来越少，还一度入不敷出。

---

① 2019年已经提高到3500元左右

　　2005 年开始浙江全面取消了固定向农民收取的以大田承包款为主的村提留，对以农业为主的龙峰村来说，村级集体经济收入减少十分明显。村集体一些可以利用的集体资源和集体资产，在 20 世纪 80 年代初期就已经分给各户，一时间难以找到集体经济收入"新的增长点"，集体经济发展处于被动状态。村集体的基层动员能力、社区服务功能受到严重影响。为了提供必要的公共服务，不得不依赖县乡各级政府的转移支付。

第二章 美丽乡村建设

进入21世纪，浙江全面实施城乡统筹发展，实施了一系列覆盖全省的重大工程，如"千村示范，万村整治""欠发达乡镇奔小康""千万农民饮水工程""千万农民饮用水工程"等。各地加大对"三农"的投入力度，加快新农村建设步伐，调整农业产业结构，改善农村人居环境，提升农村基础设施和公共服务，城乡差距不断缩小。在城乡统筹发展的背景下，龙峰民族村迎来了发展的新机遇。

第一节 美丽乡村建设历程

一、双村合并实现资源优化整合

随着城镇化的推进，村庄规模过小、村庄布局散乱、基础设施薄弱等矛盾日益显现。2004年桐庐县相继调整了乡镇（街道）区划和行政村，原有的405个行政村调整为186个，在全县范围内实现生产要素和资源的大整合。在这一轮行政村调整中，莪山民族乡将原有的13个行政村合并为7个，尧山坞村和双华村合并，并更名为龙峰民族村。

合并前，尧山坞村原有人口约522人，人均年收入4752元，在13个行政村中位列第9名；双华村原有936人，人均年收入5241元，位列第2名[①]。合并后的龙峰村人口规模达到1400余人，在全乡7个行政村中人口规模排第2名。2005年，龙峰村人均年收入达到6378元，一跃成为全乡第2名。两村合并打破了原来尧山坞村偏居一隅、交通闭塞的区位劣势。原本完全在村庄外部的县道徐七线现在成了村庄内部道路网络的一部分。两村合并之后，龙峰村在县乡财政的支持下

---

① 此处为人口和收入均为2003年数据，数据来源《桐庐年鉴2004》。

在村口靠近徐七线附近建造了一幢两层村委办公楼，办公条件得到了很大的改善。尧山坞自古以来就是畲族同胞聚居的地方，两村合并之前畲族人口达到98%，是典型的少数民族村落，传统文化资源相对丰富。村内保留着诸多古墓、古树、古祠堂、古民居、古井、古庙、古驿道文化遗迹，畲民同胞还保留着讲畲语、唱畲歌、酿红曲酒、过"三月三"等活态民俗传统。两村合并后，尧山坞的民族文化资源得到了更充分的挖掘、展示和共享，带动了两村村民增收致富。

龙峰民族村成立后，两村村民要求发展的呼声和干劲儿日益高涨，桐庐县和莪山乡加大了对村庄的帮扶力度。道路、饮水、环境等基础设施条件逐渐得到了改善，龙峰民族村从此走上了发展的快车道。

二、建设"精品村"提升村容村貌

2003年，桐庐县围绕"千村示范、万村整治"工程启动了美丽乡村建设。第一阶段重点改变农村"脏、乱、差"的环境，还乡村以"美、洁、净"的容貌，县财政每年投入20万元用于示范村整治，5～8万元用于普通村整治。龙峰村在这个阶段每年利用拨款改善村庄环境，到2010年已经开展村道硬化、村庄绿化以及河流净化等工作。从2005年开始，全村大大小小道路修建改造有10千米左右，但由于资金投入有限，村庄的环境面貌和基础设施短板问题仍然突出。

2011年，浙江省出台《浙江省美丽乡村建设行动计划（2011—2015）》，桐庐县美丽乡村建设进入深化提升阶段。桐庐县将全县183个行政村纳入4个中心镇、5个风情小镇、32个中心村、25个特色村和50个精品村的建设规划中。龙峰村就是这50个精品村之一。精品村建设是以改善农村居住环境、提升农民生活品质为出发点，紧紧围绕"村貌悦目协调美、村容整洁环境美、村民富裕生活美、村风文明身心美、村强民安和谐美"的"五美"建设要求，全力打造"秀美、宜居、宜业"的社会主义新农村。在这个时期，由于资金投入加大，龙峰村村容村貌和基础设施得到全面快速提升。2012—2016年，先后对村内两条主要溪流尧山坞溪和大厦溪进行综合治理，建设4座农用水泥桥和多处农用堰坝；还对白栗坞、下珠、水洪里等处的小溪流进行了小流域综合治理；村里三次建设蓄水池和输水设施，彻底解决了村里用水不足、饮水不清洁的老问题；全村9个自然村落和2条村级主路安装120余盏路灯，建设3座公厕；投资300万元建设山哈文化馆。2014年，全村推广家庭垃圾分类。2016年，桐庐县成为第一批浙江省美丽乡村示范县。龙峰村所在的莪山畲族乡成为浙江省美丽乡村示范乡镇。

三、发展"一村一品"培育特色产业

产业发展是美丽乡村建设的基础，在莪山乡政府的帮助下，龙峰村选准路子，以红曲酒酿制作为"一村一品"的特色产业，既凸显了民族特色，又结合了畲民普遍会酿酒的优势。畲民善饮，自古就有秋冬酿制红曲酒的习俗，畲族红曲酒是浙江省级非物质文化遗产。20世纪90年代初，每年气候转凉之时，桐庐县的大街小巷总能见到挑着酒担沿街叫卖红曲酒的畲族人。畲族红曲酒在桐庐及杭州地区都有一定的知名度，但当时由于缺乏品牌意识和专业化销售渠道，市场上仿制劣质的现象一度泛滥，严重地损害了红曲酒的信誉。在"一村一品"确立之前，龙峰村的红曲酒仅作为家酿。

在"一村一品"的发展思路下，2016年龙峰村组织首批15户农户成立了雷公红曲酒合作社，2017年雷公红曲酒合作社被列为杭州市非遗生产性保护示范基地。合作社的红曲酒都采用自己的品牌"山哈老家客"，"山哈"是畲族人对自己的称呼，意为山里的客人，畲族老祖宗们希望用这样的称呼告诫子孙们时时刻刻都不能忘记大山所给予的恩赐，学会感恩；"老家客"在畲语中意为老奶奶，老奶奶是畲族人权威与信誉的代表，莪山畲族人用老奶奶的信誉向大家保证每一瓶红曲酒的品质，绝不偷工减料。

在打造龙峰村"一村一品"的过程中，莪山乡政府花大力气进行红曲酒产品市场化推广和红曲酒文化推广，从2016年开始每年在龙峰村举办"红曲酒开酒节"。2016年首届开酒节通过与杭州安厨电子商务有限公司、申通快递合作，改变传统农产品的生产流通方式和消费模式，共接待游客1100余人，完成红曲酒预售1000斤，共实现销售收入6.5万元。通过举行"红曲酒开酒节"活动，打造线上、线下推广联动的尝鲜体验式营销。游客们来到莪山畲乡，赏畲族特色迎宾礼，品非遗红曲酒，尝山哈百桌宴，游透迤龙峰山，通过文化体验提升品牌形象，从而带动红曲酒销售热度。

此外，莪山乡政府还通过拍摄宣传片纪录片的方式加大文化推广的力度。2017年莪山乡政府与微电影摄制团队合作，以酿制红曲酒为素材创作微电影《承酿》，讲述了畲族大学生回乡创业，与父亲在传承与创新红曲酒酿造工艺的矛盾冲突，展现了畲族人对传统匠心的坚持，以及年轻一代用知识和能量推动家乡的改

变。片中融入畲乡风景、畲族服饰、农特产、畲歌、畲菜众多民族元素，为莪山农产品区域品牌"山哈老家客"的推广奠定了基础。该片还获得了由省委外宣办（省委网信办）、省教育厅、省农办、省新闻出版广电局、省旅游局、省文联联合主办的第二季"美丽浙江·微力无穷"微电影大赛最佳故事奖。

乡村两级密切配合，通过将红曲酒非遗文化与产业相结合，发展龙峰民族村酒文化产业，将非遗项目产品化、产业化，以市场价值提升非遗的传承能力，增强了红曲酒的市场价值及竞争力，提高了龙峰村自身"造血"功能，同时带动村民增收。

四、依托全域旅游打造 3A 级景区村庄

2017 年浙江省被列为国家全域旅游示范省创建单位，全省近 70% 的县（市区）启动全域旅游创建工作。浙江省旅游局制定了《浙江省万村景区化五年行动计划（2017—2021）》。以全域旅游理念，推动景区村庄建设，完善全省农村地区的旅游基础设施和公共服务水平，规范乡村旅游市场秩序，创新旅游开发模式，丰富乡村旅游产品供给，全面推进农村一二三产融合。杭州在推动全域旅游发展上走在前列。2016 年 10 月，《杭州市旅游休闲业发展"十三五"规划》获批，其中就提出挖掘杭州西部四县（市）丰富的山水、湖泊、文化等资源，构建产业集群，促进城乡区域发展一体化。在发展全域旅游的大背景下，龙峰村开展了创建"3A级景区村"的系列活动。龙峰村从提升村庄环境入手进行"洁化、绿化、美化"提升改造，对村庄入口进行环境整治，拆迁村口的三家石材厂，在原址建设游客服务中心和停车场，新建"紫藤大道"作为进入村庄的主路；规范设置路牌标识，完善村庄介绍、安全警示等标识标牌；精心开展村庄美化，对村庄内部建筑外立面提升改造，砌筑挡墙，绘制墙画；打造美丽庭院、清澈溪流、五彩稻田、百亩荷塘。同时，龙峰村还充分发挥山区村和少数民族村特色，深入挖掘乡村生态、生产和生活的个性特色与乡村文化基因，将"酒香龙峰"的主题贯穿到村庄环境的建设中，处处体现畲乡红曲酒特色文化。

这些做法概括起来就是"一心、两轴、四区、八景"。

"一心"是以"党建引领、酒香龙峰"为核心，搬迁尧山坞入口的三家石材企业，打造一个以旅游集散、导游服务为主的公共性配套服务集散中心。

"两轴"即两个文化轴。一是以龙峰民族村双华文化礼堂为轴心，将龙珠公

园、旧时官道、慈荫亭、双眼井和百亩荷花田串连，打造成集历史人文和生态观光为一体的旅游目的地；二是以龙峰民族村尧山坞红曲酒展示馆为轴心，将民族大道、紫藤大道、畲族文化墙、红曲酒展示馆串连，打造集学习、观赏、体验、购买等全景立体式旅游体验目的地。

"四区"即重点打造双井坞百亩荷花种植区、水洪里千亩杨梅采摘区、龙峰山千亩刺葡萄观光区、尧山坞万斤红曲酒酿造区。

"八景"即龙峰村境内的八大景观。

三峰插云：香炉山、龙峰山、清冷山三座山峰直插云霄，云雾氤氲。

塘田烟雨：塘田水库在迷蒙的春雨中。

下珠夕照：龙珠公园看夕阳。

公塘映月：公塘是 20 世纪 50 年代由互助组社员挑筑而成的，原是一口灌溉农田用的水塘，现改为休闲公园，是夜晚乘凉赏月的佳处。

云顶日出：龙峰山顶有一处平地，俗称云顶，站在峰顶四望，群峰罗列，盘亘数里，可拍摄日出、云海和晚霞。

花岭闻涛：大花岭茂密的毛竹林"风走竹林涛声起"，竹海闻涛之意。

岭脚桂雨：畲族先民迁徙这里种下的三株桂花树，雄古奇伟。

双井荷韵：双井坞的百亩荷塘。

通过"一心、两轴、四区、八景"，龙峰村打造出一派"山岭绵画、梯田饶坡、四季有景"的畲乡美丽田园景色，2018 年龙峰村被评为浙江省 3A 级景区村庄，龙峰村正走在一条三产融合、美丽乡村向美丽经济转型的发展之路上。

第二节　推动跨越式发展的举措

龙峰民族村和很多民族地区一样，受到自然、历史和区位因素的制约，农业和非农产业发展水平低，历史上村民生活比较落后。但最近十年，龙峰村发生了巨大的变化，民宿和文化旅游、绿色生态农业、畲族特色产业、文化礼堂、畲族文化馆等产业和设施快速发展。这一跨越式的发展离不开民族政策的助力，也离不开当地民族干部的积极作为，他们主动克服区位和资源劣势，精心对接民族政策，借助党和政府的政策机遇，充分融合、发挥民族特色和政策资源，实现了龙峰的巨变。

一、发挥生态优势，打造文旅产业

近年来，莪山以畲族文化和生态资源为依托，大力发展特色旅游，创建特色畲寨民宿。2014 年浙江省首届畲族"三月三"风情旅游节的举办，带动了节庆游、风俗游、居家游、摄影游的系列特色旅游。戴家山是莪山畲族乡海拔最高的自然村，成功引进秘境·山乡生活、云夕戴家山、戴家山 8 号、独幽处、云夕先锋书店等民宿和文创项目，辐射带动隐栖云上、云层之上、隐庐竹韵等 3 家自营民宿，共有客房 90 间，床位 133 张，年均接待游客 10.1 万人，旅游收入 1590 万元。戴家山高端民宿群已成为桐庐对外展示的金名片，连续两年成为国际民宿论坛的现场考察点位，云夕·戴家山、秘境·山乡生活被首批评为浙江省金牌民宿和银牌民宿。

龙峰村作为莪山主要的畲族村之一，借力桐庐和莪山优质的民宿和旅游声誉，把民宿和畲族文化旅游相结合，全力打造龙峰特色的休闲旅游产业。龙峰村现任党总支书记雷天星上任之初就在思考——"龙峰村的优势在哪里，怎样能做到游客'引得来、留得住、玩得好'。"为了打造龙峰村的优势，村干部围绕提升龙峰的旅游内涵积极谋划，推行了一系列举措。

首先，以畲族特色的红曲酒文化为依托，用四处可见的酒坛装饰和美化村容。其次，为了增强农业的观赏性，打造了彩色稻田等农业景观，发展观光和休闲农业。另外，大力建设文化礼堂和畲族文化博物馆。山哈文化馆讲述了畲族的历史变迁与文化特色，陈列了畲族人衣食住行的方方面面，既传承了文化，也提升了村庄的畲族特色和旅游吸引力。

这些特色的凝练、场馆的建设让龙峰村的知名度不断提升，成功创建了浙江省 3A 级景区村庄、"浙江省十佳特色村寨"，还获得了"浙江省五星级文化礼堂"和杭州市农村文化礼堂"十佳乡村振兴文化贡献项目"等多项荣誉。目前村里与多个旅游公司签下了长期合作协议，首批 100 张床位已经推向旅游市场，未来村里还将新增 200 张床位。未来民宿将成为龙峰村重要的产业，将有大量的游客来到龙峰村，见证龙峰人的努力。

二、借力民族政策，挖掘特色资源

畲族是浙江省的主要少数民族之一。为了弘扬和传承畲族文化，2009 年浙江省召开了全省少数民族文化工作会议，制定出台了《浙江省人民政府关于进一步繁荣少数民族文化事业的实施意见》，设立了省畲族文化发展专项资金，通过对畲医畲药、特色村寨、畲歌畲舞、畲族服饰等少数民族文化精品项目或民族文化重点活动的适当补助、支持，促进畲族优秀传统文化在浙江的进一步传承、弘扬及发展。

此后，全省畲族地区"三月三"歌会等重大文化活动逐渐打响，并且举办了浙江省少数民族传统体育运动会，组团参加全国少数民族文艺会演和全国少数民族传统体育运动会。少数民族文化精品层出不穷，景宁"中国畲乡三月三"节庆活动、浙江畲族医药已被列入国家级非物质文化遗产保护名录，畲族民歌、畲族祭祀仪式、畲族婚俗、畲族竞技活动稳凳等均被列入省级非物质文化遗产保护名录。畲族古籍收集、整理、出版工作得到有条不紊地开展。在这些政策的鼓舞和感召下，莪山乡和龙峰村努力挖掘具有本地、本民族特色的资源。2013 年，杭州市支持桐庐县莪山畲族乡实施创建"中国畲族第一乡"三年行动计划，通过市、县、乡三级联动，加大政策扶持力度，提升莪山乡发展水平。

（一）开拓特色农产品市场

龙峰村以酿造畲族特色红曲酒闻名，每年 10 月家家户户都要酿酒。红曲酒有解乏、祛湿、活血等保健功能，是畲族传统特色饮食。为了提升红曲酒的知名度，2016 年 10 月，龙峰村在尧山坞红曲酒文化展陈馆成功举办第一届莪山畲族乡红曲酒开酒节。开酒节上，畲族酒文化展示、畲族百桌宴、畲族迎客礼、畲族风情展示体验、畲族体育运动会、秋日登龙峰山等丰富多彩的活动为人们集中展示畲族特色。

2019 年 10 月 16 日，第三届红曲酒开酒节在龙峰民族村举办，九十余桌筵席沿道路排开，四方宾客和当地村民一起品尝具有畲族特色的"十大碗"长桌宴，身穿畲族特色服装的演员在开酒节上表演，吸引了大量媒体和当地村民的关注，大大提升红曲酒的知名度和品牌形象。

红曲酒作为畲族文化的一个亮点，吸引了不少外来游客与商机。中通、安厨等公司争相竞购龙峰村的红曲酒，将美酒销往各地，同时也带动了周边百姓的致富增收。目前，"开酒节"已成为龙峰村的一个文化品牌，每年 10 月的开酒节结合祭祖仪式、畲族特色婚嫁表演、民俗运动会等，成为当地红曲酒产业和民宿经济的重要载体。

（二）提高产品附加值

畲族人民在长期与疾病做斗争的实践中，逐步形成了独特的畲医药学，成为我国民族医药的重要组成部分。在这一过程中，挖掘并积累形成了具有民族特色的畲药材。由于诸多因素的影响，畲医药的传承和流传一直面临种种困难，一度濒临失传。在国家对畲医药等民族医药发展的高度重视下，畲医药的抢救和保护工作在 21 世纪初以来得到有效开展，"畲族医药"和"畲族医药——痧症疗法"分别被列入浙江省非物质文化遗产名录（2007 年）和国家级非物质文化遗产保护名录（2008 年）。龙峰村也积极尝试发展具有悠久历史的畲医畲药，深度挖掘莪山的畲医畲药文化，开展畲药种植培育，通过将畲医畲药与健康旅游相结合或举办畲医畲药文化论坛等方式，实现经济效益与社会效益的统一，进一步提升畲医畲药的影响力。

同时，龙峰民族村大力发展绿色生态农业，招引进了杭州畲天农庄有限公司农业项目，以生态农业引领观光休闲农业的发展。农业产业特色不断加强，主要农产品有东魁杨梅、高节竹、毛竹、土鸡、紫番薯等，其中较有规模的"桐庐杨梅专业合作社"，现有杨梅基地 600 余亩，还有畲天农庄葡萄等特色农业。

三、乡村干部联动，村民积极参与

乡村干部是乡村振兴的重要力量。浙江省积极培养少数民族干部和民族工作干部，加大对少数民族干部和民族工作干部的教育、培养力度，先后举办了全省少数民族干部培训班、民宗局长培训班、民族乡（镇）长培训班等，并积极选送干部参加国家民委举办的各类培训班，还制定了少数民族考生、公务员招考、就业、社会保障等方面的一系列优惠政策。全省各地把宣传党的民族政策、民族法律法规放到重要位置，积极开展民族团结进步创建活动和表彰活动，着力促进构建平等、团结、互助、和谐的民族关系，努力营造各民族和睦相处、和衷共济、和谐发展的良好氛围。

龙峰村的发展离不开既有情怀又脚踏实地的村干部的谋划。以村党总支书记雷天星为代表的村干部，倾注了大量的心血乃至牺牲了个人的经济利益来领导和建设龙峰村。2010 年，村委会主任带着 12 位村民敲开雷天星在桐庐县城的家门，劝说其回村参选村干部，带领大家共同致富，彼时雷天星的生意正蓬勃发展，但感动于村民的信任，毅然放弃县城的生活，回村参选村干部并顺利当选。当时村集体账本上不但没钱，还欠了不少外债，一些历史遗留问题长期得不到解决。上任后，他带领村两委，攻坚克难，经过八年的努力，让龙峰的面貌发生了巨变。雷天星作为领头人屡屡获得肯定，近年先后获得"浙江省千名好书记""杭州市劳模""浙江省人大代表""浙江省担当作为好支书"等重要荣誉。2019年他还获"全国民族团结进步模范个人"荣誉称号，以"全国民族团结进步模范个人"的身份，获邀参加庆祝中华人民共和国成立70周年大会，成为村民们的骄傲。这些面向基层干部、民族干部的荣誉极大地增加了干部们的热情，促进了村两委工作的顺利开展。

龙峰村不但有负责任的村干部，也有很多热心村庄发展、支持村委工作的有为村民。村文化员雷敏炎在龙峰村出生、长大，曾先后在尧山坞畲族小学、尧山坞中心小学任教。退休后，他作为龙峰村的文化员，专门从事畲族文化传承和发扬工作。作为文化员、畲语的传承人，他对文化礼堂、畲族文化馆倾注了大量的心血，长期坚持整理畲族和龙峰村的特色文化资源，宣传畲族文化。畲族人没有自己的文字，族内多用畲语交流。但随着外出求学的孩子越来越多，年轻人的畲语水平远比不上老一辈。畲族对歌、畲族武术等传统技艺的传承情况都不容乐观。为了保留和传承这些特色文化，雷敏炎和几位年长的村民一起录制畲语，传播编彩带、刺绣、编草鞋等畲族传统手工艺，还找来了编舞老师重新编排畲族迎宾舞，每当村里有贵客来访，村里的畲族妇女就会一起表演。村民的参与和努力极大地保护和增强了龙峰村的畲族特色，对于村庄旅游等文化产业的发展发挥了不可或缺的作用。龙峰村在乡村振兴的道路上走得如此扎实，成绩如此显著，离不开起到带动作用的有为干部，也离不开那些各尽其能、各展其才、积极配合的优秀村民。

第三章　村级集体经济

村级集体经济是农村经济的重要组成部分，在完善农村基本经营制度、推动乡村产业振兴、完善乡村治理体系中发挥着重要作用。我国广大农村的集体经济最初形成于新中国成立初期，伴随对农业、手工业和资本主义工商业的社会主义改造；历经合作化时期和人民公社时期的发展，形成了"三级所有，队为基础"的基本制度框架。家庭联产承包责任制实施以后，村级集体经济的实现形式发生了很大变化：除农业外，集体经济延伸到二、三产业，集体经济组织设立各种经济实体，开展多种经营；一些集体经济组织进行了企业化改造，建立了现代企业制度。村级集体经济所承担的公共服务、乡村治理等公共职能也越来越明显。

龙峰民族村村级集体经济一直以农业为主，来源单一，伴随着农业税费改革，集体经济不可避免地走向衰落。作为一个以农业为主且没有经过大规模农村工业化洗礼的山区村落，龙峰民族村集体经济的变迁在浙江省乃至全国都具有典型性。这些村庄的集体经济普遍形成并巩固于人民公社时期，以农业为主，缺乏非农产业和社队企业；分田到户时村集体只保留了极少的公共资产；村集体经济组织薄弱，家庭经济与村集体经济缺乏紧密联系；村集体经济经营性收入来源单一，缺乏可持续性，随着公共支出的增加，往往入不敷出。如何振兴村级集体经济，完善村庄公共服务和治理是这类村庄面临的重要发展问题。

第一节　村级集体经济的形成与发展

一、集体经济初创

龙峰民族村的村级集体经济最初是在农业集体化运动中建立起来的。1950 年代初，全国农村掀起了合作化和集体化浪潮。1956 年底，裁山乡初级农业生产合作社全面向高级农业生产合作社过渡，最终形成 21 个高级社，尧山坞和双华也在其中。在高级社的形式下，土地全部收归集体，耕牛、农具全部折价归社，取消土地报酬和按股分红，完全实行按劳分配；高级社实行统一经营，按劳分配，年终扣除上交国家粮食、集体公积金、公益金后，其余均按社员工分分配；实现了主要生产资料由社员私有转变为无差别的集体所有，村级集体经济正式形成。

人民公社时代的村级集体经济在较低水平上提供了村庄所需的基本公共设施和服务。人民公社既是行政组织又是集体经济组织。在"三级所有，队为基础"的组织架构中，农村的一切生产资料归公社集体所有，集中劳动、统一分配、统一管理。公社、生产大队、生产队在掌握着各种生产资料及生活资料的同时，亦承担起村庄建设的责任。虽然人民公社时期村庄自身的集体经济来源少，但人民公社集中了最大限度的人力、物力、财力用于建设集体事业，如修建大礼堂、兴建山塘水库、开垦荒地、组织文娱活动等。

二、集体经济弱化

1981 年龙峰民族村开始"分田到户"，随着家庭联产承包责任制的深入落实，原有的人民公社体制瓦解。在"分田到户"之初，龙峰民族村原来的各个生产队几乎一夜之间把村级集体经济资产全部分到各家各户，包括土地、山林、牲畜、农具，导致集体经济失去了物质支撑。集体经济物质基础的薄弱对村庄未来发展产生了深远的影响，这一点在今天看来更为凸显。双华村的村干部曾挨家挨户收取各种税费提留，避免欠缴，还到县政协等部门"化缘"，以满足举步维艰的村级财政运行。而尧山坞直到与双华村合并后，才在上级财政的支持下建造了新的村委会，此前尧山坞连个像样的村委会办公地点都没有。

在人民公社体制下，集体经济组织掌握着集体资产的使用权、收益权及分配权，集体经济来源较稳定。但在联产承包制下，"交够国家的，留足集体的，剩下全是自己的"的分配方式在提高农民生产积极性的同时，使集体收入大大减少，对村庄资源的动员能力大大降低。而村级集体经济所承担的提供公共基础设施和服务的义务却没有减少。日渐衰落的集体经济难以满足村民日益增长的公共基础设施需求。这也导致龙峰民族村的道路、饮水设施长时间得不到改善。

在家庭承包制的经济体制下，村民的经济生活及社会生活重心转向了家庭，集体经济很少有人问津，出现了有"分"无"统"或"分"强"统"弱的集体经济薄弱局面。传统意义上的土地集体所有、集体经营、集体使用的集体经济组织在大部分农村消失了。农村集体经济的性质只能从土地的终极所有者得以反映，即土地属于辖区农民共同所有，土地不属于任何单一个人所有。故"集体经济"就仅仅剩下"土地集体所有"这一抽象的概念，没有了经济组织也没有了集体的实体。

2005年，随着农村税费改革的深化，浙江全面取消了固定向农民收取的以大田承包款为主的村提留。对以农业为主的龙峰民族村来说，取消"村提留"明显减少了村级集体经济的收入。村集体原本一些可以利用的集体资源和资产，已基本分给各户，一时间难以找到集体收入"新的增长点"，集体经济发展处于被动状态。

三、集体经济负债运行

村集体经济收入较低，但承担着保障村内基层组织正常运转的刚性支出。同时还承担着提供村庄公共产品、延伸政府行政职能等支出，尤其是近年来随着新农村建设的推进，村内道路及水利设施、文化设施、绿化保洁等公益事业逐渐成为重要的支出项目。根据杭州市农业和农村工作办公室测算，近年要维持村级组织正常有效地运转和兴办公益事业等各项费用总计约30万元每年。这对村庄来说的确是个不小的负担。

龙峰民族村集体经济经营性收入偏低，又缺乏可持续性。村级集体经济收入包括直接经营收入、发包及上缴收入、投资收益、补助收入和其他收入，其中直接经营收入、发包及上缴收入、投资收益为经营性收入，经营性收入的高低是衡量村级集体经济强弱的重要标志。从直接经营收入来看，2015年，桐庐县87%的村直接经营收入在10万元以下，龙峰村也是其中之一。同时，直接经营收入以物业租赁收入为主。从发包及上缴收入来看，发包及上缴收入主要来源于村级集体经济组织把未分包到户的或是从农户手中流转来的山林、耕地进行发包，采取期限较长的接近买断式的租赁模式，该模式虽然在短期内增加了村级集体收入，但收入缺乏持续性。由于经营性收入较低，政府补助收入成为村级集体经济收入的重要来源，村级集体经济基本依靠政府补贴，造血功能较弱。

第二节 集体经济薄弱制约村庄发展

新形势下农村集体经济日益成为基层公共服务的重要支撑与村庄管理有效运行的保障。村级集体经济是村民自治的经济基础和财政保障，村级集体经济的发展状况对于村民自治的运作具有重大影响。集体经济的发展水平不仅直接决定着村民自治的运行和发展，而且集体经济的强弱还影响着村民自治运作的方式。

一、生产服务功能弱化

村级集体经济组织不仅承担着提供公共基础设施的职责，也是农户与市场的桥梁，承担着一定的生产服务功能。但集体经济薄弱，使得村庄很难发挥这个作用。农业生产有很强的季节性、时滞性，农民往往无法根据市场需求的风向标来调整自己的生产。若看到某种作物有钱可赚，大家就一哄而上，结果往往导致供大于求而出现农产品滞销现象。这就需要村级集体经济组织充当市场与村民之间的桥梁，通过加强与相关农业部门及企业的联系掌握第一手市场信息，尤其是价格因素、消费者需求、市场供应量等关键信息，为村民生产提供信息指导，使村民能及时与市场接轨并根据市场信息调整种植数量、品种、规模甚至是生产结构。村级组织市场信息的及时提供能保证村民与市场的对接，降低农民生产的盲目性，提高市场抵御风险力。但在集体经济薄弱的背景下，村庄无力聘请相关的信息搜集员、分析员及宣传员，也无力为信息收集活动本身提供必要的经济支撑，无法为村民提供准确的市场信息，如村民盲目扩张覆盆子种植面积，最终因无法把握市场供求关系而致使覆盆子滞销，造成损失。

二、基层治理乏力

集体经济疲弱影响村庄正常运转。受集体经济薄弱的制约，村级组织只能尽量减少开支，少开展村务管理活动，由此造成村级组织的不作为和村庄治理的瘫痪。2004年底双华和尧山坞合并以后，村民们抱着很大的期待希望村庄能够快速发展起来，但事与愿违，村庄的发展并不显著。这也与村庄集体经济贫弱有很大关系。很长一段时间里，龙峰村的集体经济处于负债状态。没有经济基础的集体经济组织在动员能力和村务管理方面也陷入了被动。村里一些历史遗留问题长期得不到解决，如从龙珠公园至双井坞的1.5千米公路，已修了五六年，由于双井坞二组几户人家工作做不通，公路因此被"腰斩"，成了一条"断头路"。2010年徐七线扩宽工程即将开始，该公路从龙峰村穿过，牵涉到多户村民的土地征用和房屋拆迁。其中7户人家要全搬迁，由于工作做不通，此项工程陷入停滞状态。不仅如此，因为道路不通，再加水利设施荒废，村里的300多亩梯田也成了荒地。村庄内部矛盾凸显。

三、过度依赖转移支付

在村级集体经济薄弱的背景下，村级组织为了完成必要的公益事业，往往求助于基层和地方政府的财政援助。尤其是农村税费改革取消了"三提五统"、农业税，并严厉打击各种乱收费行为，这一系列举措使村级组织无法从全体村民募集到足够的经费，村委会对政府的转移支付存在严重的经济依赖性。近年来村里的大型建设经费均来自不同口子的项目。如治理大厦溪和尧山坞溪的经费主要来自"五水共治"下的小流域综合治理工程专项资金；水尧线路面硬化和沿线溪坑挡墙砌筑以及沿道路两侧的院墙美化的经费来自"精品村"建设的专项经费。村庄的村级公路已由县交通局公路段全权管理。村级公共支出严重依赖于乡镇政府的财政拨款，基层政府在向村庄提供经济支持的同时，也在无形中掌握了村庄公益事业的决策权。由于集体经济薄弱，村庄许多公益事业的开展离不开基层政府的财政支持，村级组织在获得必要的经济援助的同时却可能让渡了自我管理权：基层政府借助财政支持过度干预村治活动，村务的开展主要由乡镇掌握拍板权，村民的民主管理、民主决策、民主监督的权力被虚置，村民自治变异为准行政管理。

在现实的村治运作中，为了完成自上而下延伸的政务及必要的村务管理活动，村级组织不得不在村集体经济之外谋求其他财政渠道和经济来源，由此通过背后一系列的运作导致种种村民自治的制度偏离和管理变形的现象。政府的财政资助确实能在很大程度上为村级民主管理活动提供经济支持，但是，基层和地方政府在提供财政支持的同时，有可能渗透行政干预，左右村级组织的治村行为。随着政府对村级组织的控制的不断强化，相当部分农村的自主性和村民的民主自治权受到了基层和地方政府的干预，成为主要听命于基层和地方政府的行政指令，协助完成政府下延到村的政务的准行政组织，变异为基层政府的执行机构、派出机构。

第三节 壮大集体经济的实践探索

发展壮大村级集体经济，是深化农村改革、推动农村经济社会发展、增加农民收入的重要途径；是增强农村基层组织凝聚力和战斗力、巩固党在农村基本经济制度的必然要求；也是实现全面小康社会战略目标的重要基础。党的十八届三中全会强调"坚持农村土地集体所有，依法维护农民的土地承包经营权，发展壮大集体经济"。2016 年中央一号文件明确指出"开展扶持村级集体经济发展试点"。为摆脱集体经济薄弱对村庄发展的制约，龙峰民族村结合自身资源禀赋，充分发挥村两委班子的能动性，实施了一系列实践做法提高村级集体经济经营性收入。具体做法总结如下。

一、利用土地流转整合资源

近年来，为增加村级集体经济经营性收入，龙峰民族村从土地流转入手，通过三种方式加以利用盘活。第一种方式就是对村里原有山地丘陵加以利用开发。生态养鸡场畲洪禽业就是建在尧山坞的一个小山丘上，经过适当平整，建设厂房设施，保持原有的坡地丘陵地貌用以满足散养要求。该养鸡场利用山丘自然竹林散养一定数量的黑鸡。除了散养，也有规模养殖。

第二种方式是从农民手中把闲置的土地、农房流转到集体手中。然后统一承包给外来资本经营，村里和农户分享租金。例如畲天农庄的葡萄园就是由村里统一将农民不愿意种植的山坡荒地流转后统一承包给经营主体的。经过整理种植了野生刺葡萄，用于酿造红酒，同时葡萄园也用于采摘体验。现在畲天农庄的葡萄园已经是全村旅游活动的重要景点。

第三种方式，对于收储来的土地，也有一部分村里自行经营，例如村里重要的景观之一荷花塘就是从农户手中流转的土地，收储之后村里统一将这 60 余亩土地种上荷花，2017 年 3 月在荷花塘举办了"抓泥鳅"大赛。之后村里又流转了 200多亩土地，用于种植水稻，打造"彩色稻田"景观，所产的稻谷出售给粮站，直接增加了集体经济收入。虽然荷花塘目前没有直接的经营收益，村里还要支付给农户土地租金，但这里却是创建 3A 景区的配套景观设施，丰富了村里的自然景观，成为村里开展旅游活动的重要景点。

二、开展村级物业经营

集体物业出租是很多靠近工业集镇的村庄增加集体经济收入的途径，有的村庄甚至主动建设厂房进行出租，嘉善的缪家村集体经济就是这样壮大起来的。但龙峰民族村不具备这样的区位条件，而且村里现有物业很少，能供开发的仅有文化礼堂、山哈文化馆两处。即便这样，村里还是想出了办法。山哈文化馆是一座两层的建筑，主要用于展示畲族历史文化。2019年村里将底层改造成"畲乡特色小吃体验馆"，向游客提供"畲家十大碗"特色农家餐饮。该食堂一方面作为创建3A级景区的餐饮配套设施，另一方面也是畲族特色饮食的活态展示。村委将改造装修好的食堂面向全村愿意承包经营的农户招标，后期经营村委将负责旅游客源引流和监督食堂运行，承包户赚取营业收入，村里则收取承包费。

三、挖掘特色产业

在龙峰民族村最具特色的产业非红曲酒莫属了。红曲酒原本是村民的"家酿"，旧时人们到畲民家做客，主人敬客时端上来的往往不是一杯热茶，而是一碗红曲酒。村里90%的人家都会酿红曲酒，该村制作"红曲"的工艺更精湛。但一直以来，村民酿造红曲酒除自酿自喝外，就是送送亲戚朋友。也有人挑着大塑料桶装的红曲酒到外头去卖，可始终没有形成规模，也谈不上品牌。2016年，村书记组织村里的十五户村民，成立了"雷公红曲酒合作社"。龙峰村围绕红曲酒开展活动，以"酒"为题打造村域旅游景观，举办"开酒节""长桌宴"，打开红曲酒市场知名度。畲乡红曲酒终于"红"出山外，"红"进了大市场。红曲酒销到上海、杭州等大城市，红曲酒产业还辐射到了钟山、横村、富春江等周边乡镇。全村每年产出红曲酒总量猛升至160万斤，最多的农户一年酿酒2万斤。意想不到的是龙峰村生产的红曲也销量大增，畅销桐庐全县。

在盘点集体资产的时候，村委发现人民公社时代留下的老茶园。老茶园位于龙峰山的高山上，过去每年采收的茶叶需要运到隔壁新丰村去加工，加工好了就统一挑到供销社去，再由供销社卖给桐庐茶厂，也是当时集体经济收入的来源之一。随着分田到户和家庭经营的发展，山高路远的老茶园因费时费工，一家一户去种植不经济而没有人承包，渐渐被遗忘在了高山上，日渐荒芜。2018年龙峰村对老茶树进行重新培育，给茶园配备滴灌设施，并且把公路一直修到山顶。还通过土地置换，在山顶置换出 15 亩土地，未来可建设精品民宿。改造后的老茶园，立即焕发出了新生命，目前已经有外来投资人投资，围绕茶园开发农业观光旅游项目。

四、引进外来企业

除了开发村里原有的产业资源，龙峰村还引进外来产业。2013 年畲洪禽业落户到龙峰村，其前身是桐庐城南街道滩头村的一家种鸡场，拥有 30 多年的养殖经验，所养殖的海兰褐苗鸡曾以高产商品蛋著称。但因养殖技术原始落后，对环境污染大，治理难度也大，随着"五水共治"力度的加大，企业面临关停或转型升级的艰难选择。2013 年，该厂搬迁到龙峰民族村，对养殖技术进行了升级，配备了自动喂料、自动饮水、自动控温等智能化设备，育雏、育成、产蛋舍全部实现了自动化，各功能区按生态模式分布，由电脑掌控。养殖场内通过自动空气转换器，所以没有传统养鸡场的恶臭。另外，养殖场还运用履带自动清粪，加工后的鸡粪和污水等排泄物可资源化利用，加工成有机肥料，用于附近竹林。畲洪禽业还专门开辟了一片竹林用于散养黑鸡等品种的蛋鸡。散养鸡产的鸡蛋非常受游客的欢迎。

畲天农庄是另一个引进的企业。畲天农庄是集民宿、观光、采摘、衍生品经营为一体的经营主体。2014 年引进开工建设，2016 年全面完工，总投资 3000 余万元。种植高山刺葡萄 500 亩，配置喷滴灌等设施，其中还有农家乐、小木屋民宿，共 10 个房间，日均可接待游客 30 人。葡萄酒、葡萄汁等葡萄产业的衍生产品已经申报了畲天云顶品牌。

这些产业资源最终形成了一条以红曲酒为主，生态鸡蛋、高山茶叶、竹笋、刺葡萄为辅的特色农产品链条。民族旅游与特色农产品经营增加了农户收入，也给村集体经济带来了新的增长点。

生

活

篇

整治与提升

中国
村庄
发展

SHENGHUO PIAN
ZHENGZHI YU TISHENG

畲 乡　　逐 梦

经过改革开放 40 多年的发展，龙峰民族村面貌焕然一新，人居环境得到了极大的改善，基础设施不断完善，人民生活水平蒸蒸日上。本篇详述了龙峰民族村人居环境整治与提升的过程，提供了一个通过美丽乡村建设改变村庄面貌、提高生活品质的生动案例。

第一章　人居环境改善

　　龙峰民族村依山而建，背山面田，海拔约 138 米，在莪山乡属于海拔比较高的村庄。从高空俯视，整个村落呈现背山面田的布局，房屋顺应山势而又错落有致，山林—民居—梯田在垂直维度上呈阶梯状分布。道路蜿蜒绵长，仿佛一根带子串联起一个个自然村。梯田随着一道道弯曲的田埂逐渐铺展开来，随四季变换着色彩，仿佛一块块斑斓的碎布，与山峦水塘共同构成一幅生动的风景。龙峰民族村今天呈现出这样优美的形态，与畲族传统村落布局有着密切关系，同时也是近年来村庄大力实践美丽乡村建设和人居环境整治的成果。

第一节　村落布局与传统民居

一、依山而建的传统村落

　　浙江的畲族村落大部分坐落在群山怀抱之中，形成全封闭或者半封闭的形制。村落一般在半山腰下，背靠大山，面朝水源，多处在绿竹环绕之中。[①] 尧山坞就是典型的全封闭村落，只能通过水尧线与外界联系。尧山坞的畲族先民在长期流徙中掌握了开垦山田、种粮植树的技能，进而依山建居，在崇山峻岭、河流沟壑之处繁衍生息，形成了"大分散、小聚居"的村落格局。这在很大程度上也是无奈之举，因为畲民往往客居当地，条件较好的田地已经为原住民所占有，"故峭壁之巅，平常攀越维艰者，畲客皆开辟之"。为了充分利用土地，畲族先民把有水源的坡地开垦为梯田，把山地辟为旱地；民居建筑则随着田边山势见缝插针，尽量靠

---

① 刘莹. 桐庐莪山畲族乡小住宅设计 [D]. 南京大学，2016.

在山边建筑，后来者逐级往后升高，屋舍集中错落布局。一旦村落形成，极少改变形态，以避免占用田地 ①。尧山坞的村落形态也是这样形成的，在今天的尧山坞仍然可以看到这种贴近山体建房的现象。

在村落布局方面，畲族村落与汉族村落最大的不同之处就是道路系统。汉族村落一般坐落在大面积的平整土地之上，且受千百年里坊制度的影响，道路往往笔直且相互交织形成网格体系，街道还起到划分空间功能的作用。但在畲族村落很难见到笔直的道路，大部分道路因地形地势的原因在水平方向上弯曲或垂直方向上起伏，可谓"崎岖"。原因可能在于：山地缺乏大面积的平整地基，而宽整的土地多要用来耕种农作物；畲民自古习惯于在山地行走；畲民没有商业传统，一般不经商，不需要宽街赶集，也不需要临街设铺 ②。因此在尧山坞是先有房后有路，甚至有些地势较低的人家后墙墙顶，也成了他人穿行的捷径。

因为房屋依山而建，有时候会受到山洪暴发、山体滑坡等自然灾害的影响，因此畲族人在建房的时候非常注意远离沟壑水涧，在畲族传统中比较注重保护山林和讲究风水。畲族俗语中有"筑成风水画成龙"之说，认为风水是修筑起来的，可以通过植树来改善家居环境可能存在的不足。山上没有树木，就种植松、杉、苦槠等常绿乔木；在村庄周边种上常见的枫、乌桕等落叶树；在村头村尾种植樟树、松树等风水树木，此外还有棕榈树、毛竹、梨、柑橘、石榴等经济树木。与龙峰民族村毗邻的新丰村下有一个名为戴家山的自然村，其村口就植有两株红豆杉，高大粗壮，一人不能合抱。有了郁郁葱葱的林木，就能留住雨水和巩固土壤，泉水才能四季不断和减少地质灾害的发生，山就有旺盛的生命力，可以提供食物和猎物。有了树，就能遮阴挡风，减少对建筑物的破坏。畲民平时对这些山林树木爱护有加，严禁砍伐。在缺水的村落，会在村头或是村中央的位置，挖寻水源，筑水成塘。畲民通过种植树木、筑水成塘改造自然，育出了风水，画成了龙脉，村落掩映在青山绿水之间，使得村落适宜居住，子孙后代得以繁衍生息。③ 至今龙峰村里还有风水先生，专门为人建房、选址等看风水。

---

① 蓝法勤.社会变迁中的浙西南畲族村落的保护与开发 [J].新视觉艺术，2011（1）：11-12
② 刘莹.桐庐莪山畲族乡小住宅设计 [D].南京大学，2016.
③ 蓝法勤.社会变迁中的浙西南畲族村落的保护与开发 [J].新视觉艺术，2011（1）：11-12

二、民居样式的演变

畲语里"房子"称为"寮"。从房屋样式和建筑材料来看，畲族民居大致经历了草寮、土寮、瓦寮、砖寮几个阶段。"草寮"以茅草为屋顶，竹篱做墙，后来发展为用泥做墙。草寮本身结构低矮，室内阴暗，光线不足，泥土地面在雨天或梅雨季节十分潮湿。寮内陈设简陋，只有一座土灶，两张床，几条木凳或竹椅，外加空间有限，人畜同居，非常不卫生。正如畲族古歌所唱："磨石磨刀两头翘，刀子磨利砍茅苑；茅苑着来起寮住，起座茅寮在岗头。郎起茅寮在山上，茅叶做瓦茎做墙；也无厅堂无隔间，也无瓦盖无神堂。郎掌茅寮在山上，四脚环转柴苑王；未见日头照一下，百鸟全夜叫天光。郎岱茅寮难了难，一日难等一日晚；从小艰苦无楼住，脚下溪水转团团。"

"土寮"以夯土为墙，多为两层结构，上层用于存放物品，下层住人。因空间狭小，往往不做楼梯，而是以梯子作为工具上下通行。这种土寮具有冬暖夏凉、便于防火的特性。裘山乡一带也叫作"无柱棚"，以黄泥、竹子为主要原料，就地取土筑成泥墙，相对的两堵墙即成一间房。在墙上放若干支横料，再用整支毛竹作椽，从顶通到檐，然后盖上茅草扇。也可以在室内墙的中部穿进几支搁栅，铺上竹片，当作阁楼。这种棚栋高檐低，光线差，附近畲民在中华人民共和国成立前多筑此种棚。

"瓦寮"为土木结构，一般为方形，有厅堂、边房。四方筑墙，屋架直接置在山墙上，屋顶呈"金"字形，盖以瓦片，瓦寮至今仍然是畲族地区分布最广的一类建筑形式，也是如今最常见的畲族特色民居样式 [1]。

从建筑风格上看，畲族传统民居具备我国南方建筑特征，采用穿斗式结构，并受到徽派建筑的熏陶和汉族传统建筑的影响。畲族传统民居外观朴素简洁，极少装饰品，墙体呈泥土本色，并不加以粉饰。建筑材料也多就地取材，例如初期的草寮以竹子、木材、茅草、树皮等搭建；土寮、瓦寮采用石头砌筑墙角，采用厚实的夯土墙。泥土具有良好的储热和传热性能、承重性能和耐久力，并且具有吸湿、防潮、防火的功能。以夯土作为建筑材料也是适应自然的选择，泥土是山村里非常易得的材料，而砖瓦、石料、水泥等材料则取决于当地资源和交通情况。过去很多山村由于道路不通，砖瓦很难运输进来，夯土和木材在很长的时期内仍

---

① 赵圣洁.浙江省景宁县东弄村畲族民居初探[D].南京工业大学，2013.

然是主要的建筑材料。

改革开放以后随着经济的发展、生活条件的改善，畲民将原有的瓦寮拆除，以砖块和钢筋水泥建成的房子取而代之，畲民也管这类住房叫"砖寮"。早期畲民建的砖寮常采用平顶或坡屋间，三开间带走廊，屋顶盖瓦，结构多为砖木混合为主。如今因吸取了城里商品房的布局形式，三开间逐渐发展成套间形式。之前仍有上栋梁的仪式，而今建筑材料因采用钢筋水泥为主，可以不用一根木头就能把房屋建好，上梁习俗也没有了。[①] 随着经济条件的改善，很多村民也陆续建起了别墅洋房，房间的开间变宽，进深加大，采光条件得到了改善。样式上土洋结合，外立面多贴瓷砖，有用石材贴面的，也有采用罗马柱式的，风格较为混乱，传统畲"寮"中的建筑特征与建造习俗也逐渐消失。

三、民居的保护与开发

龙峰民族村现在的民居已经非常汉化，多数村民家里都经历了两到三次翻建或重建。有的自然村通过下山脱贫项目搬迁下来，重新建造了现代样式的住房。原有的在高山上的小村落现在已经杂草丛生，无处可觅了。近年来为落实农村"一户一宅"政策，也拆除了不少老式民居。虽然缓解了村里建设用地紧张的局面，但也减少了村庄的民族气息，对村落景观是一大伤害。如今，龙峰村挖掘民族特色资源大力发展乡村旅游，老式民居的缺乏不仅在景观上也在民宿开发方面减少了可以依托的资源。村干部对此也进行了反思，采取由村里收购等办法尽量将现有老旧民居保留下来，以备后续开发使用。

典型的老式民居通常是"三进五间"，由五间三进的单户房屋为一个单元横向排列扩展出来的联排建筑。之所以出现这样的建筑形式，与当地的地形条件有关。因为在山腰上平坦的地基十分稀少，而开挖山体获得平坦地基耗时耗力，联排建筑既节约建筑材料又省劳力。再者，能够满足一个大家族的兄弟姐妹长大成人之后分居的需要，既能够为各个小家庭提供较为私密的空间，又能够密切联系亲戚间的感情。除了五间的，村里目前更多保留下来的是三间的。

村内现存不到十处保存较好的黄泥夯土老民居，有一处已经开发利用的就是现在的畲天农庄。农庄位于龙峰山海拔 520 米的一处山坡上，种植野生刺葡萄面积约 300 亩，主要用作酿红葡萄酒。畲天农庄的主建筑（图 3）是本村村民钟某

---

① 刘莹，桐庐莪山畲族乡小住宅设计 [D]. 南京大学，2016.

家的老宅，钟某离家多年在北京经营建筑行业，妻子胡女士 2015 年回到村里投资开办了这家农庄，主要经营葡萄种植和民宿。老宅修复一新，还新建了木屋（图 4），供游客住宿。除葡萄采摘以外，还有葡萄汁、葡萄酒等葡萄产业的衍生产品，可在农庄体验酿制红葡萄酒、登千米高山游步道、住木屋民宿等。

图 3　畲天农庄主建筑

图 4　畲天农庄木屋

第二节　人居环境治理政策变迁

新中国成立后，最早的村庄环境治理可以追溯到 20 世纪 50 年代的爱国卫生运动。爱国卫生运动始于 1952 年，中央号召"动员起来，讲究卫生，减少疾病，提高健康水平"。与全国各地一样，桐庐县内各乡镇村社也积极响应发动群众，家家户户订立爱国卫生公约，发现疫情及时报告；开展大规模的卫生大扫除，结合卫生积肥逐步形成的日扫月检制度，同时开展户与户、组与组、村与村之间的互相检查评比活动。1956 年，开展除"四害"（老鼠、苍蝇、蚊子、麻雀，因麻雀为益鸟，1960 年麻雀改为臭虫）运动。1958 年，开展"卫生之家"及创"卫生村"活动，发动群众铲除房前屋后杂草，扫除垃圾，填平积水坑洼。爱国卫生运动的推行提高了乡村居民的基础卫生和环境意识。1966 年后"文化大革命"时期，爱国卫生运动几乎停滞。1974 年以后，莪山乡以"两管五改"（管水、管粪和改水井、改厕所、改猪牛栏、改鸡鸭窝、改环境卫生）活动作为爱国卫生运动的主要内容，结合防疫工作，每年搞几次环境卫生综合整治、除"四害"等活动。1982 年起，爱国卫生工作与"五讲四美"（讲文明、讲礼貌、讲卫生、讲秩序、讲道德；心灵美、行为美、环境美、语言美）活动相结合，以治理"脏、乱、差"为内容。1989

年始，贯彻国务院发布的《关于加强爱国卫生工作的决定》，改善卫生条件，提高卫生水平。1998 年以后，莪山乡党委、政府制定创建文明卫生集镇实施方案，建立环卫队伍。

爱国卫生运动的推行提高了乡村居民的基础卫生和环境意识，但其侧重点主要是环境卫生与防疫方面，对村庄自然生态和人居环境的关注已经不能满足现实的需要。20 世纪 50 年代以来龙峰村的自然生态环境不断受到人为破坏，环境压力持续加大。"大炼钢铁"运动下林木大量被砍伐；集体经营时代"以粮为纲"，对土地山林重开发轻保护，在山坡开垦茶园和放养山羊，野生动植物资源遭到破坏。改革开放以来，家庭经营取代集体经营重新成为农业生产生活的主要形式和载体。家庭养殖业和乡村工副业蓬勃发展，生活水平提高的同时，人居环境却持续恶化。20 世纪 80—90 年代，村里几乎每家每户都饲养家禽家畜，如养鸡、养鸭、养猪等。但由于环保意识淡薄，养殖技术落后，成群的鸭子在池塘溪流里，超过了水体的自然净化能力，鸡棚猪圈到处乱搭乱建。路边的石材加工产生粉尘污染、水污染和噪声污染。日益增多的生活垃圾被随意丢弃到路边，露天厕所臭气熏天，污水粪便直接排入溪流。可以说是典型的"脏、乱、差"。

龙峰民族村并不是个案，它代表了当时省内大部分村庄的情况。改革开放前二十年，浙江乡镇企业迅猛发展，农业经济恢复活力，农村进入工业化、城镇化和现代化的发展新阶段，农村的生产生活方式也发生了前所未有的变革。但是在这个阶段，发展方式粗放，农村环境管理滞后、环保意识薄弱、环保技术落后，工业污染、畜禽养殖污染和生活垃圾急剧增加，对农村环境造成了极大的破坏。

针对这种情况，浙江省及时调整发展战略，提出向生态文明转型的战略。1998 年在全省第五次环境保护工作会议上，省委、省政府提出了实施"碧水、蓝天、绿色"三大环保工程。为此，开展了全省生态环境现状大调查，制定了生态建设规划和一系列相关的行政法规及规范性文件，并加强环保方面的地方立法，从规划、政策、法制、财政等多方面保障了环境保护和建设的力度。2000 年，浙江制定了《浙江省生态环境建设规划》，提出了从 2000 年到 2050 年浙江省生态环境建设 50 年的长期奋斗目标和政策措施。2002 年，省第十一次党代会提出要创造"天蓝、水清、山绿"的"绿色浙江"，并写入《浙江可持续发展规划纲要——中国 21 世纪进程浙江行动计划》。2003 年 6 月，"千村示范、万村整治"工程启动，2004 年，浙江实施首轮"811"三年生态环保计划。2005 年，时任浙江省委书记习近平在安吉余村提出"绿水青山就是金山银山"理念。生态文明建设在浙江率先开始。浙江省在全国率先进行美丽乡村建设，2011年12月，浙江省政府制定《浙江省美丽乡村建设行动计划（2011—2015）》，2013年2月，省政府印发关于在全省开展"三改一拆"三年行动的通知，2013年12月，以"治污水、防洪水、排涝水、保供水、抓节水"为主要内容的"五水共治"行动在全省铺开。2016年7月，开启第四轮"811"专项行动，提出要"建设美丽浙江，创造美好生活"的"两美"浙江。2017年7月《浙江省生态文明体制改革总体方案》出台，提出建设推进全国生态文明示范区和美丽中国先行区。

在相关政策的持续推行下，尤其是"千村示范、万村整治""五水共治""三改一拆""美丽乡村"工程的推动下，龙峰民族村的人居环境得到了根本性的改变。

第三节　莪山乡环境整治工程

2001年，莪山乡投入30余万元解决集镇排污问题；2002年，首先确定山阴岭村、尧山村作为"三村"（小康村、文明村、和谐村）工程创建村，实行垃圾专人集中清运、填埋；2005年，莪山乡以"三村"工程、集镇"四化"（农村工业化、农业产业化、村民房屋整洁化、村风文明和谐化）工程、农村初保、改水改厕、农村医疗保险、疾病预防普查等为工作重心，广泛开展农村卫生工作，通过以上工作进一步改善农村环境，有效缓解群众因病致贫问题。

2003年，莪山乡政府按照"生态立乡"的方针，以"五改"（改水、改厕、改电、改路、改居住环境）为内容的综合环境治理工作入手，不断优化、美化、绿化全乡生态环境。是年，人畜粪便资源利用率达到100%，生活垃圾处理率达到100%，90%以上的农户用上煤气，实现了"守着青山不砍柴，十里村庄无炊烟"的目标。

2008年，桐庐县启动"清洁桐庐"三年行动计划，县、乡、村三级联动，"户集、村收、镇中转、县处置"城乡环卫一体化模式全面形成，农村环境整治从突击走向长效管理。生活垃圾收集率达90%以上，无害化处理率达100%，农村陈年生活垃圾得到彻底清理。2008年，莪山畲族乡成立以乡党委书记为组长的"清洁莪山"三年行动计划领导小组，从抓队伍、落举措、建机制着手，强化卫生公共事业，新增垃圾桶 400 余只，建造卫生公厕 7 座，垃圾焚烧炉 3 座，垃圾填埋场 5 处，污水处理设施 2 处，组建 45 人的规范化保洁队伍。每月 10 日为全乡"党员美化环境日"。2009 年起，桐庐县开展农村生活污水处理整村推进工作。2009 年，莪山畲族乡各村生活垃圾收集率达 65% 以上。同年，乡里投入 120 万元建污水处理站，投入 50 万元对石材企业进行环境整治，投放垃圾箱 300 余只，配备专职保洁员 30 名。2010 年，投入 80 万元建垃圾压缩中转站并于当年投入使用。完成改厕 1217 座，建造污水处理系统 77 个，其中人工湿地加无动力厌氧组合模式 76 个，太阳能微动力 1 个，全乡实现农村污水处理全覆盖。2013 年，开展"清水治污"专项行动，实施莪溪小流域环境综合整治、农民生活污水处理实施大清查专项行动，新建及修复大小污水管网合计 35 千米，出乡口断面水质监测优良，实施农村环境连片整治，启动生产垃圾分类和资源化综合利用。农村面貌发生了根本性的变化，农村人居环境得到了极大的改善和提高。

第四节　村级环境整治工程

一、污水治理

龙峰民族村共 1480 余人，470 余户，村民居住分布得较为疏散，村民喜欢养猪牛羊及家禽，但圈养管理差，村庄里曾经沟渠污水横溢、臭气熏天，环境卫生状况较差，严重影响了村民们的生活质量。2008 年，在上级政府指导和资助下，村两委响应新农村建设号召，为村里铺设管网，建窨井 291 个，污水处理池 15 座，除了居住较远的几户外，基本普及全村。由于当时经验不足，铺设的管道口径太小，线路经常堵塞，污水渗漏横溢，未达到治理要求。2012 年又进行大整修，重新设计管网窨井。后来因村里新农村建设全面铺开，建设工程多，施工中污水处理设施时有损坏，污水处理运行一度处于瘫痪状态。2014 年村里又进行了第 3 次大整修，实现了污水管网全覆盖。管理上，将全村分成三大区块，派专人负责管理，列入村规民约，村民人人参与，相互监督，共同治理污水乱排的现象。现在全村 18 个污水池，都有进出水，正常运行，符合相关污水处理要求。

二、整治尧山坞溪和大厦溪

龙峰村境内有两条主要的溪流，尧山坞溪和大厦溪。尧山坞溪发源于尧山坞竹山，全长 2500 余米，贯穿村中，向东流去。尧山坞溪河道曲折，溪底为沙石土质，不宜蓄水；溪中杂草丛生，乱石堆积；溪坑挡墙，东塌西倒，破损严重。雨天溪水满地横溢，晴天又时常断流，被村民们称作"蓑衣坑"，意为只有下雨穿蓑衣的时候才有水。2014 年，在新农村建设中抓住莪山乡莪溪改造的契机，村里对尧山坞溪上半段进行治理，建设了 700 余米的城墙式护墙和自然石砌的游步道，还建造了 8 座小桥，其中 4 座是廊桥，供人们休憩。2015 年，结合精品村建设，对尧山坞溪下半段进行治理，用自然石砌筑生态式溪坑挡墙，溪中筑起层层堰坝，建了 4 座农用水泥桥和多处农用堰坝。尧山坞溪整治工程既完善了农业设施，又把原来破损不堪的烂溪坑改造成了一条具有特色景观的河道。

大厦溪源头在双井坞，水流充足，曾经是村民们日常洗衣洗菜的处所，但随着生产生活方式的变化，河道渐渐被污染。溪内淤泥满积、垃圾堆积、鸭子成群、臭气熏天，成了一条典型的脏乱差的溪流。村民们怨声载道，曾多次申诉。终于在新农村建设的大潮下，经过 2012 年和 2015 年 2 次整治，溪坑挡墙得以重建，溪边还开辟出一条 500 余米长、3 米多宽的田间观光道，并加装了 350 余米水泥护栏。

2015 年，全村还对白栗坞、下珠、水洪里等处的小溪流进行了全面治理。2017 年，结合"五水共治"工程，龙峰村对慈祥岭小流域进行治理，沿溪修建了 400 余米农耕道和水渠，进一步完善了村里的农业生产设施。同时整治了村庄附近的 8 个 V 类水池塘，其中龙珠塘、农会塘，原来都是破败不堪、杂草丛生、垃圾成堆的臭水塘，严重影响村民生活。同时对沿溪边农户洗衣水直排河道的洗衣台池都进行了重新处置或移位，严控污水流入河道。对村中各石材厂的石渣废水严格处理，绝不外流，相互监督，并派专人负责河道的清洁环保，建立河长制度。近年来龙峰村水环境治理卓有成效，村庄环境得到很大的提升。

三、厕所革命

村里旧习惯家家户户都使用马桶。粪桶、露天茅厕曾遍布每个自然村的路边地头，既不卫生又不雅观。新农村建设以来，逐步消除旧的生活习惯，农户建房时都会设计卫生间及总的化粪池，消灭马桶进房间。近年来，开始拆除露天粪坑、茅厕，2013—2016 年，村里共建设了 3 座公厕，消除了过去那种臭气熏天、苍蝇满天飞的状态，环保清洁又提升一大步。

四、垃圾分类

龙峰村早在 2014 年就开始试行家庭垃圾分类。试行的时候村里用黄、绿两种颜色的塑料袋，印上网格号、区号、户号，分发给农户进行分类，袋子上的编号就是方便检查之用。龙峰村按 7 个网格进行管理，分别是双井坞、大礼堂、下珠、水洪、项家、尧山坞、塘田。组建保洁队，全村有保洁员 5 名、运送员 1 名，每天清扫清运。另选派 7 名负责任的村民担任垃圾分类监督员，还建立了村级卫生考核组。考核组由卫生监督员、村干部共同组成，考评内容分为垃圾分类、房前屋后、室内卫生三大块来打分，每月对每户进行一次考评，并上墙公布"清洁家园"评分公示，进行好差对比，相互监督，并评出每月的卫生之星或清洁户，形成一种比、学、赶、超的氛围，做到"清洁之村人人参与，美好家园人人共建"。

五、提升村容村貌

龙峰村在 2005 年两村合并后的最初几年，村域设施和环境面貌改变并不明显。特别是公共场所，道路变化不明显，绿化差，与邻村相比有一定差距。2012 年冬，村两委会决定对村委会门口至项家的主要道路进行整治，道路两旁建设防污围墙 500 余米，并绘制墙画，做好绿化带。2013 年又砌筑项家至文化馆道路两旁的花坛，绿化全长 1 千米，绿化面积约 3000 平方米，由专人常年维护管理，现在已经是花红草绿、绿树成行，成了龙峰民族村一道亮丽的风景线。2014 年、2015 年接连对徐七线两侧的农户庭院进行整治，建设庭院围栏 1800 余米。并在每户庭前屋后进行沟渠清理，全面整治杂物堆放，所有违建钢棚、杂物房全部拆除，并在路旁种上绿树，由县公路段管理。原来杂乱无章、脏乱不堪的状况得到了极大的改善。整治后，道路两侧围栏整齐、格式统一、庭院整洁，村庄面貌焕然一新。

第二章　基础设施完善

近年来，龙峰村持续加大基础设施投入，提升改造原有的农田水利设施和生活服务设施，新建休闲观光设施。全村面貌焕然一新，村民的生活品质也得到了提升。

第一节　农业生产设施

龙峰村的农田水利设施由大大小小的池塘、水库和堰坝组成，这些设施大多建于集体化时代。承包到户以后由于村集体经济走下坡路，村集体对农田水利设施的建设和维护减少，一些设施逐渐荒废。由于池塘和水库也承载着村民吃水用水的功能，2008年以来，村里多次对主要供水池塘进行维修、翻建。

集体化时代水库作为重点建设工程，堰坝没有太多改善，多年来仍以土坝为主。2012—2018年，龙峰村结合新农村建设、小流域综合治理、"精品村"建设、"五水共治"等工程和项目，筹措资金，先后对村内两条主要溪流尧山坞溪和大厦溪进行综合治理，建设4座农用水泥桥和多处农用堰坝；还对白栎湾、下珠、水洪里等处的小溪流进行了小流域综合治理。沿慈祥岭处的小溪修建了400余米农耕道和水渠，进一步完善了村里的农业生产设施。

除了山塘、水库和堰坝，近年来村里还开通建设了不少林道：2013年尧山坞岭脚至龙峰山7千米，2014年岭脚全鬼迷塆4千米，2015年双井坞3千米。这些林道开发所需的土地、青苗都是村民无偿奉献的。林道开通后，极大地方便了村民上山劳作和开发利用山林资源。原来爬上山岭靠两腿，现在坐着车子上山冈，省时省力提高效率。尧山坞林道一通，把积压在山上十几年的几百万斤毛竹运下山，增加了村民的收入，同时山里的松树、杉树等木材也能得到更好的开发利用。村里还顺势开发了荒置多年的老茶园。林道的开通也为村里发展休闲旅游埋下伏笔。

第二节　生活服务设施

一、用水

吃水用水问题是一直困扰村民的老问题。龙峰民族村是水资源较为缺乏的村庄。以前生活用水由每家每户自行解决，大致有两个来源，用竹片或塑料水管把山泉水接引到自家水缸或是从池塘、水库、溪流取水。水没有经过消毒杀菌处理，算不上卫生清洁。2008—2018 年，村里三次建设蓄水池和输水设施，彻底解决了村里用水不足、饮用水不清洁的老问题。

2008 年，龙峰民族村的村民们第一次用上了自来水。本村工程队新建了大小两个蓄水池，蓄水量达 200 余立方米；铺设水管网线 7000 余米。从开工到完工，前后用了半年多时间，到 2008 年底，全村各户通水。当时按户收取每户 350 元安装及材料费，不够的部分由村里补贴，整个工程村里投资 50 余万元。

由于村里水源天然缺乏，地质条件不利于蓄水池蓄水，加之管理不到位，新建的自来水经常出现停水现象，特别是碰上干旱天气，导致村民意见较多。2014 年，村干部赴距村庄 4 千米外的太阳湾寻找水源。村干部们勘察路线，进行设计招标，投资 50 余万元，最后穿过几十道山塆铺设输水管线，终于把纯净的山泉水引到蓄水池中，极大地缓解了水源不充分、旱季断流的问题。施工时也颇为艰辛，由于山高坡陡不能通车，水泥沙子都是靠身背肩扛运到施工现场的。有的工人鞋底磨破了，有的手脚被野草荆棘划破了。

但是山泉水流小、管线长，经常出现堵塞或断水的情况，还不能完全解决村民用水难的问题。2017 年，村干部又一次为百姓用水难的问题展开了研究讨论，村书记带领村两委会的干部们爬到龙峰山半腰寻找水源，并多次与邻乡钟山乡中一村干部沟通，最后经过莪山乡政府和村里的共同努力与钟山乡达成协议，在钟山乡中一村园子庵修建沉井，铺设水管 1800 余米引水到双华下珠后山蓄水池中（150 立方米），再分流到各自然村的农户。这次工程总投资 60 余万元，2018 年 7 月工程完工，正式通水，至今正常运行。同时村里也完善了水务管理制度，引导村民形成节约用水的习惯。至此，龙峰民族村的吃水用水问题得到了彻底的解决。

二、道路交通

新中国成立初期，莪山畲族乡境内只有一条县道徐（徐家埠）七（七里泷）

线，20世纪70年代潘（潘山桥）中（中门）线开通，80年代尧（尧山）沈（沈家）公路开工，但所有道路都是曲折蜿蜒、坎坷不平的等外公路，进入90年代，莪山乡境内的行政村仍然不通公路，道路没有水泥或沥青路面。为了实现公路通村，莪山乡在20世纪90年代展开了第一次修建公路的热潮。1999年底，莪山畲族乡13个行政村全部开通等级公路或简易公路，其中80%的公路路面达到硬化。进入21世纪后，乡政府紧紧抓住国家实施通村公路建设的机遇，新一轮农村公路建设热潮开始，2000—2005年，先后完成中门至小坨坞、小坨坞至戴家山、周田至西金坞、塘联至合岭、山阴岭至山阴坞、中门至潘龙、潘山桥至中门、中门至湾下公路路基拓宽改造共3.3千米，路面硬化19.2千米。2005年实现了全部进村公路硬化。全乡公路里程由新中国成立初期的7千米增加到现在的36千米。人们彻底告别雨天一身泥、晴天一身灰的日子。

龙峰民族村没有水路，交通全靠陆路，村里都是泥泞的土路，历来人员往来都靠步行，货物运输都要靠肩扛人挑，就连进村的机耕路也是狭窄泥泞，这种状况一直持续到20世纪90年代初。1995年4月，在市、县政协和交通部门的支持下，村里筹措资金31万元修建水尧线（水洪里—尧山坞），该路线长1.17千米，宽5米，路面为泥结碎石路面。1997年10月，又筹资为水尧线浇筑沥青混凝土路面。这条路是尧山坞村第一条村内公路，极大地改善了村内的交通状况。这条路的修建得到了村民们最积极的响应，投工投劳都毫无怨言。在村干部的多方奔走下，在乡政府、县政协和杭州市交通局的赞助下，最终修好了这条公路，村民们特地在村口建造了一座"民族团结亭"以示纪念。

从2005年开始，全村大大小小道路修建改造有10千米左右，村委至中门，长约3千米，尧山坞至畲天农庄长约2千米。龙珠公园至双井坞1千米，各村2千米，项家至白里湾1.5千米。三处公墓山1.5千米，11千米全部是水泥硬化，其中2千米是沥青路。2018年村里开始建设民族大道，总投资130余万元，2019年4月初已经浇筑沥青，目前已经完工通车。民族大道连接徐七线，现在已经成为外界进入龙峰民族村的首要通道。民族大道上方搭有金属棚架，上面长满紫藤，因此村民们又将其称为"紫藤大道"。

三、电力网络

村里1957年通广播，到1965年才通电。当时的电来自附近的水库发电厂，村里白天没电，晚上才送电。一开始没有分户的电度表计电，电费就按每家每户电灯泡的数量来收费。因此很多家庭只在比较重要的房间里才安装电灯。困难农户由国家减免费用也装上了电灯。

村里刚通电的时候，村民们对电的科学认识比较少，对电感到好奇。由于相关安全知识的匮乏，村里还曾经发生过两起触电的安全事故。"电老虎"也是那个时候叫起来的，村民们那时常说"电老虎咬人不响的，不好去碰的"。事故的发生也教育了村民，安全用电知识也很快普及开来。

四、学校

中华人民共和国成立后，莪山各村相继办起全日制教学班，适龄儿童可就近入学，同时办起民校或夜校速成识字班，开展以扫除青壮年文盲为中心的业余教育。1951 年，铁砧石村办畲族小学，为本县民族小学的开端。1962 年开办莪山公社中心小学。1968 年创办莪山公社初级中学。1984 年，在县文教局支持下，尧山坞村小建设了新校舍，以畲、汉两种语言上课。此前尧山坞的村小一直没有固定校舍，据当时的老师回忆，在大礼堂里办过学，在房屋比较宽敞的村民家中也办过学，教学条件较为简陋。2000 年，莪山实行中、小学一体化管理。2005 年莪山乡成为浙江省教育强乡。2006 年莪山畲族乡中心学校初中部撤并横村，组建桐庐县横村初级中学。是年，莪山畲族乡中心学校的体制由九年一贯制改为小学建制，全乡学龄儿童都集中到中心小学就读。以乡政府驻地为中心，形成一所中心小学、一所中心幼儿园的教育格局。2009 年，经县机构委员会批准，"桐庐县莪山小学"更名为"桐庐县莪山民族小学"。

第三节　休闲观光设施

山哈文化馆　畲族人自称"山哈"或"山达"，意为"山里的客人"。文化馆于2015 年开工建设，总投资约 300 万元，目前已经建成并投入使用。文化馆共两层，一层计划用来开民宿、食堂，接待游客，二层主要是红曲酒和畲族的历史文化的介绍。二层馆前有广场和风雨连廊，可以举办长桌宴等大型活动。

龙珠公园　2013 年以来，龙峰村把农业设施建设与旅游发展结合起来。农会池塘原是一个杂草丛生、七零八落、破损不堪的烂塘，经过 2 年的整治建设，建成了现在的龙珠公园，成了村民日常休闲活动的好去处。在当时是全乡最漂亮的公园，村民们都以此为荣。

游步道 2014年尧山坞河道整治，结合小流域治理，修筑700余米长城护墙加游步道，既是防洪护坝又可以作为旅游观光和健身散步的场所。农会至水井的农耕道建设，既做好了道路和水沟农业设置，又硬化了道路，成了村民游客必走之路，可健身散步亦可登高望远。项家至白里湾开通农用道，硬化后变成村民游客的方便之路，从此改变无路通、行路难局面，变成四通八达、宽阔平坦的水泥路。

荷花塘 2017年，村里从农户责任田处流转土地60余亩，种上荷花。花开季节亭亭玉立的莲花，像美丽的仙女下凡，在塘中翩翩起舞，吸引了众多游客前往观光拍照。2018年，村里又从农户手中流转土地20余亩，建设彩色田园，内有祥云凤凰图案，为旅游观光又添一景。

紫藤大道 2018年村里建起了紫藤大道，也称为"民族大道"，一道道绿色棚架上爬满紫藤，两边是树木和稻田，是游客进村的必经之路，也是散步休闲的好去处。它是龙峰村创建3A级景区的重要配套设施。

路灯和公园亮化 2013年至2016年，全村9个自然村落，2条村级主路，安装120余盏路灯，公园广场全部亮化，有专人维护管理，统一时间开关灯，每月电费约2000余元，由村里支付。每当夜晚降临，路灯一亮，好像繁星闪烁，成了龙峰美丽的夜景。

畲天农庄 2014年开工建设，2016年全面完工，总投资3000余万元，目前已经投资900多万元，种植高山刺葡萄500亩，配置喷滴灌等设施，还有农家乐、小木屋民宿，共10个房间，日均可接待游客30人。目前正在生产葡萄汁等葡萄产业的衍生产品，申报畲天云顶品牌。

旅游公交站点 为解决群众出行"最后一千米"，提升全域旅游服务品质，在桐庐县交运局的支持下，2019年8月1日，桐庐首条乡域旅游公交环线在莪山乡正式开通。该线总长20千米，站点22个，时长50分钟，每天5班次，龙峰民族村设有6个站点，既是便民的公交线也是富民的旅游线。

图 5　莪山畲族乡公交车站

图 6　莪山畲族乡旅游公交环线

第三章 生活水平提高

　　改革开放以来，龙峰民族村生活水平持续提高，物质生活逐渐富足，人居环境极大改善。村民们的收入水平持续增长，收入渠道增多，消费层次提升，生活条件显著提高，彻底摆脱贫困，从小康走向富裕。

第一节　收入与消费水平提升

一、收入水平持续增长

　　1951 年土地改革后，农民生活有了基本保障。因粮食"统购统销"中出现的"高征购"和三年困难时期，人们生活一度陷入困境，出现"饿、病、逃荒"的现象。1966 年至 1976 年，收入增长缓慢。1981 年实行家庭联产承包责任制后，收入增加明显，1990 年以后村民人均年收入突破千元，农村商品经济快速发展，政策调整力度加大，社会主义市场经济逐步建立，收入来源多样化，收入持续增加。2004 年底两村合并为龙峰村后，发展动力增强，人均收入快速增长。2005 年龙峰村人均年收入达到 6378 元，位居全乡第二；2010 年人均年收入达到 10076 元，首次突破万元大关；2018 年增加到 27388 元，高于全乡平均水平（见表 5）。

表 5　龙峰民族村部分年份农民人均年收入情况

单位：元

年份	尧山坞	双华村	莪山乡	年份	龙峰村	莪山乡
1949	——	——	39	2005	6378	6219
1959	——	——	49	2006	7098	
1965	——	——	96	2007	7678	
1970	——	——	112	2008	8503	

续表

年份	尧山坞	双华村	莪山乡	年份	龙峰村	莪山乡
1981	89	115	104	2009	9153	8792
1986	359	411	401	2010	10076	9593
1985	493	382	440	2011	11028	10561
1990	827	577	786	2012	12296	11863
1995	1156	1542	1664	2013	13772	13288
2001	3754	3894	3250	2015		17244
2002	4330	4774		2018	27388	26268
2003	4752	5241		2020	35449	

数据来源：历年《桐庐年鉴》、桐庐县档案馆相关卷宗。

注：2004年底尧山坞和双华村合并为龙峰村，因此2005年以前的数据由尧山坞和双华村分别统计。

二、收入来源多元化

村民收入构成随生产组织形式、产业结构调整的改变而不同。中华人民共和国成立后，农民得到土地，从事的是原始纯农业的体力劳动。农民收入主要来自家庭耕作和副业收入。以后随着农村生产组织形式的变更，集体收入比例逐步增加。据县志记载，1975年，农村人民公社人均分配收入92.9元，加上副业收入18.6元，共计111.5元。人民公社人均分配收入占总收入的83.3%，副业收入占总收入的16.7%。

表6　部分年份农村居民收入构成一览

年份	工资收入	家庭经营收入			非经营性收入
		一产收入	二产收入	三产收入	
1986	14.1%	67.5%	0.8%	12.4%	5.2%
1993	36.2%	35.5%	1.9%	23.7%	2.7%
2005	37.5%	16.4%	14.7%	24.6%	6.8%

自1982年开始，实行联产承包责任制，农民在经营好责任田的基础上，富余劳动力外出赚钱，补充家庭收入。进入20世纪90年代，工资性收入显著增加，而家庭经营收入持续下降，尤其是第一产业家庭经营收入（见表6）。从龙峰村2010年以来的居民收入结构表中可以看到，2010年以来，村民的收入来源十分多样，工业收入是主要收入来源；服务业收入有明显增加的趋势；农林牧渔收入虽然在总收入中的占比不足7%，但其总额逐年增长，仍然是个人收入的重要成分（见表7）。

表 7　龙峰民族村农民收入结构表

行业	1995 年		2010 年		2013 年		2018 年	
	收入 / 万元	占比	收入 / 万元	占比	收入 / 万元	占比	收入 / 万元	占比
农业	119.11	29.6%	500.82	4.9%	800.36	5.9%	1254	6.3%
林业	3.14	0.8%	13	0.1%	22	0.2%	35	0.2%
牧业	83.22	20.7%	82	0.8%	98.78	0.7%	86	0.4%
渔业	8.95	2.2%	8.2	0.1%	10	0.1%	9	0.0%
工业	44.6	11.1%	9302	90.8%	12043	88.5%	14275	72.1%
建筑业	19.8	4.9%	63	0.6%	160	1.2%	874	4.4%
运输业	16.5	4.1%	56	0.5%	130	1.0%	564	2.8%
餐饮业	11.8	2.9%	72	0.7%	142	1.0%	886	4.5%
服务业	85.34	21.2%	124	1.2%	202.31	1.5%	1757	8.9%
其他	9.79	2.4%	0	0.0%	3.15	0.0%	52	0.3%

三、非农收入占主导

1986 年，农村居民工资收入占人均收入总额的 14.1%，家庭经营收入占 80.7%，非经营性收入占 5.2%。1993 年起，农村居民工资收入增加，家庭经营收入所占比重下降。2005 年，工资收入占人均收入总额的 37.5%，比 1986 年上升 23.4 个百分点。家庭经营收入占 55.7%，比 1986 年下降 25 个百分点，非经营性收入占 6.8%，比 1986 年上升 1.6 个百分点。家庭经营收入总额中，第一产业收入比重在 1986 年为 67.5%，2005 年下降到 16.4%，下降 51.1 个百分点；第二产业收入比重在 1986 年为 0.8%，2005 年上升到 14.7%，上升 13.9 个百分点；第三产业收入比重在 1986 年为 12.4%，2005 年上升到 24.6%，上升 12.2 个百分点。

2010 年以来，龙峰村以农业为主要收入来源的农户从 50 户减少到 30 户，其余均为兼业户，也有少数完全不务农的家庭（见表 8）。

表 8 龙峰民族村农业收入占家庭收入一览表

单位：户

年份	汇总农户数	农业收入占家庭收入 80%	农业收入占家庭收入 50%—80%	农业收入占家庭收入 20%—50%	农业收入占家庭收入 20% 以下
2018	472	30	383	42	17
2013	452	30	370	42	10
2010	452	50	402	1	0

四、消费层次提高

收入水平的提高促进了消费结构的变化，从追求温饱转向追求生活品质的提高。交通、通讯、耐用消费品成为村民消费的热点。生活消费结构序列由满足基本生存需要的"一吃二穿三住"转向其他更高层次的享受性支出大幅度提高，消费结构也明显表现出生存资料比重减少、发展和享受资料比重提高的趋势。1980年前后，彩色电视机还是许多村民家庭的奢侈品，如今已经普及并饱和，成为生活必需品。购买各种高档家庭耐用消费品已成为村民生活水平显著提高的一个重要标志，20世纪80年代末，老"四大件"自行车、缝纫机、手表和收音机迅速得到普及并渐趋饱和；90年代后，以洗衣机、电冰箱、摩托车为代表的"三大件"逐渐成为消费主流。近年来，随着消费环境的改善和购买能力的增强，尤其是农村电网的改造以及"家电下乡"政策的推行，空调、热水器、汽车等已不再是奢侈品，正在成为村民生活要素的重要内容。改革开放初期，人们交流信息更多依靠步行、自行车，那时电话还非常少，影响了人们之间的交流；随着交通工具、通信手段的不断改进，信息交流突破了时间、空间的限制，给人们带来了巨大的利益。由于信息的作用日益增强，人们越来越多地依赖信息，信息已成为人们交往活动的关键环节。电视机、移动电话、电脑等数量的增长反映了村民生活方式的变迁，它们已不是一种普通的家庭消费品，已经成为一种传递思想、交流感情的信息工具，提高了村民生活方式的信息化程度，更成为村民娱乐、休闲的一种象征符号。

对物质生活的追求日益高涨的同时，龙峰村人也非常重视精神生活上的充实，农村居民的精神文化生活日益丰富，文教娱乐消费支出比重持续上升。在休闲方面，体育锻炼、打牌下棋都是村民们日常生活中常见的休闲娱乐活动。通过修建文化礼堂、龙珠公园、紫藤大道、休闲游步道等设施丰富村民的业余休闲生活。

横向对比来看，龙峰民族村在主要耐用品指标上处全乡中上水平，出省旅游人数高居榜首（见表 9）。

表 9　莪山畲族乡 2015 年农村居民主要耐用品及出省旅游数量统计

行政村	户数 / 户	人口 / 人	摩托车 / 辆	电瓶车 / 辆	轿车 / 辆	运输车 / 辆	电脑 / 台	空调 / 台	出省旅游 人数 / 人
塘联村	405	1290	120	184	199	24	225	578	192
莪山民族村	623	1928	303	227	112	36	473	826	206
尧山村	360	1071	58	117	137	19	150	309	145
沈冠村	494	1480	73	211	150	25	187	357	145
龙峰民族村	460	1539	174	288	169	30	258	640	727
中门民族村	331	1039	66	64	108	11	208	174	83
新丰民族村	308	946	123	94	91	11	67	155	46
合计	2981	9193	917	1185	966	156	1568	3039	1544

第二节　生活条件显著改善

衣食住行既是与百姓息息相关的民生，又是社会层面最为表象的文化。衣着曾经是区分城里人与乡下人的标志，餐桌丰盛与否也是贫富差距的体现，如今在龙峰民族村这样的差别已经不复存在。我们在村里采访的 20 世纪五六十年代出生的村民，无不感慨改革开放四十年来生活条件的变迁。在他们成长的年代没有没穿过补丁衣服、旧衣服、草鞋的，没有没吃过红薯杂粮饭的，那种吃不饱饭的记忆深深地刻在他们心中。

一、衣着

改革开放前，村民们衣着简朴，打补丁、穿草鞋的比比皆是。有的年纪大的畲民还保留着包头巾、扎腰带的习惯。不少家里一件衣服老大穿完老二穿，老二穿完给老三，最后没人穿了也不会轻易扔掉，布料还要利用起来做缝缝补补的补丁来用。那时候大众都穿便装，领导干部穿中山装。城市居民虽然也有穿打补丁的，但穿着相对乡下要更整洁些。改革开放初期，村民们在衣着上的开销普遍很少，几乎没有人购买成衣，基本是购买布料自家加工或者由裁缝加工成衣裤。而且那时市场上面料品种供应有限，村民们普遍对于衣服的料子讲究不多，更不用说对品牌的要求了。现在随着生活水平的提高，已经很难从衣着上分辨出城里人和乡下人了。村里年纪大一点的村民还保留着衣着简朴的习惯，但也都穿着成衣，已经没有人再去买布料做衣服了。年轻人衣着则更注重服装的品牌，紧跟时代新潮流。

二、食品

以前村民对食物没有要求，粗茶淡饭吃饱就行，还伴有多种杂粮充饥，后来粮食产量提高，各类粮食食品开放交易，人们的饮食发生了很大变化，从单一的米饭、面条变为多种多样的餐饮，真正达到了丰衣足食。在分田到户之前，粮食按人头配给，细粮长期处于不够吃的状态，村民们常年食用番薯作为补充。随着分田到户的推行，粮食产量有了显著提高。"交够国家的，留足集体的，剩下都是自己的"，粮食一下子富足起来，吃不饱饭成为了历史。到了 20 世纪 80 年代后期，粗粮逐渐从村民的餐桌上退出，细粮成为餐桌上的主角。主食充足了，副食也丰富起来。20 世纪六七十年代不允许搞副业，每家只允许养 2 只鸡，供自家食用。改革开放尤其是分田到户之后，农副业又兴旺起来。村民们养肉猪、养母猪也多了起来，市场上的鸡鸭鱼肉供应量也慢慢增加。过去，肉类是年节才有的特殊食品，现在每天都可以吃。过去每家每户餐桌上的菜肴都是相似的，都是自家产的蔬菜加上一点肉食，现在供应充足的市场为村民们提供了丰富的选择，蔬菜和肉类品种多样。主食已不再是家庭食品消费的主体，大约只占全部食品消费的三分之一，副食品及其他食品的消费则占了三分之二。过去，很少购买的蛋糕面包、冰淇淋之类的现在都已经是家常食品。

吃的变化还体现在健康绿色观念深入人心。现在饮食上村民们开始讲究营养均衡，粗细搭配，不但吃得好更要吃得健康。绿色食品、生态食品成为人们日常生活中饮食的首选。现在村民们家里餐桌上的鸡鸭鱼肉在渐渐减少，取而代之的是新鲜的蔬菜、海鲜和素食，粗粮产品又重新出现在餐桌上。

三、居住

居住条件的改善是村民生活水平提高的最直观、最明显的表现。房屋质量不断提高，实现了由茅棚草房到夯土平房，到土木结构的2层楼房，再到砖木结构进而向钢筋混凝土结构住房的转变。过去的住房低矮且阴暗潮湿，现在的住房高大宽敞、明亮洁净，空调、冰箱、橱柜、沙发、电视、电脑样样齐全，灶间现代餐具、电器应有尽有。

1949年前后，尧山坞一带还多是草房，到了20世纪六七十年代才出现泥墙瓦房，八九十年代出现楼房。村民钟相贵老人（1930年生）回忆说："新中国成立前村里都是草房，瓦房只有两三栋。我自己家里住的也是茅草房。"村民雷依香老人回忆："以前这里最多就20户人家，瓦片（房）很少，都是草棚的，都是小路、梯田。"① 村民雷本奎老人回忆说："新中国成立前家里兄弟多，睡的房子也是挺破的。床都是毛竹片剖开和藤条编成的席子，条件很差的。老房子的墙还是石头垒成的，上面一层用毛竹子一根根竖上去。竹子当墙。门也是用竹子串起来的，像篱笆墙。那时家里走进去就一个灶头，灯都是泥巴和毛竹片做起来的火篾台。老的竹子剖开或者打碎，浸在水里一段时间以后再拿来烧干就又拿来当灯点。1953年以前都是这个样子的。……互助组以后，把上面的房子拆掉移到下面一点点，但还是在高山上。……第二次的房子是夯土的，有窗子开出来。盖了两层，比较高，但是没有瓦片，（房顶）盖的还是草。到了1958年以后，才把茅草换成瓦片。到了1984年责任到户以后，通过下山脱贫下（山）来（造）房子。现在的楼房是第四次造的。"② 雷敏炎家在新中国成立后造起了全村第一栋有瓦片屋顶的房子，1951年开始造，1953年才造好。

四、出行

过去穿着草鞋、胶鞋，爬山过岭、蹚河涉水全靠步行，20世纪70年代中期新建公路，才有客车通行。那时从钟山去桐庐，每天早晚各一趟，非常拥挤，极不方便。20世纪90年代才实现多班次公交车，而现在是20分钟一班，出门方便多了。交通工具方面，本乡镇内可以步行或骑自行车、摩托车、电瓶车，出远门有了公交车、小汽车、高铁、飞机。对村民来说，这简直是穿越时空的发展变化。

---

① 雷依香访谈记录。
② 雷本奎访谈记录。

　　村民们感受最深的还是家门口的变化。以前通往尧山坞只有一条狭窄的机耕路，一遇下雨天就泥泞难行，新建一条公路是村民多年的愿望。但由于集体经济薄弱，这个愿望一直难以实现。1995 年初，在市、县政协的牵头下，省计经委、省财政厅、省交通厅、省宗教厅和省民族宗教委员会援助资金 20 万元，市政协向市正大青春宝药业有限公司、市医药站股份有限公司、市冷气制品厂筹集资金 10 万元，县政协向水利局、县交通局、县土管局和县政协机关干部及非公有制经济委员会委员协调和募捐资金 5.1 万元。1995 年 4 月初，公路正式动工修建，至年底建成通车。公路总长 1170 米，宽 8 米，总投资 31 万元。为了纪念这条公路的建成，特地在村口建造了一座"民族团结亭"。

治

理

篇

共融与善治

中国
村庄
发展

ZHILI PIAN
GONGRONG YU SHANZHI

畲 乡 逐 梦

中国的本质是乡土的，而乡村社会治理是国家治理中最重要、最广泛、最基层的制度性框架，是乡土社会直接行使民主权利的基本形式。血缘、亲缘、地缘关系纽带之下的乡土社会，以其天然黏性将农民与土地紧紧连在一起。从传统社会结构中脱胎的内生秩序对整个乡土社会产生内源性引导作用，在历史长河中构筑着农业社会发展的既定脉络。但当工业文明以席卷之姿冲击传统社会结构时，其内生秩序难以支撑乡土社会的发展，在城乡差距悬殊背景之下，乡村振兴面临着乡村治理权威弱化、农村空心化、法制意识淡薄、乡土文化流失等诸多困境。如何推动乡土内生秩序与国家行政嵌入的有效结合以实现乡村振兴是当前乡村治理现代化关注的重点之一。

第一章　乡村治理历程

　　自 2004 年并村，尤其是在 2010 年后，龙峰民族村的发展取得惊人的进步，从"偏贫山村"一跃成为"最美乡村"，从落后之态发展成为领先之姿。龙峰民族村的乡村治理路径，以实现村民的美好生活为目标，以良性运行的乡村社会秩序为基础，以乡村正式与非正式组织为载体，通过党建引领，将善治嵌入自治、法治与德治相结合的村治实践中，实现"最美乡村"的优化治理；同时，集"生产—生活—生态"为一体的"三生共赢"战略不仅唤醒龙峰民族村沉睡的自然资源，还将生产要素进行重新配置，与每个村民的日常生活紧密联系，为实现乡村善治创造优越的环境；内生型的精英班子为乡村治理献智献力，是乡村发展的先行引领者；畲汉两族密切交往、相互依存、交流融合、休戚与共的一体格局为实现乡村善治提供坚实的基础；农村基本公共文化服务的推行为实现乡村善治保驾护航。

第一节　村庄治理的变迁历程

　　龙峰民族村乡村治理体系的变迁与发展，紧随国家政策的变革而变化。龙峰民族村的前身是双华村和尧山坞村，经 2004 年 11 月村级规模调整合并成为现今的龙峰民族村，合并之后的村庄，是崇山畲族乡畲族人口最集中的一个村。自新中国成立以来，经历人民公社和改革开放，在党的领导下，龙峰民族村的乡村治理逐渐呈现出极具特色的"民族之韵"。

一、村民自治，发展自主

1949 年新中国成立后，乡村治理延续了部分地方自治性质的县、区、乡、保甲体制，加之农村集体化运动的推进，逐渐构成了一套"政社合一"的乡村治理体制——人民公社制度。国家权力一直延伸到农户，公社社员同时是国家政权体系的一分子，实现了真正意义上的"政权下乡"。[①] 而新中国成立初期的土地改革，更为政权组织下沉乡村并摧毁非正式权力网络根基奠定了基础，土地改革之后对农业进行了社会主义改造，并按照"临时互助组—常年互助组—初级合作社—高级合作社"的形式开展合作化运动。正如张厚安等人所言："人民公社体制的一个重要后果是国家权力对乡村的全面渗透，从而打破千百年来乡村的血缘地缘限制。农村社会以生产队、生产大队、公社的层级组织加以组合，生产资料实行'三级所有，队为基础'。"[②] 人民公社是全新的政权组织，它统一生产，统一分配。公社内部分公社、大队、小队三级，实行"命令—服从"式治理。合并之前的原双华村和尧山坞村在"政社合一"的体制下进行生产生活，国家的动员和整合能力大大增强，但另一方面，乡村社会及乡村治理逐渐面临一系列困境，乡村发展受阻。

20 世纪 80 年代初，为适应家庭联产承包责任制的推行，乡土社会的农民自发突破人民公社体制，创造了自己管理自己的组织形式，出现了村民委员会的雏形。村民委员会最初的功能是协助政府维护社会治安和兴建集体的水利设施，后来逐步扩大为村民对农村基层社会、政治、经济、文化生活中诸多事务的自我管理。村委会的群众性自治组织的性质也逐渐鲜明起来。[③]1982 年底，第五届全国人大修改的《中华人民共和国宪法》在法律上确立了"乡政村治"的乡村治理体制；1987 年 11 月 24 日，第六届全国人民代表大会常务委员会第二十三次会议通过了《中华人民共和国村民委员会组织法（试行）》，并规定自 1988 年 6 月 1 日起试行，从而使村民自治作为一种新型的群众自治制度和直接民主制度在法律上初步确立起来。

这一时期的双华村和尧山坞村积极响应国家号召，紧紧追随改革潮流，不断革新自己的乡村治理体系。据原生产队队长回忆，改革之初，村里刚完成"社改

① 卢福营. 当代浙江乡村治理研究 [M]. 北京：科学出版社，2009.
② 张厚安，徐勇，项继权，等. 中国农村村级治理：22 个村的调查与比较 [M]. 武汉：华中师范大学出版社，2000.
③ 陈浙闽. 村民自治的理论与实践 [M]. 天津：天津人民出版社，2000.

乡、队改村"的工作，本是生产队大队长的他由于出色的务农知识和丰富的种植经验，在村民选举下成为新一任村委会主任，通过支部书记、村委主任和社长的相互配合，实现村内事务自治，从农业种植到水产养殖，从乡镇公令到邻里私纷，乡村治理班子承接大大小小的事务，引导村民参与到村庄的发展中来。实行基层民主，凡是关系群众利益的，由群众自己当家，自己做主，自己决定。

二、下山脱贫，发展起步

20 世纪末，如何促进农村发展，如何提高农民的生活幸福指数，如何做好扶贫工作，成为各级政府组织思考的重点。中国疆域辽阔、地形差异较大。浙江省东西和南北的直线距离均为 450 千米左右，陆域面积 10.55 万平方千米，为中国的 1.1%，是中国面积较小的省份之一。浙江山地和丘陵占 74.63%，平坦地占 20.32%，河流和湖泊占 5.05%，耕地面积仅 208.17 万公顷，故有"七山一水二分田"之说。整体地形自西南向东北呈阶梯状倾斜，西南以山地为主，中部以丘陵为主，东北部是低平的冲积平原。耕地资源的紧缺加剧了农村的贫困化。而莪山畲族乡是地处浙江西南部、桐庐县中部丘陵地区，呈"九山半水半分田"的地貌特征，是典型的偏远山区乡镇。龙峰民族村的前身双华村、尧山坞村曾是全乡乃至全县的"倒数之村"，该二村面临着经济发展水平落后、基础设施建设滞后、民族特色文化不显、乡村治理体系不完善等诸多困境。

浙江省政府投入大量人力物力财力，扶贫方式从"输血式扶贫"到"造血式扶贫"。自 1994 年起，根据国家下发的《国家八七扶贫攻坚计划》，浙江省全面启动"下山移民（脱贫）"工程。该工程根据浙江省委、省政府"搬得下、稳得住、富得起"的指导精神，按照"政府引导、农民自愿、科学规划、分步实施"原则，将居住在高山上、深山中，交通条件差、发展潜力有限的农民从生存条件恶劣、自然灾害频繁的山村搬迁出来，搬到中心村、中心镇、县城等生产生活条件较好的地方，改变其生产生活方式，使之彻底脱贫致富。它是欠发达乡镇奔小康工程的重要内容，是贫困山区农民摆脱贫困的重要途径。①

自 2000 年实施"百乡扶贫攻坚计划"和"欠发达乡镇奔小康工程"以来，全省共建立下山移民小区（点）1147 个，累计搬迁山区农户 8.36 万户、28.86 万人。同时将原来的山地进行资源整合为村民创收。自 2003 年以来，桐庐县结合宅基地

① 李菊仙. 欠发达乡镇农民下山脱贫工作的难点与对策 [J]. 今日科技，2007（7）：42-44.

整理，有意识地实施农民下山居住工作，已投入资金 1800 余万元，共完成 28 个项目。已拆迁房屋 2600 余间，迁移人口 2597 人，规划复垦耕地 838 亩，可获得置换指标 800 余亩。2005 年 6 月，桐庐县委、县政府又专门出台了《关于鼓励农民下山居住促进集聚发展的意见》，使整个农民迁移下山的工作方向更明确，政策措施更有力。2005 年全县已立项农民下山居住项目 32 个，计划新搬迁下山 284 户，拆迁房屋 1087 户、3240 间（含已搬未拆房户），可复垦新增用地 1000 亩左右。[①]

下山移民后，村民的住房、生活环境得到明显改善，教育、医疗更加方便。龙峰民族村也响应政府的号召，一部分村民小组从山上搬迁下来，获得更易于农业种植的土地资源，同时，也保障下山移民村民的既有权益、生育权益和落户权益。这一工程既实现了农民的脱贫与致富，也为城市化建设和现代化推进补充了劳动力。

三、双村合并，发展加速

进入 21 世纪，"三农"问题凸显，农村中的各种矛盾逐渐尖锐，乡村治理问题频发。为切实解决农民所需，实现乡村治理长效运行，国家对村级规模进行调整。在 2001 年，浙江省委就提出"在经济比较发达和交通便捷的地方，继续加大乡镇、村撤并的力度，科学进行镇、村规划，加快中心镇、中心村建设"。同年，省民政厅、农业厅、建设厅联合出台了《关于村规模调整工作的指导意见》，明确了村规模调整的指导思想、实施原则和主要任务。2003 年，全省又开展了"千村示范、万村整治"工程建设，提出了"改造城中村、合并小型村、拆除空心村、缩减自然村和建设农村新社区"的工作要求，全省十一个地市陆续完成了村规模调整的工作。

村庄合并的预期目标有三点：一是区域协作发展。通过调整，改变行政村分布"多、小、散、弱"的局面，充分发挥中心村的集聚效应，提高基础设施和公共服务的效益，从而加快农村基础设施和公共服务网络体系的建设。二是资源整合。各级建设项目、补助资金将更加集中，村内土地、劳动力、资金、产业等生产要素以及各种自然资源、基础设施得到有效整合，增加人力、物理和财力资源的使用实效，促进区域范围内的资源共享、优势互补和共同发展。三是加强基层组织

[①] 徐小林. 引导农民下山居住　有效促进集聚发展 [J] 浙江国土资源，2005（9）：30–31..

建设。摆脱农村宗派势力影响，彻底打破家族化支部、派性支部，在更大范围内择优选择村干部，使村干部的整体素质得到明显提高，为加强村级组织建设打下扎实基础。

双华村和尧山坞村经调整于 2004 年合并成为龙峰民族村。并村后，村级组织人员相对充足、功能划分清晰，一个支部书记、一个村委会主任起领头作用，两个村委会委员辅助支撑，村中文书上传下达，更有文化员、妇女主任和老年会长拓宽职能边界。并村后，龙峰村"三资"（资金、资产、资源）融合，很好地协调了利益问题，同时少数民族风俗习惯成为龙峰民族村的特色，更为村庄发展与治理带来生机。

第二节　四维互嵌——通往善治的四重维度

农村兴则国家兴，乡村治则国家安。党的十八大以来，以习近平同志为核心的党中央坚持把解决好"三农"问题作为全党工作重中之重，贯彻新发展理念，用于推动"三农"工作理论创新、实践创新、制度创新。在中央农村工作会议上，习近平总书记深刻阐述了实现乡村振兴战略的重大问题。会议强调必须创新乡村治理体系，走乡村善治之路。党的十九大报告提出了要坚持农业农村优先发展，按照产业兴旺、生态宜居、乡风文明、治理有效、生活富裕的总要求，建立健全城乡融合发展体制机制和政策体系，为此提出了"健全自治、法治、德治相结合的乡村治理体系"的重大课题。① 乡村治理体系是国家治理体系的基础；乡村治理现代化的程度，直接决定国家治理现代化的进程，更关乎党执政基础的巩固。实现乡村社会的有效治理，需要以党建为引领，发挥自治、法治、德治的协同作用，"三治融合"体现了邻里守望、民众自决、社会自治的愿景。

一、以党建为引领

党的基层组织是农村各种组织和各项工作的领导核心，是党联系广大农民群众最直接的桥梁和纽带。农村基层党组织要始终坚持在农村各种组织和各项工作中的领导核心地位，必须根据农村形势的深刻变化，围绕建设社会主义新农村的

---

① 习近平.决胜全面建成小康社会 夺取新时代中国特色社会主义伟大胜利：在中国共产党第十九次全国代表大会上的报告[M].北京：人民出版社，2017.

总体目标，更新观念、强化功能、改进方法、提高能力、更好地发挥作用。浙江省《关于进一步加强农村基层民主法制建设的意见》（浙司〔2003〕42号）规定：村党组织是村级各种组织和各项工作的领导核心，实行思想、政治和组织领导，讨论决定本村政治、经济和社会发展中的重大问题，领导和推进村级民主选举、民主决策、民主管理、民主监督，负责对村、组干部的管理和监督。《浙江省村级组织工作规则（试行）》（2011年）规定，村党组织是中国共产党在农村的基层组织，按照党章要求进行工作，发挥领导核心作用，领导和支持村民委员会、村务监督委员会、村经济合作社以及其他村级组织依法行使职权。建立健全村民委员会向村党组织定期汇报制度。村民委员会对落实村务联席会议、村民（代表）会议决议的情况和重点工作的进展情况，应定期向村党组织汇报，必要时应随时汇报。

龙峰民族村党总支下设三个支部，2020年共有党员65名，其党建思想融入村规民约中：加强党的建设，每月25日为党员固定活动日，实行刷卡考勤制，严格按照党员固定活动日十条纪律和不合格党员处置十条执行。在村中公示栏中有"党员出勤到会考勤表"，固定活动日的党员参与情况明晰可见。条例设置不仅规范了党员的行动，更便于党的基层组织在农村地区开展活动。由龙峰民族村两委班子布局的网格化治理体系为基层治理提供了新的契机，作为社会治理的有效方式，网格化服务管理通过建立一种监督和处置互相分离的管理机制以整合社会资源、提高管理效率。将网格化治理体系引入农村基层党建管理，使党组织能够及时、准确、有效、系统地掌握群众日常诉求，以加深群众对各级党组织的信任与理解，使基层党组织的核心作用有效发挥，真正起到"网聚"的作用。

龙峰民族村两委班子下设三个分支网格：下珠网格、尧山坞网格、水洪里网格，呈现"一长三员、部门辅助"的组织架构。所谓"一长三员"，是指一位网格长，一位专职网格员，一位网格指导员、一位兼职网格员；所谓"部门辅助"，是指公安、交警、国土、环保等其他职能部门在网格治理体系中发挥的辅助作用。网格长是网格管理服务工作的总责任人，在网格党组织的领导下，协调组织专兼网格员开展工作，对网格内的群众做到户户清、联系电话时时通；每天进网格一次、重点群体每月一次走访；开展每周一次地质巡查；根据县的联动体系指令，及时做出反应，确保上级要求落地落实。专职网格员需按照"一员多能、一岗多职"要求，及时排查、关注掌握、上报网格内的人员动态、事件动态、重点设施情况，通过"平安通"、PC 端等终端系统报送网格信息。网格指导员参照联村驻村工作职责，切实承担网格指导、督促、协调的职能。兼职网格员是网格内志愿兼职的网格员，要重点关注网格内的流动人口、特殊人群、各类事件、重点设施等情况，发现问题要立即向网格长汇报；由公安、城管、国土等基层站所力量组成的专业力量下沉的兼职网格员，要做到一个网格一名执法人员，主动掌握责任网格内重点区域、重点人群、重点事件等各类情况，积极配合网格长、主动推进网格内各类问题的妥善解决。

在龙峰民族村的基层实践中，党员的先锋模范榜样发挥了重要作用。村中党员积极参与村庄各项建设，全心全意为百姓服务。在龙峰民族村的公示栏中，专门有一栏用来展示"善行义举榜"，从"关爱老人奉献爱心"，到"哪里有险情，党员就在哪里出现"，再到"最美党员"的评选活动，一桩桩、一件件，彰显了党员的力量。

二、以自治为核心

在中国传统乡土社会中，乡绅治理体制是社会自治的最优选择，更有"国权不下县，县下惟宗族，宗族皆自治，自治靠伦理，伦理造乡绅"一说，伴随着历史车轮的前进和经济社会的变迁，中国乡土社会结构也发生了深刻变化。改革开放以来，村民自治被予以明确的制度设计，自治是乡村社会最重要的治理方式，它是一种农民自我管理、自我约束和自我教育的治理方式。20 世纪 80 年代初的农村政治改革，赋予村民群众管理村务的自主和政治上的自由，从而使村庄社会获得了自主发展的空间，村民有了自主选择村干部的自由和自主管理村庄公共事务的权力。1998 年第九届全国人民代表大会常务委员会第五次会议通过了《中华人民共和国村民委员会自治法》，同年底，浙江省委办公厅、浙江省人民政府办公厅及时转发了省委组织部、省民政厅《关于在我省农村普遍实行村务公开和民主管理制度的实施意见》等文件，对民主选举、民主决策、民主管理、民主监督这"四个民主"的含义、内容、实施程序和方法、组织和纪律、责任等作了比较详细的规定。

在龙峰民族村的村治实践中，民主选举是村民自治的重要内容。改革开放之初，人民公社时期"政社合一"体制下的生产队队长经由村民选举成为当时的村委会主任。据钟老村长回忆："大队长和社长时也是村民投票选出来的，不过当时竞争的人不是很多，大概两三个。"问及因何缘由被村民选举时，钟老村长用朴实的语言回答道："那时候我主管农业，对农业比一般人要懂得多一点，毕竟当过生产队长，种粮食、种地瓜、种麦子都比较懂，所以大家选我。"在钟老村长之后上任的也是姓钟的村长。他原先是个木工，从事 20 多年的木工工作。当时村里还没有村干道，他觉得村里交通实在不便，他便号召组织一众村民自发开始修路事业。因修路得到了乡里的认可，也得到了村民的认可，1987 年经乡里推荐、村民投票成为当时的一村之长，在任 18 年。目前在任的雷天星放弃在外的建筑事业回村，在选举时获得近乎满票的结果，在村民的信任与支持下，雷天星书记带领龙峰民族村一跃成为"明星村"。

民主选举的权利在每个村民手中，选举干部时看重候选人的资质、能力和品性，所选干部是否想百姓所想，是否急百姓所急，是否能带领龙峰民族村繁荣发展，在每个村民心中都有一杆秤。除民主选举外，乡村自治组织也在时代变迁中呈现出崭新的面貌。改革之初的龙峰民族村治理班子，以村委主任、支部书记、社长相互配合管理为主，村委主任和支部书记对于村中事务全面抓，农业种植、水产养殖、解决纠纷等事无巨细，而社长主管农业生产。自 2004 年两村合并为龙峰民族村后，乡村治理以村民需求为核心，以支部书记和村委主任为率领，以妇女主任、老年会长、数个委员为支撑，形成"一个核心，多方围绕，共同参与"的治理格局。虽然治理班子内部人员在名称上界限分明，但在村治实践中，相互补台，能够减轻老百姓负担的，治理班子都尽力为村民行方便。这种村级组织一体化的运行模式具有明显的治理绩效，实践证明，村民自治在维护地方治安、提供社会福利、管理公共设施、调解民间纠纷等方面发挥了巨大作用，也实现了农村社会事务的还权于民。村民不仅是乡村社会的建设者和管理者，而且是乡村治理效果的直接体验者和乡村发展的最终受益者，在乡村治理中起着主体作用。[1]

村务公开和民主监督是村民自治的重要组成部分，是村庄治理过程的重要环节。龙峰民族村成立专门的村务监督委员会，在村中显要位置设立村务公开栏，条例清晰，一目了然。村务监督委员会主要对以下四项事务进行监督：

1. 村级财务监督。监督要点包括编制预算监督、财务审核监督以及财务公开监督。监督内容从关于全年村级集体经济预算方案是否经过"五议两公开"民主决策程序到收支事项及凭证的审核程序，再到财务的公开是否合乎程序和规范。同

① 李三辉. 自治、法治、德治：乡村治理体系构建的三重维度 [J]. 中共郑州市委党校学报，2018（4）：37-40.

时增设"问题处理"一栏，对不真实、不合法的凭证不予报销，群众对村级财务的疑问有意见与建议的，村监会应及时受理并予以反馈。

2. 村级事务决策监督。监督要点包括方案形成监督、形成决议监督和操作实施监督。初步方案由村党组织集体讨论，村两委召开联席会议商议形成工作预案，之后党员代表议事会进行审议，方案形成后经村民代表议会表决通过，决议事项完成后，由村监会检查验收并予以公示。

3. 村级公共资源交易监督。监督要点包括标前监督、标中监督和标后监督。村民代表会议集体讨论通过决定项目方案，以及项目交易申请经过乡小额公共资源交易领导小组批示同意后，根据审查项目的基本情况设立招标方式，关于招标过程中的各项事宜是否合乎规定有明确规范；合同签订需经村两委集体讨论决定，工程建设的进度、质量、验收过程以及工程结算等过程均需监督。若发现问题，村务监督委员会应及时向村两委提出意见建议，村两委应及时解释答复或整改相应措施。

4. 村务公开监督。监督要点包括公开程序监督、公开内容监督、公开形式监督这三个方面。公开事项经由村两委或村民代表会议集体讨论决定，公开事项按照规定进行监督、公开时间以及公开场所均需接受监督。对于相应款项不明确的，村务监督委员会应及时进行调整。

2016年底，"最多跑一次"改革在浙江省首次提出，其后扩展到行政、医疗等各个体系，力争实现全覆盖。"最多跑一次"的改革不仅减轻村民压力，提高办事效率，更为行政机制在农村基层的下沉提供便利。根据《桐庐县行政服务中心2018年工作总结及2019年工作思路》，以标准化建设为基础，自主开发了"桐庐县一窗受理平台"，目前已有814个事项实行"前台综合受理、后台综合审批、统一窗口出件"的办件模式，并建立全员培训、轮训工作机制，集中开展培训54次，跨部门、跨岗位轮岗实训20次，培训、实训人员达2400人次，实现从"专科"向"全科"转变，并逐步实行无声叫号，优化中心办事环境。平均每周接待办事群众14000余人，办理事项1030600余件。与此同时，修订《桐庐县乡镇（街道）便民服务平台建设标准》《桐庐县村级便民服务中心建设标准》《村级便民服务中心考核办法》，分类对14个乡镇（街道）便民服务中心、182个村便民服务中心进行全面改造提升，并联合县妇联建立村级妇女主任移动代办员队伍，为村民提供代办服务，优化代办员队伍，完善三级服务体系。龙峰民族村的便民服务中心严格按照桐庐县下发的建设标准进行人员配置和职能划分，其行动理念是：要有一颗为民心，常念"百姓经"；要有一个创新脑，常解"群众难"；要有一张好好嘴，常说"体己话"；要有一双勤快脚，常进"百家门"。便民服务中心实行五项制度：村便民服务中心工作人员工作制度、全程办事代理制度、首问负责制度、AB 岗工作制、办事公开制度。其服务规范坚持"五个一体""十个一点""十个一建设标准"。正是这样的"最多跑一次"，为村民的日常生活排忧解难，也为行政推行简化程序。

大众媒介和新媒体的运用也提高了村委班子的办事效率，上传下达之间解决村民难题。以"微信治理"为主的数字治理，使得村委班子和乡政府之间的信息足够通畅，这样才能保障村民所需能够及时解决。对龙峰民族村文书进行访谈时发现，其手机里的微信群涉及多个面向。有"莪山综合工作群"，一般是莪山乡政府发通知；村内有"农民之家群""龙峰民族村平安村""龙峰村两委群"，包括村委班子和大部分村民，便于及时发布信息；有关基层党建的"龙峰党员群"；有关乡村建设的"莪山招标群""莪山乡招标业务群"；有关农业的"龙峰农办教育群"；有关食品安全的"食品安全群"；有关乡镇天气的"莪山气象群"；有关电信的"2018动态电信共治群"；有关就业创业的"全县乡镇创业群"；还有"老龄群""代办工作群""计生工作群""残联交流群""妇联群""莪山中医养生群"等 20 多个群。从乡里到村里，不同微信群对应不同的服务对象，除非部分事项需本人亲自到场，否则能通过微信替村民解决的就尽量解决，此举推动政务服务网上办、马上办、少跑快办，提高群众办事快捷程度。贯彻服务理念，想百姓所想，急百姓所急。

三、以法治为保障

所谓法治，是维护农民各项权益、协调乡村社会生活秩序、构建善治乡村的制度保障。乡村振兴战略与法治保障是辩证统一的、相辅相成的。乡村振兴战略是促进法治进步与发展的动力和措施，法治是实现乡村振兴战略的稳定基础；乡村振兴战略是农村发展和解决新时代社会主要矛盾的重要抓手，法治环境的营造是确保这一重要战略顺利实施的可靠保障，也是乡村振兴的前提条件。[①] 在历史脉络中，乡土社会的既定框架和内生秩序对每个村民的行为选择有着重大影响，传统社会的纲常伦理在相当长一段时间内承担着教化和规训的职责。但时代交迭之

---

① 胡胜. 乡村振兴离不开法治护航 [J]. 人民论坛，2018（6）：106-107..

下的乡村治理，仅靠传统的礼俗教化全然不能实现乡村善治，将乡村社会秩序纳入法治轨道，将法治理念融入乡土治理，实现乡土秩序与法治秩序的有机结合。

自党的十五大确立依法治国的基本方略，再到党的十九大报告"明确全面推进依法治国总目标是建设中国特色社会主义法治体系、建设社会主义法治国家"，依法治国持续推进。在全面依法治国的背景之下，乡村治理更要以法治为保障。但需注意，乡村治理中的法治，既包括国家层面的正式规则，诸如《村民委员会组织法》等相关法律规定；也包括村庄原生的非正式规则，诸如村规民约、礼俗传统等。正式规则与非正式规则之间的协调互补，为实现当代乡村善治保驾护航。

推进龙峰民族村乡村治理，正是不断深入推进依法治村的实践，法治规则在规范村组干部行为、民间纠纷调解、处理干群关系、打击违法犯罪、维护农民根本利益中发挥了重要意义，将依法治村的原则贯穿实现乡村善治的始终。龙峰民族村的法治实践，明确了农民在乡村法治化进程中的主体地位，不断完善农村法律法规层次和体系，强化了基层干部的法治教育，破除"人治"思想，提升基层干部的法治意识；多渠道加强农村地区的法治宣传工作，标语口号随处可见，法治思想深入人心。同时，法治还贯穿于民主自治的过程，在村民民主恳谈、村民议事、村务监督的过程中，用制度和程序来引导村民有序参与、依法自治，也推动村务公开、村务监督体系逐步走向规范化和制度化。如在村民调解委员会等村民自治组织的运行管理过程中，人员构成、规章制度、经费来源、事务范围、管理方式等都有明确的规定。

正式规则为乡村治理的有序推行提供规范指导，而非正式规则为实现乡村善治加以有力推动。各种非正式规则诸如村规民约、礼俗教化、熟人契约、简约治理等规范作为实现传统乡村治理的有效方式，在实现乡村善治中仍旧发挥作用。在龙峰民族村的乡村法治实践中，有村民约定俗成的《莪山畲族乡龙峰民族村村规民约》，篇幅不长，约定条数仅12条，但是对现代法治规则进行的有效补充，从村民党内建设和党员纪律，到村内环境整治和仪式改革皆有所提，如"积极参与五水共治，保护村内水源""积极推行殡葬改革，服从殡葬管理政策，严禁村民私自在村规定区域外乱建墓穴，严格限制公墓墓穴占地面积"等。村规民约还提及村民矛盾冲突由专门的村委调解小组解决处理；还制定《龙峰民族村垃圾分类农户考核办法》，实行"门前三包"责任制——包绿化、包卫生、包秩序，切实做好农村生产生活垃圾源头分类工作。龙峰民族村是畲汉两族共同生活的聚居地之一，因此针对全体村民，该村规民约还特别强调要"保护和继承畲族文化遗产，做好畲汉团结，共同发展致富"。

在实际治理中，龙峰民族村面临着一个困扰，两村合并后，由于地势地形需要进行调整，为尽可能照顾到全部村民，村里特地制定统一制度进行管理（全域性规划制度），据钟余泉委员提及："村里定好制度统一管理，比如说不让经营者种树之类，然后建设用地进行调整，现在叫全域性规划。我们要更新要发展，就要有全域的规划。规划上全村分两个组，龙峰是两个村合并来的，虽然是一个村，但是语言习俗不同，双华是汉族的，尧山坞是畲族的，有自己的习俗，畲族人讲话，汉族人听不懂。上面那个村（尧山坞）98%的是畲族人，下面（双华）搞全域性规划的土地整理调整，上面（尧山坞）也搞一个土地调整，包括消防车通道，什么都方便了。如果只有单独几户人家住在这个角落里，那这几户人家以后就只拆不造，通过这样的办法把这一块角落的一块移掉，空出来的地块就可以搞建设。"全域性规划目前还在稳步实施中，但龙峰民族村仍旧面临土地问题，尤其是农村建房问题，过去几年，有部分村民因房子坍塌或其他原因成为"无房户"（因政策问题不能在村内修房）。为解决这个问题，村两委多次协调，终于得以解决，钟余泉说："我就提出这事情（无房户问题），后来他们说这个也是实情，马上就记下去了。现在我们有这样的政策，就不慌了，片区通过村代表、组长、人民代表过来开会议，我们自然村以后的全域规划造房子就在这一块，他们都说好，这一块有多大就定下来（留出一块地造房子）。"目前龙峰民族村正处于精品村的打造阶段，政府对其投资力度比较大，村内建设多采取"招标"制，严格按照法律规定进行。访谈钟炉珍时她说道："我们现在预审报到乡里两套班子成员通过，我们先设计再预算。这边资料做好报到乡里，经公示然后招投标。现在不管大标小标全部要招标，做好之后我们验收审计，再开发票。网上招标围绕桐庐县内的一些有实力的且有市政资质的单位。"

龙峰民族村制定的各项治理规则，一方面来自村民的普遍认同，另一方面来自村班子的有力推动。以法治保障乡村善治的实现，其核心在于保障村民利益，通过直面乡村产生的各类现实问题，从源头出发切实解决村民所需，不仅规范个体行为，更为乡村社会秩序的良性运行保驾护航。

四、以德治为基础

在费孝通先生的研究中，中国传统社会尤指乡土社会是"无诉"社会，由"长老"实施"礼治"，同时也存在国家"自上而下"的权力治理。可以概括为，以传统道德为基础的乡村士绅治理为主，国家"自上而下""横暴的权力"为辅。[①] 近代以来，中国传统社会遭受市场经济的侵蚀，文明碰撞之间的乡土社会面临着乡风文明和道德礼仪衰落的窘境，乡村治理尤其是乡村自治在困境中举步维艰。社会秩序的有序维持，除了外显于物的强制保障，更需内化于心的柔性教化，中国传统社会的纲常伦理和礼俗教化正是柔性治理的核心支撑。因此，推动乡风家风文明建设，重构道德规范德治体系，从精神层面为实现乡村善治铸魂强魄，是当代乡村治理体系的重要内容。

乡村治理中的德治实践是与自治、法治实践相互融合的，龙峰民族村的德治实践，与其自治法治不可分割。首先体现在村干部身上，龙峰民族村村民在运用手中的选举权利时，从来不是盲目投票，而是依据候选人的个人能力、资质和品性选出真正能够为村庄求发展、为村民谋幸福的村委会班子。正如放弃在外事业、一心谋求乡村发展的雷天星，竞选时所获选票近乎满额，他对于村庄事务有着极强的责任心，访谈时他曾提及："做人做事要诚心诚意，没有诚心诚意什么事情都做不了。做任何事情都要仔细琢磨动脑筋，如果一开始就说这个事情做好就好做不好拉倒，那这个事情也做不成。"2017年任村委委员的钟余泉曾是村内的管水员，由于地形地质因素，村内自来水管理困难，每到六月份会出现供水不足的问题，钟余泉委员担任管水员后按时段供水，发动村民合理安排打水时间，在访谈中他指出："当委员之后最主要的是什么？就是让老百姓的口袋鼓起来，就是让老百姓能够过上好日子，能够有好的环境"。钟余泉委员对于当干部需具备的素质有自己的想法，也正是这想法令如今的龙峰民族村大变样，他说："来村里当干部，首先，你做的事情要合情、合理、合法，为百姓谋求利益最大化。首先要为百姓去着想，为百姓去付出。现在我们当了委员之后，我们最主要的事情是什么？是让老百姓的口袋鼓起来，是让老百姓能够过上好日子，能够有好的环境。"

德治贯穿乡村治理的始终，涉及邻里和谐、孝老爱亲、勤俭节约、忠诚守信等多个方面，德治也体现在村民身上。龙峰民族村以弘扬孝道伦理、促进邻里互

---

① 邓大才. 走向善治之路：自治、法治与德治的选择与组合：以乡村治理体系为研究对象 [J]. 社会科学研究，2018（4）：32-38..

助、增进村庄团结、培育村民互助合作精神与公共意识作为乡风文明建设与社会伦理重建的方向，开启了以德治村、以礼化人的乡村治理实践。并村之后乡风建设持续推进，配合村庄发展引领新风尚。龙峰民族村村规民约提及："提倡尊老爱幼、保护老人、妇女、儿童在社会和家庭生活中的合法权益，禁止虐待、遗弃和伤害行为。必须依法履行抚养义务和赡养义务。"村内青壮年外出务工的人较多，为方便村中老人的日常生活，还专门建立老人食堂，名为"父母家"。

除此之外，龙峰民族村的德治还体现在极具特色与温情兼备的农村养老体系上。根据《国务院关于加快发展养老服务业的若干意见》《浙江省农村居家养老服务设施建设三年推进计划》以及《关于推进城乡统筹农村居家养老服务工作的实施意见》，畲族乡还构建银龄互助、政府购买服务和志愿服务"三位一体"的农村居家养老服务体系。政府在居家养老服务方面制定具体、翔实、严格的专业服务内容、资金管理和绩效评价等指导标准，建立完善制度严密、管理规范、服务高效、操作性强的政府购买服务运行机制，着力保障困难老年人的居家养老；银龄互助层面，以"政府支持、村社主办、群众参与、互助服务"为原则，以村（社区）为单位，依托老年人协会、商会及慈善机构，利用养老服务设施或闲置房产，整合资源，完成养老互助会的场所、设施和制度建设。村（社区）养老互助会根据"性格相近、爱好相似、住址相邻"原则，按照"年轻的照顾年长的、身体好的照顾身体弱的"要求，选定一批银龄互助员，以"一助一或一助X"的形式，组织开展老年人之间的邻里结对互助服务。政府倡导和组织动员社会各界，参与居家养老服务体系建设，自愿为村（社区）养老互助会提供经济支持、为老年人提供安全保障、生活照料、医疗保健、精神慰藉、权益维护等一系列服务。畲族乡的居家养老服务体系为龙峰民族村的农村养老问题提供了新的途径，"三位一体"的养老体系以政府部门为引导、以养老机构为依托、以志愿服务为辅助，将传统家庭的"赡养"功能扩散至村集体层面，最大程度地利用社会资源实现"老有所依"。

第三节　精英引领——通往善治的内生驱动

在中国乡村治理史上，精英治理具有重要地位。乡村社会主要是由各种精英和能人治理的。所谓精英治理，简单地说就是指个别或少数精英在乡村公共权力结构中居于支配性地位，主导和控制乡村治理的运作过程。① 农村政治改革使得乡村事务管理获得自主发展，作为村民与国家的中间媒介，村两委班子的品行、能力在很大程度上决定着乡村的发展。所谓"精英"班子，即优秀的领头者和先行者，运用其社会关系网络和经济文化资源，以非正式规范对正式规范进行补充，实现乡村治理的良性运行。在学界研究中，乡村治理精英又被划分为"内生型乡村治理精英"和"嵌入型乡村治理精英"（也被称为"外生型乡村治理精英"），内生型主要是指乡村共同体内的成员通过自主选择的方式产生出来的共同体领导者；嵌入型则是指基层政府选派的、包括大学生村官与第一书记等群体在内的各类驻村干部。②

　　由于精英产生的方式不同，在乡村实践治理中的优劣势也不同，内生型治理精英依靠血缘宗亲关系或经济文化资本稳定村庄秩序，但过分依赖少数精英容易形成"个人魅力崇拜"而导致权力集中，以此衍生的种种问题冲击乡村发展；嵌入型治理精英更能体现国家治理制度在乡村的延伸，遵循正式规则能够使得乡村治理更高效，但因缺乏内生的社会资本导致与乡村的衔接断裂，也无法促进乡村发展。目前龙峰民族村的繁荣发展之势离不开乡村治理精英，为更好厘清精英在乡村发展中的功能作用，根据村庄治理史，选取四位典型精英并叙述其村治实践。

一、建立校舍的村书记

　　雷荣庆曾任尧山坞村的村书记，他出生于1950年，经历过"文化大革命"，见过批斗、游行，因为这场变动，半工半读的他选择从军。"文化大革命"结束后，改革开放的春风吹向中华大地，雷荣庆复员回乡了，当时他作为尧山坞村的民兵连长负责片区内的治安管理与民兵训练工作，同时还兼任村内的团支部书记。1983年，雷荣庆成为尧山坞村党支部书记，任职期间，先后荣获优秀党员、先进工作者等荣誉称号。贫困的村庄如何发展，雷荣庆首先想到了教育。当时村内曾设学堂以供教书之用，但没有固定地方，往往只是借用某个厅堂，人满了就要换更大的地方，雷荣庆提及："都是到人家家里的空的地方，就厅堂里，搬了四五个地方。也曾经在大礼堂里，办了两个教室，太挤了。雷老师（雷敏炎）私人家里也办过，我还去读过。还有水库里面的一个大房子，两边住人中间办学校，基本

---

① 卢福营. 乡村精英治理的传承与创新 [J]. 浙江社会科学，2009（2）：34-36.
② 王展. 乡村治理：精英分类与逻辑选择 [J]. 陕西行政学院学报，2016（3）：17-20.

就是哪里有空地方就去哪里办。"1984 年，为更方便孩子们读书，雷荣庆和村小学的雷敏炎老师多次向县里申请修建学校，后经文教局同意，由文教局负责拨款（主要用于砖头、石灰等材料），由村里投入劳工，最终建起了学校。

二、修路筑基的木工村长

钟裕新在上任之前，是尧山坞村的木工，还带徒弟教做工。1986 年之前，尧山坞村并没有村长，钟裕新成为村长实属意外，但这个意外却又合情合理。当时村里没有几条像样的路，一米宽的小路走起来十分艰难，崎岖、狭窄、危险成为村内外交通的主要标签。钟裕新提议要把路修一修，在他的带领下，尧山坞村开始修路工程。刚开始修的路段并不长，基本是村民自己出钱出力，钟裕新说："第一次修路，都靠村民自己出钱出力，我以前是做木工的，也到外面赚钱，自己垫钱，老百姓出力，我还卖了自己的黄牛来修路。"在大家伙儿的齐心协力之下，小路终于通了，但修好的仍是泥巴路，对于交通运输来说还存在阻碍。1986 年，乡里发现钟裕新的能力和才干，于是提名其为尧山坞村村长，并最终当选。当了村长之后，钟裕新依旧牵挂修路，他先后去乡里、县交通局进行沟通，最终申请到数十万资金，泥巴路变成了柏油路，内外交通终于畅通无阻，这为后来龙峰民族村的产品运输和物流交易提供了基础设施保障。

三、先富带后富的领头雁

雷天星是目前莪山畲族乡龙峰民族村的党支部书记，带领村民建设家乡，龙峰民族村现已成为桐庐乃至杭州的"明星村"。雷天星年轻时便是生产队队长，20 岁出头就已脱贫。随后离开村庄外出创业，先后在莪山建筑公司和县政公司做工程项目，28 岁时通过承包工程成为村中最早的万元户之一。2010 年，村里看重雷天星的办事能力，花了两个月时间说服雷天星参选下一任龙峰民族村的村干部。起初雷天星不愿意，后来在老村长的劝说下，雷天星终于同意回乡为老百姓干实事。2011 年，雷天星在选举中得了 600 多票，当选为村主任，到换届时得了近乎满票。在雷天星的带领下，村民组建红曲酒合作社，盘活村内特色资源，围绕"一心两轴四区"，把龙峰民族村打造成原生态畲族风情休闲旅游名村。

四、文化传承者雷老师

雷老师本名雷敏炎，在尧山坞村出生长大，与这座村子有着很深的感情。早年从事村内教育事业，曾先后在尧山坞畲族小学、尧山坞中心小学任教，退休后成为村中的文化员，专门从事畲族文化传承和发扬工作。作为"文化人"，将自己的知识教授给稚童使其成长且明是非，是雷老师存于内心的责任。1984 年，雷敏炎同当时的村委书记雷荣庆共同商讨，最终筹得资金建立起专门学校，数年来雷老师在教师岗位上辛勤耕耘，村内很多人都曾是他的学生，村民们亲切地称他为"老师"。

近年来，莪山正积极创建"一馆一堂"工程，将富有特色的文化成果在文化馆集中展示，龙峰民族村响应号召在村内建设了莪山畲族乡山哈文化馆和文化大礼堂，文化馆展示的是畲族的历史变迁和文化特色，也陈列了畲族人衣食住行的方方面面。退休后的雷敏炎为山哈文化馆及大礼堂的建设提供不少资料，这也得益于其多年开展的村内的考古勘察工作和畲族历史梳理工作。

雷敏炎还是畲语的传承人。目前村内年轻人的畲语水平相较老一辈略显薄弱，为了族内语言体系的传承，自 2012 年 9 月，莪山乡用一个多月的时间开展畲族方言建档工作，对 7 个行政村 4 个民族村 60 岁以上的畲民展开调查，确定畲语建档文本和纯正畲语发音人——雷敏炎，并录制声像档案，为畲语的保存、教育和传承奠定了基础。此外，畲族对歌、畲族武术等传统技艺的传承情况不容乐观，为此，雷老师和村民做出了诸多努力。

第二章　乡村治理成效

第一节　"生产、生活、生态"共赢

2019 年的中央一号文件明确指出："深入学习推广浙江'千村示范、万村整治'工程经验。"2003 年，浙江省作出实施"千村示范、万村整治"工程的重大决策，由此拉开了浙江省村庄整治、建设美丽乡村的序幕。在实际整治中，浙江以示范创建为引领，因地制宜地开展特色精品村、示范村创建活动，龙峰民族村就是精品工程之一。步入新时代，乡村振兴战略成为中国特色社会主义伟大事业在农村的着力点，为今后的农村发展提出"产业兴旺、生态宜居、乡风文明、治理有效、生活富裕"的总体要求，意味着乡村治理工作的推进必须加强乡村治理体系与治理能力现代化建设的稳步配合。不同于界限分明的城市空间，乡村具有生产、生活、生态的多重空间面向，经济发展、乡村治理、文明建设与乡村发展融为一体。新时代的乡村振兴战略集生产、生活、生态于一体，在充分发掘乡村沉睡资源、激发乡村活力要素之后，以农业体系为主的生产空间、以农民交往为主的生活空间、以生态环境为主的生态空间成为乡村振兴战略崛起的重要基地。

一、生产空间集约高效

中国传统社会一直以"小农经济"为主，自给自足的农业生产维系着乡土社会数千年的发展。改革开放之后部分农村虽呈现产业融合的趋势，但由于资金土地和人才等因素的限制，农村地区仍旧处于基础薄弱、发展滞后的困境中。实现乡村善治，与村内生产发展密不可分。集约高效的生产空间，将为乡村治理有序实施铺路奠基。

早期龙峰民族村可谓"一穷二白"，乡村发展全乡倒数，村民走出去后都觉

"面上无光"。以传统种植业和养殖业为主的生产活动已不再适应今日的乡村发展，事实上，自20世纪80年代以来，村内的年轻劳动力逐渐流失，靠种植业得来的微薄收入已不能满足村民的需求，在外务工、小本生意所得远比种庄稼来得多，龙峰民族村的生产空间似乎被闲置了，仅村中老人进行口粮的生产。如何利用龙峰民族村的土地资源，如何带领村民发家致富，成为村两委班子面临的难题。乡村发展是因为资源缺乏吗？如果从经济和技术视角切入来看，乡村发展的确缺少资金投入和技术支撑，可是乡村的土地资源、生态资源、特色文化资源因未能发挥作用而一直处于闲置状态，这些资源如若盘活，并结合现代工业技术要素和资本要素的"硬核"扶持，乡村发展将产生质的飞跃。龙峰民族村如何从当初的"一穷二白"转变为如今的"示范典型"，正是激发内生要素、唤醒沉睡资源的最佳例证。

龙峰民族村位于莪山畲族乡西南部，村以境内著名的龙峰山脉得名，四周群山环绕，村内清泉涓涓流过。龙峰村气候宜人，土地肥沃，适合农作物生长。在充分考虑闲置的土地资源后，龙峰民族村大力发展绿色生态农业，以生态农业引领观光休闲农业的发展。通过将乡村既有的农林牧渔等农业资源与生产空间相融拓展农业旅游景观，实现乡村农业产业价值链与乡村生产空间价值链的完美对接，在短短数年内，龙峰民族村一跃成为浙江省3A级景区村庄，由此打造新时代的"最美乡村"。目前，龙峰民族村农业产业特色明显，主要农产品有东魁杨梅、高节竹、毛竹、土鸡、紫番薯等，其中较有规模的"桐庐杨梅专业合作社"，现有杨梅基地600余亩。与此同时，龙峰民族村开启"四区"建设，即百亩荷花种植区、千亩杨梅采摘区、万亩葡萄观赏区、万斤红曲酒生产区，其中的红曲酒产业更是畲族自己的产业。因为其积淀着古老独特的畲族文化，以及独树一帜的酿造工艺和丰富的营养价值，成为畲乡莪山的一大特色，在杭州、上海等地具有较高的知名度。雷天星书记敏锐地洞察到了其中隐含的商机，他首先组织村中红曲酒生产人户组建了红曲酒合作社，一边保证并提高红曲酒的产品和质量，一边加大产品宣传力度。沉睡多年的地方产品作为特色资源被盘活了，并爆发出巨大的生命力。以此为突破口，又引入畲天农庄、畲洪禽业等旅游及农业龙头企业，搞起了观光农业采摘游，先后组织筹备举办了"龙峰民族村开酒节""龙峰民族村开笋节""龙峰民族村年货节"等旅游活动，并与旅行社开展合作，打造线上线下联动推广的尝鲜体验式营销，提升了畲族特色品牌形象，带动了红曲酒等特色旅游产品长期旺销。

生产空间的集约高效是以乡村闲置土地资源和空间为基础，以特色农业产业价值链为对接，以农业生产景观旅游业为延展的。充分实现乡村生产空间的振兴，既保证农业粮食的基本生产，又实现农村农民的资本增收。在龙峰民族村村委班子的带领下，在可持续发展的进程中，龙峰民族村获得空前发展，其乡村"善治"逐渐走向正轨。

二、生活空间宜居适度

乡村生活是村民参与村内日常活动的主体部分，村民个体的生活幸福感、满意度关乎乡村的发展速度和发展质量。在龙峰民族村取得现今成就之前，以下三个问题亟待解决：一是村内基础设施建设薄弱，水电路并未全面普及，这对于资源运输、经济贸易、人员流动不利，同时，村内基础教育供给不足，学生求学之路艰难；二是城乡发展格局的差异使得青壮年远离乡村，外出发展，"熟人社会"无主体，社区共建缺生机，村民对于乡村社区的归属感逐渐减弱；三是外来思想侵蚀本土文化，个人主义、功利主义盛行，乡土文化日渐凋敝，传统价值观、道德观受到极大冲击，人心不稳不坚。因此，要重振乡村，实现乡村善治，就要重塑乡村生活空间，打造舒适宜人化、服务现代化、思想多元化、社区共建化的公共空间，为实现乡村"田园牧歌、风景独好"的生活添砖加瓦。

龙峰民族村在其村治实践中，正是按照这样的路径重塑舒适宜居的生活空间。早先村内水源供应不足，时有停水的情况发生，每年六月断水更给百姓生活带来诸多不便。村两委决定修建大工程实现自来水管道全覆盖，并派专人负责自来水及污水管理问题，按时段供水，如若停水，则提前发布通知以免影响村民日常生活。目前，龙峰民族村为解决污水治理还专门修建地下污水处理一体化设施，修建停车场，不断完善村内基础设施。龙峰民族村在莪山乡的引导下不断推进"四边三化""三改一拆"等工程以及"美丽庭院"、垃圾分类等实事项目，加大基础设施建设，全面优化发展环境。

莪山乡先后投入6500余万元，对徐七线、潘戴线、桐钟线等乡村公路进行提升改造，实现村级"联网"公路网建设全覆盖。同时实施莪溪小流域综合整治、集镇污水处理厂及农村生活污水处理设施全覆盖等民生工程，不断改善畲村的生态生活环境。优先支持畲乡畲村完善农村困难群众住房救助、困难群众医疗救助、农村居民最低保障生活补助等民生保障体系，并构建了银龄互助、政府购买服务和志愿服务"三位一体"的农村居家养老服务体系。深入实施教育卫生质量双提升工程，茭山畲族乡实现村卫生站全覆盖，设立少数民族学生贫困助学和奖励基金，投入400万元对茭山民族小学和幼儿园进行民族特色提升改造。发展特色生态农业，构建休闲农业旅游产业链条，吸引大量年轻人回归村庄助力家乡发展。依托本乡特有文化，发展民族文化产业，重塑文明乡风家风，激发村民对乡村公共社区的归属感和认同感，将现代化融入乡村生活空间之中。

三、生态空间持续发力

生态空间能为生活空间和生产空间提供生态服务和生态防护的功能区域。早先农村生态空间面临着资源利用、生产排放、生活污染等多方面问题。农村人员外流导致土地资源闲置、不合理的产业排放污染村内水质、生活污水和旱厕污染严重影响农村生态环境。乡村生态空间的治理，重点在于生活方式和生产方式的低污染甚至无污染、资源环境的高效利用，并不断提高乡村农业的可持续发展能力。

农村是生态文明的主战场，要将优化农村生态环境作为绿色发展的重要突破口。自2003年起。浙江启动"千村示范、万村整治"工程，着力改善农村环境、提升农民生活质量。浙江省农村规划将农村作为一个大景区、大花园来谋划，让美丽乡村成为浙江的底色。经过实施地质灾害隐患综合治理"除险安居"工程后，2018年前浙江已基本完成农村危旧房治理改造；并提倡实施农村生活垃圾农户分类、回收利用、设施提升、制度建设、长效管理五大行动。全省农村生活垃圾集中收集和有效处理实现基本覆盖；推进农村"污水革命""垃圾革命""厕所革命"，深入推进全域性整乡整镇整治，坚持整治一片、改变一片、巩固一片。经过系列整改，龙峰民族村先后获得杭州市级园林绿化村、杭州市级生态村、浙江省民族团结进步小康村、浙江省卫生村等荣誉奖项。

龙峰民族村的善治之路，与生态空间的治理重构不可分割。生态环境的整治不仅改善了村民的生活环境和农业的生产环境，更为龙峰民族村的发展创造了全新的路径。乡村美丽经济立足于本地区位优势、生态条件和产业特色，强化需求导向，围绕乡村休闲旅游为重点，突出供给侧结构性改革，实现了从萌芽到发展，发展到提高的跃进。龙峰民族村的生态旅游涉及多个面向，以生态农业引领观光休闲农业，以民宿产业支撑观光生态旅游，以特色文化强化生态空间重塑。在这过程中，引导村民广泛参与、共同治理，打造生态宜居、高质量发展的美丽家园。龙峰民族村的"四区"建设，即百亩荷花种植区、千亩杨梅采摘区、万亩葡萄观赏区、万斤红曲酒生产区是休闲农业产业的突出代表，而"红曲酒"更成为龙峰民族村的标志，自 2016 年开始，每年都要举办"红曲酒开酒节"活动，吸引国内外众多游客前来参观。为了将观光休闲农业彻底融入生态旅游产业之中，在村两委班子的带领之下，龙峰民族村村民自发修整自家庭院，为建设民宿做充足准备。钟余泉委员指出："50 个床位就是要发动老百姓弄，没有补助款，我得先去排查，百姓家门口的卫生、家里的条件，是不是有室内卫生间？有没有房间？排查之后我就发动他们去做民宿。以后游客由村里统一安排，礼拜一到礼拜五安排人过来，礼拜六礼拜天自己安排。"为了给游客更好的体验，村内还设有住宿评价体系。"每一户人家如果安排了游客，首先要拿记录本请住在他家的游客评价，如果说对你家里的评价是不好的，我下次不会安排游客来了。这个人为什么你招待不好？你哪里可以改？我们畲族有好客精神，你好客不好客？第二如果你的环境差，卫生差，住宿条件可以整改，哪个地方不到位的，我跟客人开个会议，他家里是哪里不足，按照游客提供的整改方案把它整改好，待整改完善，再请游客来做客。"①

"三生"共赢，要求村委班子和村民共同参与到乡村发展之中，通过实现生产空间集约高效、生活空间宜居舒适和生态空间持续发力增强村民生活的幸福度和满意度，增强对于本村社区的认同感和归属感，并吸引人才回流，为实现乡村善治助力。

第二节 民族大融合

2004 年 11 月村级规模调整时，原双华村和尧山坞村合并一体，并更名为龙峰民族村，迄今为止是莪山畲族乡畲族人口最集中的一个村落，2018 年的统计数据显示，龙峰民族村拥有农户 472 户，常住人口 1497 人，其中畲族人口 550 人，占全村总人口的 37.5%，尧山坞自然村畲民有 520 人，占该自然村的 98%。因此原尧山坞自然村是莪山畲族乡畲族人口最多、畲族比例最高、畲族传统文化保存

---

① 钟余泉访谈记录。

最完整的一个村落。

由两个自然村合并而成的行政村，在地理区位上并未发生明显变化，畲族人民居住空间靠上，海拔相对较高，汉族人民居住空间靠下，海拔相对较低。早期畲汉两族人民的关系，不仅是界限分明的居住空间之分，更有互相排斥的内心隔阂。汉族人民不懂畲族文化尤其是畲族语言，畲族人民认为身处劣势而惧怕汉族人民，因此两族关系不佳，龙峰民族村的乡村治理基础不牢。谈及那些年的土地利用和农业种植，在问及关于畲族人是否会选择在靠下面的位置种田时，畲族人民往往会回答："下面的人（汉族）比较多，我们比较怕他们。"而汉族人民与畲族人民语言不通，作为少数民族的畲族有很多特色仪式和文化，这些往往是早期汉族人民无法理解的。事实上，畲汉两族人民并未产生过激烈的矛盾和冲突，仅有的争执还发生在初及弱冠的年轻人中间。两族人民互通不多阻碍了乡村治理的有序推行，两族能否融合成为实现乡村善治的关键。谈及畲汉两族人民的关系发展，雷敏炎说："搞集体时，队与队的观念还是比较强的。单干后，田地到户，水库、沟渠什么都是公用的。那个时候畲族与汉族的关系才拉近了，好起来了。"

乡村振兴战略如火如荼地开展，这为龙峰民族村的发展带来了契机。自1988年起，莪山畲族乡先后得到省、市政协，市统战部门，帮扶团体等40多个单位的扶持，1998年8月，县政府出台《关于进一步加强少数民族工作的若干意见》，提出10条关于加强少数民族工作的意见，其中确定财政每年继续安排少数民族专项补助资金，扶持莪山畲族乡地区发展生产，改善生活条件，解决少数民族特殊困难对象的补助；对莪山畲族乡实行财政税收优惠政策，乡财政超收和节支部分全部留乡，用于各项建设事业；加快莪山畲族乡基础设施建设，在建设项目和资金安排上予以倾斜。2010年，县政府出台《桐庐县人民政府关于加大力度支持莪山畲族乡经济社会发展的通知》，提出了两个方面共11条措施，明确了县财政从2010年起每年安排100万元专项资金，用于对莪山畲族乡基础设施、文化建设等项目的扶持和上级有关配套项目的扶持，并视财力状况逐年增加。2013年8月8日，杭州市委、市政府下发了《关于支持桐庐县莪山畲族乡加快发展创建"中国畲族第一乡"的实施意见》，进一步助推莪山加快发展。

财政补贴、专项资金的投入，不仅使得龙峰民族村的畲族人民获得发展，汉族人民在基础设施建设、乡风文明建设中也受益颇多。村中修建的文化礼堂、农会公园等公共设施由全村人民共享，借由畲族民族特色发展起来的农业生态旅游业和"四区"建设使全村人民的腰包逐渐鼓起来，2016年龙峰村村民人均收入已达到20545元，截至2018年年底，人均收入为27388元。龙峰民族村在村规民约中特别强调要"保护和继承畲族文化遗产，做好畲汉团结，共同发展致富"。龙峰民族村的民族融合与全乡规划密不可分，桐庐县一直以打造"中国畲族第一乡"为目标推进民族乡村发展，特别强调畲汉融合。积极实施"彩虹工程"，不断挖掘和传承畲族"山客"文化内涵，编制《畲乡红》等书籍读物和《走进畲乡》课本，在莪山民族小学开设畲语课堂，让儿童从小了解畲汉文化。以开展群众文化活动为载体，加强畲汉群众互动交流，每年组织畲汉群众共同参与"三月三"畲族文化节、畲歌大赛、百家宴、畲族传统体育运动会等活动，呈现出"畲汉同胞一家亲"的融合氛围。近年来，龙峰民族村在各级党委、政府和部门的大力关心和帮扶下，在广大干部群众的共同努力下，已呈现出"经济繁荣、百姓富裕、生态良好、环境优美、民族团结、社会安定"的和谐景象，还曾荣获浙江省民族团结进步小康村的荣誉称号。

族群交往的形式与程度不仅关乎两个民族融合发展，更关乎共同体的延续。在龙峰民族村，尽管畲族保留着民族特色与民族文化，但这并不妨碍两族人民的共同生活，日常生活的仪式实践逐渐将两族人民融为一体，"与尔为邻、何其幸哉"。畲汉两族之间的融合，在日常活动趋于一致的同时仍旧保留着少数民族的特色，而促进畲汉融合的另一举措，便是两族人民通婚。事实上，早期两族人民"各自为营"，语言不通、习俗迥异使得彼此互不往来，并且最早畲族实行族内婚，更有畲族《高皇歌》认为"蓝雷三姓好结亲"，"养女莫嫁合老去，合老百姓无情意"（"合老"是畲民对汉人的称呼）。而现今调研时，得知畲汉两族人民通婚较多。我国人类学家马戎教授认为，通婚是衡量民族关系最重要的变量。只有当两个族群在政治、文化、语言、风俗习惯等数个方面达到一致和谐并且存在广泛交往时，两族之间才可能出现规模化通婚现象。

目前畲汉两族人民在很多生活习惯上都趋于一致，从小学开始畲族孩子便接受普通话教育，能够流利地用普通话与汉族人民交流，除了学习普通话，畲族孩子还学习本地方言，传承民族文化。语言沟通无碍后，畲族人民也逐渐"走出去"，通过与汉族人民合作打通与外界的联系，畲族文化走出去，资本技术引进来。在民族融合形势大好的背景之下，龙峰民族村获得了飞速发展。正如雷敏炎所言："畲族与汉族的关系拉近了，好起来了。"这也是目前龙峰民族村的发展现状，融洽和谐的族群关系为生产消费以及集体发展提供契机，更重要的是，畲汉两族的族际关系对于思考目前我国各民族的融合发展问题提供新的方向和可能，各民族在融合交流之势中实现发展，多元与一元的矛盾焦点，在中国语境内得到解决，龙峰民族村的发展现状正是多民族融合的一个缩影，这值得其他地域学习和借鉴。

第三节　公共服务均等化

2005 年，党的十六届五中全会首次明确提出"公共服务均等化"，经过党的十七大、十七届三中全会、十八大、十八届三中全会等重要会议的强调和部署，基本公共服务均等化总体实现已成为到 2020 年全面建成小康社会战略目标的重要内容。乡村公共服务既是提升农村居民生活幸福度的重要途径，又是乡村治理体系不可或缺的重要部分，以公共服务凝聚力量，使人民的获得感、幸福感、安全感更加充实、更有保障。

2019 年 7 月，全国政协在北京召开"加强农村基本公共文化服务建设"专题协商会，会上提出要加强农村基本公共文化服务建设，这是实施乡村振兴战略和建设社会主义精神文明的重要内容，是社会主义制度优越性的集中体现。党的十八大以来我国农村基本公共文化服务建设取得突出成绩，但同时，公共文化服务建设也面临着资源不足、供求对接不精准、文化人才断层等问题。建设农村基本公共文化服务，要尊重农民主体地位，文化设施建设与管理运营要依靠农民，要维护农民的参与权和自主权；要加强对乡村文化的引导，发展先进文化，改造落后文化，抵制有害文化，提供更多体现乡村特点、保留乡土味道、紧贴群众生活的文化产品和活动；要坚持加强投入与创新机制并重，健全政府购买公共服务机制，鼓励社会力量参与农村文化建设；要压实党委政府责任，加强统筹协调，发挥基层党组织战斗堡垒的作用，加强乡村文化干部和乡土文化人才建设。

桐庐县龙峰民族村的文化大礼堂作为龙峰民族村基本公共文化服务的建设重点，近些年来为乡村发展做出巨大的贡献。龙峰村双华文化礼堂，建于 1978 年大集体记工分年代，原名下珠礼堂，于 2013 年修复后重新投入使用，总投入资金 250 万元，礼堂建筑面积约 900 平方米，设置了"两堂五廊"、农家书屋、电子阅览室、春泥计划活动室。为进一步传承和发扬省级非遗红曲酒酿制技术，2016 年在龙峰村尧山坞新建 1100 平方米的红曲酒文化展陈馆，主要用于非物质文化遗产红曲酒酿制技术的展示。龙峰民族村的文化大礼堂，不仅是物品陈列和文化活动的展示地，更是承担着传承文化、传播文明、凝聚人心的使命。每年农历十月，龙峰民族村红曲酒展示馆人头攒动。该馆不仅陈列着莪山先祖酿酒所用工具、制作技艺，更展示了莪山畲族乡的民族风情，少数民族的文化、文明都被一一传承下来，凝聚着先祖智慧的民族用品在时光的打磨下日益闪亮。红曲酒是畲民的传统产品，制作工艺已有 500 多年，畲民善饮，自古就有秋冬酿制红曲酒的习俗，该乡的红曲酒是浙江省级非物质文化遗产，在桐庐及杭州地区都有一定的知名度，如何将这独特的"红宝石"打出品牌，成为莪山畲族乡急需解决的问题。之后，互联网及物流行业的崛起为红曲酒的对外输出提供便利，莪山畲族乡通过与各大电商平台及都市快报等媒体合作，通过平台及新媒体对"山哈老家客"红曲酒进行宣传，使其品牌形象得到提升。同时，采取私人定制的模式，一对一将源头货源提供给客户。通过网上预售，发挥互联网宣传辐射面广、信息传递快、公众参与便捷等优势，实"订单农业"，解决了村民的后顾之忧。

通过在乡村文化礼堂举行"红曲酒开酒节"活动，游客们不仅能尝到正宗地道的红曲酒，更能尝到美味的山哈百桌宴、赏畲族特色迎宾礼、游透迤龙峰山，在游览过程中加深了对红曲酒的印象，还能为当地产业发展带来生机。莪山畲族乡龙峰民族村通过将红曲酒非遗文化与产业相结合的方式，借助乡村基本公共文化服务设施，发展酒文化产业，将非遗项目产品化、产业化，以市场价值提升非遗的传承能力，同时也带动了周边百姓的增收致富。而文化礼堂充分挖掘了本土特色文化、旅游资源，开展各类民俗文化活动，引导村民共同参与，使村民成为文化旅游活动的参与者和获益人，增强了村集体荣誉感，使文化礼堂真正成为对村民有吸引力、向心力、辐射力、影响力、归属感的精神家园。

除文化大礼堂外，龙峰民族村还专门成立"居家养老服务照料中心"，通过与文化礼堂的无缝对接提高了村内的养老质量。"居家养老服务照料中心"于 2016 年正式开业，中心设有老年食堂、照料室、图书室、电教室、棋牌室、乒乓室等一系列功能室。其落实成立宗旨：老有所养、老有所乐、老有所为，通过聚集社会各界力量，努力为村里老年人提高晚年生活幸福指数。"居家养老服务照料中心"的老年食堂专为老年人提供方便、快捷且优质的服务，其中，90 周岁及以上的老人享受免费用餐，80—89 周岁的老人每餐仅 3 元，70—79 岁的老人每餐仅 4

元，60—69 岁的老人每餐仅 5 元，价格虽低，饭菜质量却是上乘。老年食堂还设有专门的饮食介绍，引导老年人健康饮食、平衡搭配。

龙峰民族村的文化大礼堂，实现了公共文化服务的"精准供给"，改变原来的内容单一、利用率不高、形式主义等问题，充分利用文化大礼堂，将经济发展与文化传承聚到一处。"居家养老服务照料中心"与文化礼堂相互补充，解决村庄养老问题。借助文化礼堂的平台，发展农村社区文化，深入开展社区文化活动，树立良好家风，弘扬公序良俗，创新和发展乡贤文化，形成健康向上、开放包容、创新进取的社会风尚。"心往一处想，劲往一处使"，全村人民的日子越来越红火。

第三章　乡村治理之道

　　"基层治、天下安"，以农村基层群众自治制度为核心内容的中国乡村治理改革实践是中国特色社会主义民主政治的伟大创举，为农村发展进步提供了全面保障。改革开放后，农村基层治理经历了自我探索、制度化建设、组织化建设主体能力建设以及国家整合时期。① 改革开放 40 多年来，中国乡村治理体系在渐进稳定的改革路线中得到完善，国家宏观体制的引导与农民主体地位的并行，为推行乡村振兴战略奠定基础。乡村振兴战略绝不是一村之兴、一域之兴，而应当是万千村庄齐头并进，让农民过上好日子，实现城乡协同发展。龙峰民族村的飞跃发展正是乡村振兴的一个缩影，其独具风格的民族特色更为乡村治理体系的扩展丰富了经验，为其他具有同质性的村庄治理提供借鉴。

第一节　重建村社共同体，民族关系大融合

　　德国社会学家腾尼斯以"共同体"和"社会"这两个范畴解析社会历史发展的类型模式。"共同体"建立在自然联系的基础上，建立在亘古流传的思想观念与意识形态中，血缘、地缘、宗教等共同体以有机结合的方式联系为一个整体。"共同体"体系中的成员拥有共同记忆，受文化惯习和日常实践的制约，其行为模式、价值观念具有极高的同质性。现代语境中的农村发展难题，不单单是经济建设的问题，更是人心背离、村不成村的问题。城乡二元结构的鸿沟使得农村发展面临更多困境，面对城市地区的更高质量的生活水平、更完善的基础设施、更多向上

① 马池春，马华. 中国乡村治理四十年变迁与经验 [J]. 理论与改革，2018（6）：21-29.

流动的机会，农村地区的年轻人很难不为所动，人口流失、人口迁徙、农村空心化、人际关系原子化成为乡村振兴首要解决的问题。龙峰民族村不仅要处理劳动力外移情况，还要面对合并后村内畲汉两族在生活观念上存在偏差的内部融合问题。因此，重建村社共同体，加快促进畲汉两族融合，成为龙峰民族村打造"最美乡村"的第一步。

如何重建，如何融合？这也成为龙峰民族村村庄治理的思考重点。畲汉两族毗邻而居，一处地，上下分而住之。居住于山上的畲民面对更为艰苦的条件，土地资源虽广阔，却因地势无法大规模种植庄稼，只能种些地瓜当口粮。在文化观念、仪式习俗的差异下，隔离、排斥、惧怕成为两个族群之间的印记。合并后的龙峰民族村在行政边界内成为一个"共同体"，土地资源、居住空间不再严格划分，此时龙峰民族村发展的关键是增进两族人民的集体认同和集体意识，这需建立在村民相互之间默认一致、一系列村规民约和共同思想价值理念之上。国家政策为增进集体认同提供基础，进入 21 世纪，国家大力发展农村经济、实现城乡稳步发展，相应的补贴政策、扶持政策激发了龙峰民族村的活力。村内基础设施建设得到完善、不断普及医疗卫生知识，两族人民的语言交流问题解决后，在基层党组织的带领下，迈向致富的康庄大道。2016 年，龙峰民族村举办首届"开酒节"，不仅让来客体验畲族风土人情，更为村内经济发展拓展了资源。仅 2016 年的红曲酒销量就突破 5 万斤，参与生产的不仅是畲族人民，整个龙峰民族村村民都贡献了自己的一份力。村民过上了好日子，对于龙峰民族村更加认同，两族人民融合，为整体经济发展持续发力。

"共同体"不仅体现在集体意识和集体认同层面，还体现在生活共同体、生产共同体和生态共同体层面上。空间共享、生产衔接、生活互助、生态共建，最终实现共同发展，正是龙峰民族村的典型特征。在改革开放新时代的浙江乡村，村社共同体建设吸取了人民公社时期社会主义新农村建设的经验教训，又没有任由资本和市场化力量的摆布而听任乡村社会走向原子化的解体，而是在政府引领、村民自觉和传统复兴三股力量的良性互动下走向了村社共同体重建的希望之路。① 乡村振兴充分考量村内实情和各种特质，通过尊重原有生活习惯和仪式实践实现深层次发展，村规民约的制定充分建立在本村的实际情况之上，从历史维度、传统因素、区域建设等多个层面进行农村"共同体"的建设。龙峰民族村的乡村治

---

① 陈野，等. 乡村发展：浙江的探索与实践 [M]. 北京：中国社会科学出版社，2018.

理实践，不仅成为族群混居村庄进行建设的典型，也为中国广大农村发展提供新思路。

第二节　沉睡资源再唤醒，乡村治理展新颜

脱贫攻坚，乡村利用内生资源带领村民实现发展，这是最现实也是最根本的法子。中国多数贫困地区，大都面临思想散、资源散和资金散的现实问题，上级部门和社会的直接补助可视作"输血"行为，往往只能解燃眉之急，无法解决最根本的问题。发展的主体在于人，乡村发展的根本在于村民的主体性。盘活资源，人人有事做，生活有盼头，乡村治理将更高效。龙峰民族村可谓十年一个大变化，实现了"弯道超车"，村民的生活令人艳羡，村庄先后获评"浙江省五星级文化礼堂""杭州市农村文化礼堂""十佳乡村振兴文化贡献项目"，成功创建完成"浙江省 3A 级景区村庄"，2019 年龙峰民族村成功被评为"浙江省十佳特色村寨"。

从"雷公红曲酒合作社"到"山哈风情建设"，再到"一心两轴四区"，龙峰民族村盘活老资源，充分利用现有生态优势，以畲族鲜明的民俗特色为核心，打造融文化体验、乡村度假、田园休闲、健康运动四大功能于一体的原生态畲族风情休闲旅游名村，通过聚人气、引项目、促发展，提升地方造血功能。村委班子紧抓莪山畲族乡创建"中国畲族第一乡"的机遇，深挖民族特色文化潜力，大力推广以红曲酒、畲族民歌、人文习俗为代表的畲族文化遗产。为了借鉴外地经验，村里的干部和群众代表赴温州、福建、景宁、广东、广西等地参观，以此进一步统一村干部思想，开阔村民眼界。

在传统文化与现代文明之间游走的龙峰民族村，既有历史悠久的民族记忆，又有紧随潮流的工业模式，从贫困到致富，龙峰民族村展现了改革开放之后，乡村如何在国家宏观政策的引领下，有效实现自治。成功的过程往往曲折，乡村治理的主体、乡村治理的资源都需运用起来，在充分保障村民自治权的基础上，实现稳步发展。

第三节　巧借各方东风力，乡村发展大迈进

龙峰民族村走向致富发展之路，既有基层自治组织的带领和主体村民的积极

奋斗，更有各方力量的鼎力支撑。从国家层面而言，乡村振兴战略、脱贫攻坚工作一直在路上，并号召城市资源也要适当下沉到乡村基层治理体系中；从社会层面而言，社会各方扶持、媒介资源引入，对于推广龙峰民族村以及发展乡村旅游业有着重要的作用；从个体层面而言，基层治理方式与时俱进，将村民团结为一体，劲往一处使，既能实现小家富裕，更能实现大家发展。

国家各项政策为乡村振兴提供制度保障。从出台《中共中央 国务院关于保持土地承包关系稳定并长久不变的意见》到《全面实施乡村振兴战略高水平推进农业农村现代化行动计划》，再到浙江省"千村示范、万村整治""美丽乡村建设"、《浙江省乡村振兴战略规划》，各方参与格局基本形成、顶层设计基本完成、动员部署层层推进。龙峰民族村抓牢了每一个发展的契机，完成了农村生活垃圾治理、污水革命、厕所革命，医疗、教育资源的改善，农村文化礼堂兴建，乡村发展呈现全新态势。同时，龙峰民族村紧抓莪山畲族乡创建"中国畲族第一乡"的机遇，围绕"畲"文化这个品牌，重拾畲族红曲酒酿制技术、畲族彩带编制、畲歌、畲族传统运动会等传统文化。

龙峰民族村还借乡贤、社会组织的力量，助推乡村建设。浙江全省纳入备案管理的社区社会组织逾10万个，涉及社区服务、卫生、教育、救助、帮扶、养老、助残、维权、文体各个领域。到2020年底，平均每个农村社区社会组织数量超过5个，这些社会组织将起到承接政府职能和政府购买服务、全面提升农村居民公共服务水平的作用。乡村社会团体与公益组织的蓬勃发展得到了党和政府的大力支持。2015年浙江出台《关于加快推进现代社会组织建设的意见》，"全省社会组织'成体系、成建制、成规模'培育发展，社会组织、社区建设、社会工作'三社联动'，有序参与社会治理"成为浙江现代社会组织的顶层设计理念。

龙峰民族村的发展，依托乡村基本公共文化服务设施——文化大礼堂，借助媒体进宣传，提高知名度和美誉度。如成功承办了"畲乡卅年·山哈而立"系列活动——第二届红曲酒开酒节；连续多年举办莪山畲族"三月三"文化节活动；举办畲族长桌宴。这些极具民族特色的活动被新华社、人民网、浙江在线等媒体广泛宣传；新华社"中国之窗"海外媒体记者到龙峰民族村拍摄美丽乡村专题片，向海外媒体展示了龙峰民族村的风采；中央电视台来龙峰村拍摄"畲族婚庆和迎宾舞""红曲酒酿造"，进一步打响"酒香龙峰"品牌。同时，龙峰村还积极参加省市县各类文化演出，引导村民共同参与，使村民成为文化旅游活动的参与者和获益人，涌现出了以雷依香老人为代表的畲歌传承人、金牌推介人等。多方力量为龙峰民族村发展与治理建言献策，为龙峰民族村的发展献一分热、发一分光，造就了如今的繁荣气象。

文

化

篇

传承与再造

作为杭州地区唯一的民族自治乡，莪山畲族自治乡犹如一顶别具一格的璀璨凤冠，而龙峰民族村则是这顶璀璨凤冠上耀眼的珠宝。在靠近省会中心的桐庐，莪山的畲族同胞能够在汉族聚居环绕的地方保持自己的民族特色，最关键的是靠自身独特的文化习俗。畲族在传统上是一个山地游耕民族，"畲"字名字的由来就是烧山造田、刀耕火种，地力即薄再迁移他处。这种山地游耕的生产方式曾经是畲族区别于以定居耕读为传统的汉族之处，所以畲民长期以来称自己为山哈，即山里的客人。新中国成立以来，由于实行土改，畲族人民平等地分配到了原来由汉族地主所占据的谷地良田，游耕的生产方式基本被放弃。改革开放以后，工商业生产迅速发展，现代化的步伐加快，广大畲民也进入城市务工或经商，传统的山地农耕和狩猎在生产中的地位大大降低。因此，畲族民族身份的保有已经不能主要通过独特的生产方式与习俗，更需要挖掘自身文化的传统与特色。同时，畲族独特的文化在当今的乡村旅游中也成为一道亮丽的风景线，为畲族乡村发展旅游、民宿等有文化含量的第三产业提供了丰富的资源。在当下的乡村振兴热潮中，一、二、三产业的融合发展为畲族乡村发掘、弘扬自身的文化习俗提供了良好的机遇。莪山乡和龙峰村抓住这个发展机遇，使畲族文化的整理保存与开发弘扬方面呈现出方兴未艾的势头。

第一章 盘瓠如在——畲族文化习俗及其整理保存

畲族迁入桐庐莪山乡历史并不长，主要在清末的太平天国运动之后，距今只有一百多年的时间。龙峰村白栎湾钟圣恩一支约于道光三十年（1850）从青田县八都萧山迁入该村。新丰村冷水坑钟世广一支于咸丰三年（1853）从青田县八都萧山迁来莪山，初居龙峰村白栎湾，后定居新丰村冷水坑。由此可见，畲族最早迁入莪山尚在太平天国运动之前。但比较大规模地迁入是在太平天国运动之后。太平天国运动后，莪山人口骤减，甚至有像新丰村戴家山戴姓绝后者，莪山地广人稀，村落难闻鸡鸣狗吠，许多耕地成无主荒地。太平天国运动结束后，大批客姓迁入，许多畲胞也在此时陆续来莪山定居，龙峰村尧山坞的钟姓、雷姓、蓝姓、李姓四族主要在太平天国运动之后迁入，双华村的汉族居民也主要是太平天国运动之后由温州等地迁入，原住民中只保留了几户徐姓人家[①]。尧山坞钟氏于同治七年（1868）从青田县五源迁来；李氏也于同治八年（1869）从青田县八都城山初迁新丰戴家山，翌年定居莪山山阴坞，这两支畲胞是太平天国后比较早迁来莪山的。从最早的零零星星几户人家迁入，到如今，莪山民族乡境内一共有畲民2300多人[②]，其中畲族的钟姓和雷姓分别是莪山乡人口的第一和第二大姓，龙峰村一共有畲族人口499人[③]，占全村人口35%，有钟、雷、蓝、李四大姓。

畲族是一个历史悠久的民族，族名由刀耕火种的生产习俗而来。畲族古称"輋（she 音畲）人"，据《说文》注释"輋，巢居地"。

---

① 据徐氏族谱记载，下珠徐氏于元至正（1341—1368）间从上虞县下管迁来，是龙峰村较早的原住民。
② 2015 年数据。
③ 2014 年数据。

反映的是一种荒山野岭的棚居生活。"輋"与"畲"同音，《周易·无妄卦》中有"不耕获，不菑畲"，"畲"的含义是将荒芜的土地开垦成可以种植的畲田。"畲"的另一含义是火种，反映的是一种粗放的农耕生活。综"輋""畲"两字含义，可以看出畲族原始先民在荒山野岭棚居，进行一种原始的农业耕作；也可以看出畲族人民勤劳勇敢，不畏艰险的民族本色。畲族自称"山哈"，即"山里客人"的意思，从"山哈"这个名称也可以看出畲族是一个迁徙比较频繁的民族。据有关学者研究，畲族的迁徙可以通过"推拉理论"来解释。"拉力是迁入地的社会经济自然条件优越于迁出地所形成的吸引力，而推力则是由于迁出地的社会经济自然条件落后所形成的排斥力，人口迁移过程往往是推力和拉力的共同作用。"[①] 按照畲族史诗《高皇歌》的传说，畲族人原来居住在广东潮州的凤凰山一带，后来由于各种原因大量迁入福建、江西，明清时期有不少分支迁入浙江的温州、丽水山区，龙峰村的畲族主要由当时的温州青田县迁入。迁入的原因，一方面是温州畲族人口繁衍和地力下降导致的推力作用，一方面是桐庐一带太平天国后人口大量衰减、有大量可开垦的荒地形成的拉力作用。在这个推拉作用下，桐庐县的莪山一带在清末民初成为畲族新的聚居点。

　　畲族在迁徙频繁这一点上有一点接近于欧洲的犹太民族，虽然不断迁徙，杂居于当地主流民族中，但是比较顽强地保持了本民族的民族特点。作为不断迁徙的游耕民族，畲族如何在迁徙流动中保持自己的民族性，这里面除了延续刀耕火种的生产方式之外，非常关键的因素是畲族在迁徙中始终保持了自己的一些基本习俗，特别是与祖宗祭拜相关的习俗。在莪山民族乡和龙峰村尧山坞的畲族同胞中，我们也看到了他们对自己民族传统习俗的顽强保持。

---

① 施强，谭振华．族群迁徙与文化传承：浙江畲族迁徙文化研究 [M]．北京：民族出版社，2014：106.

第一节　盘瓠传说与凤凰崇拜

由于山区居住条件艰苦，以及刀耕火种这种生产力较低的生产方式，畲民处于经常性的迁徙过程中，这也是"山哈"这个名称的由来。迁徙中的畲民之所以能长期保持自己的民族身份，很关键的一个因素就是祖先情结。有学者指出："祖先崇拜是畲族民间宗教信仰的核心，是畲族历经千年迁徙而仍为一个民族的关键。"① 畲族的祖先记忆有远祖记忆，也有近祖记忆，近祖记忆往往以一个族姓与族姓中的某一房为单位，以族谱、宗祠为表现形式，受汉族宗族文化影响较大，远祖记忆则主要是对畲族盘、蓝、雷、钟四大姓共同祖先盘瓠的崇奉。对盘瓠的纪念和崇拜起着凝聚畲族各姓、各寨的族群标识意义，对畲族尤为重要。

盘瓠的传说是畲族对自己祖先来历的追忆，为畲族与广东、湖南等地的瑶族所共有。根据畲民的世代相传，上古高辛氏帝喾时，有番邦寇边，中原危急，帝喾张榜招贤，畲族始祖龙麒（又名盘瓠）请缨，率军退敌，卫国有功，帝喾赐配三公主，招为驸马，并封忠勇王，食邑广东潮州。龙麒与三公主育有三子一女。长子因托于盘请赐姓，帝乃赐姓"盘"，名字能，封南阳郡立国侯；次子因穿蓝衫请赐姓，帝乃赐姓"蓝"，名光辉，封汝南郡护国侯；三子请赐姓时，适逢响雷，帝就赐姓雷，名巨佑，封冯翊郡武骑侯；女名淑玉，招婿钟姓，封颖川郡国勇侯。畲族始祖龙麒居广东潮州凤凰山，后龙麒因狩猎殉身，墓葬凤凰山。

浙江畲族在古代社会是自南向北逐渐迁徙的，至今过北纬30度就很少有畲民了。浙江畲族最早的一支是唐永泰二年（766）始迁祖雷进裕从福建罗源县十八都苏杭境内迁至浙江处州府青田县鹤溪村大赤寺（现丽水市景宁畲族自治县大赤洋村），继迁叶山头村。至新中国成立初，江南畲民广布广东、福建、江西、浙江诸省，人口数十万。浙江的畲民普遍认为自己是上古帝喾高辛氏之后，并源于河南。流传在浙江畲族中的《高皇歌》记载了自己民族的来源和迁徙历史。

桐庐县莪山民族乡编修的乡志节录了《高皇歌》，乡中心广场则立了一块碑全文录入，从歌中可以看到畲民对远祖的怀念以及民族迁徙的历史。在这一叙述民族来历的史诗中，我们可以看到畲族传统文化的几个关键因素。

其一，其盘古开天辟地与三皇五帝的传说同于汉族，史诗把畲族的祖先盘瓠描画成为高辛帝平定番王叛乱而迎娶三公主的"忠勇王"，表明了对华夏中原王朝

---

① 施强，谭振华. 族群迁徙与文化传承：浙江畲族迁徙文化研究 [M]. 北京：民族出版社，2014：117.

权威的认同。"忠勇王"的"忠"就表明对中央王朝的认同与效忠，"勇"则表明畲族勇敢尚武的独特民族性格。这反映了畲族在对自身民族传统的保持与认同和融合于华夏主流文化二者之间既有张力，也有并行不悖的一面。

其二，龙麒平定番乱立功娶得三公主后被封在广东潮州的凤凰山，放弃官位而选择过上艰苦但自由的山林耕猎生活。"龙麒自愿官唔爱，京城唔掌广东来。自愿唔爱好田地，山场林上自来开。龙麒自愿去作山，去依皇帝分江山。自耕林土无粮纳，做得何食是清闲。"这几行诗折射了畲民长期居于深山，不纳粮、不服役，游离于中央政权编户齐民管制之外的自在状态。《高皇歌》中的盘瓠崇拜中其实包含了一种畲族人民桃花源式自由生活的理想。但享受这种自在状态的代价是进入不了政权的权力系统，因此自己的生存权益往往难以得到保护，也就是歌中所唱的"朝中无亲难讲话，处处阜老欺侮你"。

其三，这篇诗歌还反映了旧社会畲族与汉族大族之间的矛盾，其中非常重要的一点就是告诫不要与汉族（阜老）通婚，实行民族内婚制。畲族传统上大多寄居深山，过着刀耕火种的游耕生活，这在一定程度上是受到汉族大家族挤压的结果，诗里唱道"广东掌了几多年，尽作山场无分田。山高土瘦难做食，走落别处去作田"，道出了游耕迁徙是因为"山高土瘦难做食"的无奈。"吩咐盘蓝四姓亲，女大莫去嫁阜老"的民族内婚制体现了畲民拒绝与汉族同化的心理，也是畲民在古代被周边汉族视为异类的重要原因。不过，这种拒与汉族通婚的封闭习俗执行得并不严格，在明清时代一些相对开放的畲族地区就已经打破了内婚制。

以上三点是传统畲民保持自身民族身份的重要因素。除此之外，《高皇歌》还反映了畲民生活习俗中的一些重要特点，如耕猎并重的古老生产方式。"凤凰山上鸟兽多，若好食肉自去罗。手擎弓箭上山射，老虎山猪麂鹿何。凤凰山上是清闲，日日擎弩去上山。乃因岩中捉羊崽，龙麒斗死在岩前。"这段歌叙述了畲族祖先的狩猎生活，传说中的畲族祖先龙麒就是在狩猎中受伤而死的。可以想见，狩猎在早期的畲民生活中占有的分量很重。畲族学者蓝炯熹指出"在封建时代，畲民的传统农业中往往是耕猎并举"，曾有诗歌描写畲民围猎野兽的壮观情景——"夜半风腥呼野菜，强弓毒矢竞相邀"，畲民将行猎的对象直呼为"野菜"，体现了一种对自己猎术的自信，在猎物的分配上"按家族惯例，击中第一铳者多分，补铳者也可得较多的部分，其余兽肉由出猎者、围观者均分。有时连猎犬和家族中丧失行猎能力的老者也可得一份。要是所获猎物较小，如野兔、雉鸡等，则推举一人烹煮，各家各户提来酒壶，一同聚食，俗称'散野神'"①。可见，畲民的围猎与获得猎物后的聚餐有聚族团结的功能。

有学者认为，畲族的祖先图腾"盘瓠"本来是与狩猎相关的神犬，后来才转化为"龙麒"的形象，犬崇拜在山地狩猎民族中是十分常见的现象，而龙麒作为行云布雨的"龙"的形象，则是农耕民族的崇拜对象，"畲族盘瓠崇拜逐渐由犬向龙麒的转变，实际上正是畲族的生产方式由耕猎型向农耕型转变的反映"。②有意思的是，盘瓠的封号"忠勇"既是武将的品质，也是打猎的时候好的猎犬的品质。我们在龙峰村调研的时候，发现几乎家家户户都养狗，而且狗与主人非常亲密，这也许部分是早先狩猎生活的某种遗留。

在畲民的远祖记忆中，除了始祖盘瓠的传说外，还有对迁徙的起点祖居地凤凰山的怀念。"凤凰山"是始祖盘瓠之外凝聚畲族人族群意识的另一个重要符号，并从中衍生出了畲族人重要的凤凰崇拜。畲族人民过着游耕迁徙的生活，在一个地方生活往往长则十几年，短则两三年，但是有一个地方他们始终不会忘记，那就是广东潮州的凤凰山。《高皇歌》里也唱道凤凰山是盘瓠的始居之地，也是畲族的祖坟所在地。哪怕"行至千里，已过千年"，畲族人民仍旧牢牢记住凤凰山盘瓠祖训，以不能回归凤凰山为憾事。③"凤凰"的符号深入地渗透在了畲民生活中的各个方面，最显著的就是传统畲族妇女所带的凤冠。"传统上，畲族妇女结婚之日必戴凤冠，去世时则戴着凤冠入土。"④在龙峰村，我们看到畲民的墓上面都会刻着凤凰的图案。畲族的民歌中也经常会唱到凤凰。凤凰的形象可以说伴随着畲民从生到死的整个人生历程。

凤凰崇拜不是畲族独有的，《诗经》中就有对凤凰的诗意讴歌，"凤凰鸣矣，于彼高冈。梧桐生矣，于彼朝阳。菶菶萋萋，雝雝喈喈"，抒写了一种高华和美的太平景象。"非梧桐不栖、非竹米不食、非醴泉不饮"的凤凰是高蹈、清洁、文明的自由精神的象征。畲民对凤凰的执着眷恋体现了畲族人爱自由、爱美的情怀。如果说，以神犬形象为标志的盘瓠崇拜和畲族武术体现的是畲族人忠勇的精神品格，那么凤凰崇拜则体现了畲族人爱美爱自由的浪漫精神，这在多姿多彩的畲歌中体现得最充分。

① 蓝炯熹.畲民家族文化 [M].福州：福建人民出版社，2002：265.
② 钟伯清.中国畲族 [M] 银川：宁夏人民出版社，2012：157.
③ 施强，谭振华.族群迁徙与文化传承：浙江畲族迁徙文化研究 [M].北京：民族出版社，2014：105.
④ 钟伯清.中国畲族 [M].银川：宁夏人民出版社，2012：49.

第二节　多姿多彩的畲歌与谚语

畲族是一个有自己的语言但没有独立文字的民族，在文字层面畲族通用汉文，因此从这个方面来看畲族自身的民族特点并不显著，畲族文化中独特的内涵更多地体现在口耳相传的口传文化层面，包括畲族谚语、畲歌等，畲歌尤其发达，是多姿多彩的畲族文化的宝库。畲民认为"歌是山哈好文章""歌是山哈传家宝"[①]，甚至"无三条歌勿算山客人"，"福佬山客分得清，唱起畲歌就分明"，会不会唱畲歌，成为山哈与"福佬"（汉族）的区分标志。畲族在日常生活中常常"以歌代言"，畲歌融入畲民生产生活的各种场合。畲族民歌可分为"歌"和"诗"两类，歌主要用于群众性盘唱，如拦路、迎客等，强调旋律，重于修饰；诗则用于指定性的演唱，如婚礼中的闹洞房、行酒令等，演唱接近口语，节拍、句式、曲式自由。[②] 我们上面看到的《高皇歌》接近于诗，带有人神对话的成分。聚族而居的畲族曾经有各种"比肚才"的盘诗会，看谁更能对歌，有"肚里歌饱人相敬，肚里无歌出门难"[③] 的说法。

畲歌从题材上可分为历史传说歌、婚丧礼俗歌、人情世故歌、劳动歌、节气歌等。《莪山畲族乡乡志》中记载了当地曾经流传的一些畲歌，前面我们介绍的《高皇歌》就属于历史传说歌。在历史传说歌之外，婚恋歌是比较多的。龙峰村的文化员雷敏炎老师告诉我们，《莪山畲族乡乡志》里部分畲歌的资料是由他提供的，如《采郎歌》。我们抄录其中的几首：

婚恋歌

对对歌

唱就唱：唱对金鸡对凤凰

唱对麒麟对狮子　　唱一表妹对贤郎

唱你哩，唱你哩　　唱对金鸡对凤丝

唱对麒麟对狮子　　唱你表妹对先生

---

① 钟伯清．中国畲族 [M]．银川：宁夏人民出版社，2012：207．
② 钟伯清．中国畲族 [M]．银川：宁夏人民出版社，2012：102．
③ 钟伯清．中国畲族 [M]．银川：宁夏人民出版社，2012：76．

唱你听，唱你听　唱对金鸡对凤山
唱对麒麟对狮子　唱你表妹对贤郎

桌上桌盏对桌凳　桌上银盏对银瓶
桌上银盏对银筷　生好表妹对学生

桌上桌盏对桌盘　桌上银盏对银盘
桌上银盏对银筷　生好表妹对状元

桌上桌盏对桌基　桌上银盏对银皮
桌上银盏对银筷　生好表妹对先生

唱就唱
（一）
唱歌也要唱大声　给两边人也好听
给两边人也好学　学去说我是个歌先生
（二）
渣渣鸟，噢上天不怕你歌古几万千
我南京唱到北京　回自己桐庐唱三年
（三）
你那歌古我不怕　我是个高山大乌鸦
我是个高山大叶鸟　啄你有头就没渣
（四）
安大牛牯不犁山　安大毛竹不到天
漂亮少郎也会老　不响漂亮一百年
（五）
安大牛牯不犁坝　安大毛竹不到头
漂亮表妹也会老　不响漂亮一百岁
（六）
唱就唱　唱对金鸡对凤凰

唱对麒麟对狮子　　唱个表妹对贤郎

黄蜂歌

黄蜂来寮么入门当　　四围荡圈好花香
黄蜂采花么在心内　　唔怕娘寮九重高

黄蜂来寮么入大厅　　四围荡圈好花青
黄蜂采花么在心内　　唔怕娘寮九重山

黄蜂来寮么入门头　　四围荡圈好花苗
黄蜂采花么在心内　　唔怕娘寮九重楼

汗巾歌

汗巾掉落郎捡上　　捡到汗巾拿还娘
捡到汗巾还娘后　　叫个媒人就送上

汗巾掉落郎捡过　　捡到汗巾拿还过
捡到汗巾还娘后　　叫个媒人就送过

汗巾掉落郎捡基　　捡到汗巾拿还基
捡到汗巾还娘后　　叫个媒人就送哩

叫个媒人就送上　　少郎回转就做床
师傅坐床七尺五　　唔长唔短娘中行

叫个媒人就送过　　少郎回转做床铺
师傅坐床七尺五　　唔长唔短娘中宿

叫个媒人就送基　　少郎回转做床哩
师傅坐床七尺五　　唔长唔短娘中哩

日子选到十月头　　日子选到娘那头
叔伯娘舅来喝酒　　看你吃酒看你哭

日子选到十月时　　日子选到娘那时
叔伯娘舅来喝酒　　看你吃酒看你先

日子选到十月时　　日子选到娘那时
叔伯娘舅来喝酒　　看你吃酒看你哩

一双唢呐嗒嘀嗒　　落娘娘洞去罗唢
落娘娘洞来罗姐　　少郎罗转管人家

一双唢呐嗒嘀吹　　落娘娘洞去罗妹
落娘娘洞来罗姐　　少郎罗转结夫妻

一双唢呐嗒迪迪　　落娘娘洞去罗亲
落娘娘洞来罗姐　　少郎罗转结头对

物产歌

茶歌

茶米种在龙虎山　　三月抽出叶蓝蓝
人人都说酒礼大　　总是茶礼得前行

茶米种在龙虎背　　三月抽出叶盖盖
人人都说酒礼大　　总是茶礼得前来

茶米种在龙虎基　　三月抽出叶细细
人人都说酒礼大　　总是茶礼得前哩

笋歌

耍去掰笋看竹长　　竹崽唱唱有笋上
好去看女看戴婆　　戴婆生好女定当

耍去掰笋看竹乌　　竹崽乌乌有笋出
好去看女看戴婆　　戴婆生好女定过

好去掰笋看竹青　　竹崽青青有笋生
好去看女看戴婆　　戴婆生好女端正

生活节令歌

采郎歌

正月采郎去采郎　　路里碰到拜年郎
有人拜年都回转　　没人拜年路边上

二月采郎去采郎　　路里碰到采花郎
我头手摘来插头上　　二手采来递给郎

三月采郎去采郎　　路里碰到上坟郎
有人坟上挂张纸　　没人坟上草旺旺

四月采郎去采郎　　路里碰到种田郎
左手分来右手补　　补落田中五六行

五月采郎去采郎　　路里碰到耘草郎
你郎会耘耘三亩　　我娘一亩耘不上

六月采郎去采郎　　路里碰到看水郎
浪头看了浪下回　　没棵树荫好乘凉

七月采郎去采郎　　路里碰到割稻郎
浪头割了浪下转　　没个老鼠斩稻行

八月采郎去采郎　　路里碰到尝新郎
头碗盛来拜天地　　二碗盛来敬爷娘

九月采郎去采郎　　路里碰到担秆郎
我问郎担秆为哪事　　吾郎担秆纳牛粮

十月采郎去采郎　　路里碰到种麦郎
他娘前头分麦种　　你郎后头担灰盖

十一月采郎去采郎　　路里碰到砟柴郎
问郎砟柴为哪事　　买点布子好遮光

十二月采郎去采郎　　路里碰到担炭郎
问郎担炭为哪事　　买包砂糖看爷娘

　　这些畲歌以生动而不乏幽默的方式表现了畲民生活的各个方面，表现了畲民对生活的热爱。畲族山歌是畲民表达情感的方式，在畲村曾经几乎人人都会唱山歌，但随着越来越多的畲民进入城市打工，生活节奏加快，年轻一代会唱畲歌的越来越少，畲族山歌日趋式微。我们在龙峰村采访到会唱畲歌的雷依香老太太，她讲老一辈的畲族人大多会唱畲歌，但年轻人会唱的已经不多了。

　　问：畲族人是不是很会唱山歌？

　　雷依香：我的老爸老妈很会唱山歌，老的一辈都会唱山歌，早的时候没电灯没有地方玩也没有电视，今天去你家明天去我家唱唱山歌。

　　问：唱山歌的调子是定好的还是随便唱的？

　　雷依香：都是老一辈传下来的，一句山歌有一个意思，唱出一句话就是又一个意思，要翻译出来的。

　　问：山歌是用畲语唱吗？

雷依香：是用畲语。

问：现在会唱山歌的人多吗？

雷依香：不多了，现在老一辈的人不多了，小一辈的不肯学。我的孙女有教她的，还可以跟我对唱。[①]

为了抢救日益式微的畲族山歌，目前莪山乡民族小学在学校里开办了畲语、畲歌的课程，让小学生学唱畲歌，学校成为畲语畲歌传承的主要载体之一。

家住龙峰村尧山坞自然村的雷依香老太太生于1937年，已经83岁高龄了，身体很硬朗，曾经做过尧山坞村（原来是一个行政村）的妇联主任，非常健谈。我们去访谈她的时候，她说自己有一肚子的山歌，都是小时候跟父母以及村里人学的。她给我们唱了《高皇歌》的片段、《采郎歌》等各种各样的山歌，饶有意味的是，她还给我们唱了畲语的解字歌，即用一首歌来解释一个字。如：

上：上是出头很快活，快活人种出粮食有得吃，有吃有用又有多。

油：油菜种在田里开花金晃晃，油子打油可做菜，菜饼可以来肥田。

皇：皇帝就住在北京，管着底下的老百姓，百姓里面也有犯人，管着犯人了就得太平。

山：山有高来也有低，山中树木也不齐平，三月里泛青呢就一样青。

事：人办事要讲公平，办好事情就要有决心，事情办好了我心也甜。[②]

雷老太太用歌的方式给我们说山歌要唱得真，"唱山歌也要唱得真，不好唱出来骗人。哪怕我自己不识字，旁边还有识字的人"。因为旋律往往变化不大，畲歌可以随编随唱，即兴表演。雷老太太给我们现场编唱了歌颂改革开放的歌：

改革开放四十年，平地高楼建起来，廊桥马路就通四方。

改革开放大门开，金银财宝就滚滚来，幸福生活就干出来。

雷老太太表示，希望她这一肚子歌能传下去，只要村里安排人来学，她就愿意诚心诚意地教。

我们还访谈了龙峰村另一位会唱畲歌的老太太钟奎兰，钟老太太83岁了，文化程度不高，由于很小的时候母亲就去世了，她是奶奶带大的，从奶奶那里学了很多畲歌。据她说她会的畲歌很多，早的时候可以唱一天一夜，不过很多她也不记得了。她唱了好几首富有生活气息的畲歌：

---

① 雷依香访谈记录。
② 以上是根据访谈时雷敏炎老师解释的大意记载下来的，与歌中的原话有出入。

1. 高山冷水山下来，妯娌之间要讲得来，妯娌之间讲不来，甜酸苦辣肚里留。

2. 双手捧茶我来吃，我喝完这茶歌没会。如果喝了茶没学会歌，只好把空碗留给您。

3. 十八岁，双手提篮去采花，我十八来郎十九，十八十九结成双。

4. 新造瓦房两头弯，金柱银柱就撑起来，三只洋钉钉得牢，南风北风都吹不倒。

5. 我家住在大路边，也不怕客人来做客，客人来了水当酒，如果没菜酒当菜。①

谈起畲歌传承，钟老太太说几个孩子里只有大儿子会一点，孙女在杭州读书，虽然也很孝顺，回家来会常来看她，但畲歌也不愿意学了。畲歌传承面临后继乏人的危机，部分原因可能是老的畲歌唱的都是传统的生活场景，当今畲民的生活场景已经发生了很大变化，难以引起共鸣了。因此，如何在继承传统的基础上创新，创作从新时代生活场景与感受中酝酿出来的新畲歌，也许是畲歌流传保持活力的一大出路。

除了畲歌之外，莪山畲民的谚语中也包含了山哈独特丰富的生活智慧。如反映社会和人生的谚语：

养儿才知爹娘苦，种田方晓吃饭难。

冷在风里，穷在债里。

金窠银窠，不如自家狗窠。

做官的爹，不如讨饭的娘。

茶壶不响滚了，姑娘不响肯了。

今日省把米，明日省滴油，三年买只水牯牛。

劈柴看纹路，讨亲看舅佬。

浇树浇根，交友交心。

朋友千个嫌少，冤家一个嫌多。

冷粥冷饭好吃，冷言冷语难听。

树靠根深，人靠心正。

不怕路长，就怕志短。

反映农事生活和气象的：

---

① 根据雷敏炎老师解释的大意记载，与歌中原话有出入。

三百六十行，务农头一行。

吃土用土，死了归土。

家中富不富，先看宅旁树。

栽桑种桐，一世不穷。

家有一千树，终久有一富。

只砍不造，势必倒灶。

人要文化，山要绿化。

栽竹没巧，鞭根挖好。

做瓦靠坯，种豆靠灰。

八成熟十成收，十成熟八成收。

冬天无牛做神仙，夏天无牛喊皇天。

人误地一时，地误人一年。

靠兄靠妹，不如靠手靠背。

金钱是死宝，力气是活宝。

打蛇打在七寸上，种田种在节气上。

东闪（闪电）风，西闪空，南闪火门开，北闪雨就来。

雨夹雪，落勿歇。

雨中知了鸣，预告要天晴。

关于学习方面的：

理漏趁天晴，读书趁年轻。

莫学灯笼千只眼，要学蜡烛一条心。

火要空心，人要虚心。

买卖不懂行，瞎子撞南墙。

既有八岁的老师，也有八旬的学生。

这些谚语朗朗上口、通俗易懂，是莪山人民生活智慧的结晶，是莪山畲乡口头流传的智慧。

第三节　族谱、宗祠与民间信仰

畲族是一个人口总数量相对较少、零星分布在广大汉族地区周围的东南少数民族，与汉族交往比较频繁，受到汉文化的影响比较深。向定居形态的农耕型生产方式的转变加快了畲族与汉族融合的过程。至迟在清朝时期，畲民已经学会了较先进的犁耕方式，不完全是原先的刀耕火种了。犁耕的深耕方式开发了土壤的深层肥力，奠定了农耕定居的生产力基础，畲族在定居程度加深的过程中也受到了汉族文化的深层影响，从耕猎型的生活逐渐向耕读型生活转变。其中一个重要的方面是明清时期畲族精英越来越多地谋取科举仕途，学习儒家文化。另一个方面是受到汉族宗族文化的影响，大力修建宗祠、纂修族谱。龙峰村尧山坞雷敏炎和雷土根户各存有《雷氏宗谱》，钟卫星户存有《钟氏宗谱》。尧山坞还有建于1949年的钟氏宗祠义合堂一座。宗谱中除了盘瓠的传说为畲族各姓特有之外，其他内容与汉族宗谱基本没有区别，其中族规家谱的内容完全是儒家的家族伦理。如《雷氏宗谱》中记载有雷氏家训五则：

一孝父母：人生天地，父母至亲；三年怀哺，十月艰辛。
　　　　　鞠育恩爱，怙恃情深；愿我后裔，孝道是遵。
二和兄弟：孔怀兄弟，同气连枝；宜关手足，奏叶埙篪。
　　　　　姜家宜效，田氏当箴；维尔子孙，宜戒角弓。
三别夫妇：居室夫妇，同穴同裸；鹿车同挽，鸿案相钦。
　　　　　共盟山海，永调琴瑟；内和外顺，二南同吟。
四序长幼：乡党长幼，大义须明；父事兄事，随行徐行。
　　　　　谦恭退让，温厚和平；入孝出悌，勿忤勿竞。
五睦宗族：凡兹同族，恩爱宜敦；少须敬长，卑莫犯尊。
　　　　　十世合爨，九代同门；连枝一本，古道弗谖。

另，《蓝氏宗谱》中的家训十则内容也基本相同：

一孝父母：人子之身，本乎父母，未离怀抱，三年劳苦；
　　　　　恩斯勤斯，维恃维怙，孝道有亏，百行难补。
二和兄弟：孔怀兄弟，一脉所生，手足至谊，羽翼深情；
　　　　　兄当爱弟，弟宜恭兄，埙篪协奏，合乐有声。
三别夫妇：男女居室，人之大伦，附远厚别，礼经所申；
　　　　　夫妇宜顺，父子相亲，举案齐眉，敬待如宾。
四序长幼：乡党长幼，义在和平，年长以倍，父事非轻；
　　　　　十年以长，兄事有情，应对进退，莫涉骄盈。

五睦宗族：譬如水木，宗族宜敦，千枝万派，同一本源；
　　　　　何远何近，谁卑谁尊。相亲相睦，推□推恩。
六严内外：凡为宫室，内外必辨，男不内入，女不外践；
　　　　　深宫固门，严肃匪浅，敬妻守礼，逾阈绝鲜。
七训子孙：子率不谨，父教不先，放辟邪侈，起于英年；
　　　　　严禁非为，子孙乃贯，诗书执礼，孝悌力田。
八勤职业：天生四民，业各有常，士谋道艺，农望收藏；
　　　　　作为在工，贸易惟商，心安固守，无怠无荒。
九明利义：天地之间，物各有主，非吾所有，一毫莫取；
　　　　　见得思义，圣贤训话，浊富一时，廉明千古。
十守官箴：幸登宦籍，须警官箴，清慎与勤，三字思深；
　　　　　致君在身，泽民在心，勉尔后生，频墨谁钦。

　　蓝氏家训中的"严内外""明利义""守官箴"等条表明其融入儒家文化的程度更深，在帝制时代进入科举仕途的精英也更多。畲族学者蓝炯熹指出，"畲族远祖祭弥漫巫风，近宗祭浸染汉俗"[1]，这在畲族的宗祠与宗谱中也有所反映。畲民祠堂有五件宝——香炉、祖图、族杖、祖牌和楹联。[2] 祖图上画有盘瓠的传说，带有浓厚的上古巫风，楹联的内容则多为儒家诗书礼乐的教化。

　　畲族人民在修建宗祠、纂修宗谱以及祭祀祖先方面往往表现得比多数汉族人更虔诚。这也许与他们要在游耕迁徙中保存家族记忆和民族凝聚力有关。蓝炯熹指出，畲族人在合族与游耕之间有一个张力。[3] 游耕迁徙意味着背井离乡，难以形成长期稳定的合族聚居，解决这个矛盾的一种途径是家族合谱的寻根行为。"真正的社会要求一个共有的过去和一个有希望的未来。"[4] 纂修宗谱、修建宗祠就是一个形成、巩固关于共有的过去的记忆的形式，家规族训则寄托了对未来的共同希望。

　　汉族文化对畲族的影响，既有儒家的宗族伦理，也有道教的法术。畲族在宗教信仰方面与汉族民间信仰接近，佛教与道教的成分兼有，往往存在多神一庙的现象。龙峰村尧山坞目前有一座崇福庙，位于龙峰村塘田，庙创于光绪二十年（1894），新中国成立后毁圮。2006年重建小庙。2015年扩建成三间两弄，总占

① 蓝炯熹. 畲民家族文化 [M]. 福州：福建人民出版社，2002：212.
② 蓝炯熹. 畲民家族文化 [M]. 福州：福建人民出版社，2002：170.
③ 蓝炯熹. 畲民家族文化 [M]. 福州：福建人民出版社，2002：368.
④ 卡斯滕·哈里斯. 建筑的伦理功能 [M]. 申嘉，陈朝晖，译. 北京：华夏出版社，2001：258.。

地 3 亩，建筑面积 115 平方米。前面是山哈宗祠，主殿兼供奉佛菩萨和本地神灵。崇福庙主祀陈十四娘娘，配祀杨府侯王、徐山公、黑虎玄坛及本境土地神等。陈十四娘娘神名陈靖姑（767—790），福建古田县临水村人，父陈昌，曾为户部郎中，母葛氏，善巫术。相传陈靖姑曾去福州闾山学法，拜许真人为师。学成后在闽浙一带广设坛占醮，为民解厄消灾，治病驱邪。后居古田临水洞，24 岁时，为救旱求雨殉身。殁后官府在洞上建庙以祀，庙额"灵懿"，神号"灵水夫人"。宋宣和间（1119—1125）朝廷敕封为"顺济夫人"，元时追封为"护国名著夫人"，自宋至清，朝廷追封凡 15 次，其影响之大，庙宇遍及东南；信众之多，仅次于海神"妈祖"。陈十四娘娘主要以保护妇女儿童为责，尤在"救产"。莪山称其"六谷娘娘"，相传逢旱求雨，祷之辄灵。陈十四娘娘的信仰有很强的道教色彩。另外，村里还有一座祭拜关公的关帝庙，"文革"时曾经毁坏过，近几年得到了重修，庙里的香火也颇旺，庙门口的对联写着"志在春秋行在汉，心同日月仪同天"，颇能见出关公的精神意气，应该是村里的文化人所撰。

道教在畲族的信仰生活中占有比较重的分量，道士在畲族传统的丧葬礼仪以及平常的驱邪消灾仪式中扮演重要角色，畲族地区的道教还与畲民的祖宗信仰融合在了一起，在《高皇歌》中就有始祖龙麒闾山学法的传说。"高辛帝、盘瓠等畲族神灵被道教归入神仙系统，道教法术与畲族巫术结合，使得道教成为畲民生活中不可分割的部分。"[1] 最典型的是畲族"传师学师"的仪式。

畲族的传师学师又叫"做聚头""做阳"，规范的名称是"奏名学法"，是一种集成年礼、祭祀、传教为一体的宗教仪式，反映了畲族的祖先崇拜、道教信仰、民族历史、音乐舞蹈等传统文化。畲族史诗《高皇歌》里讲到始祖龙麒闾山学法的传说和畲族传师学师的习俗：

龙麒自愿官唔爱，一心山间学法来。学得真法来传祖，头上又何花冠戴。当初天下妖怪多，闾山学法转来做。救得王民个个好，行罡作法斩妖魔。闾山学法法言真，行罡作法斩妖精。十二六曹来教度，神仙老君救凡人。香烧炉内烟浓浓，老君台上请仙宫。奉请师爷来教度，灵感法门传子孙。灵感法门传子孙，文牒奉请六曹官。女人来做西王母，男人来做东皇宫。盘蓝雷钟学师郎，收师捉鬼法来强。手把千斤天罗网，凶神恶煞走茫茫。

这段史诗将畲族"闾山学法"和传师学师的道教信仰溯源到始祖龙麒，实现

① 施强，谭振华.族群迁徙与文化传承：浙江畲族迁徙文化研究 [M].北京：民族出版社，2014：215.

了道教法术与畲族祭祖巫术的融合。据记载，传师学师的祭祖活动早先要祭三年，后改三月，又改半月，最终以财力难支而改为三昼夜，在这三天三夜中，要举行的仪式程序有 60 项之多，其中多为道教法术仪式，也包括坐筵唱《高皇歌》这类追念始祖的仪式。[①] 研究者认为，畲族传师学师实质上是作为成年礼的祭祖仪式，发挥着祖先（家族）认同、神灵（宗教，即道教）认同、族群社会成员认同三个方面的功能，增强了畲族的民族意识。[②] "文化大革命"期间，畲族的道教信仰曾经被当作迷信加以批判，传师学师的风俗逐渐衰落了。

与祖先崇拜结合在一起的道教信仰在莪山乡与龙峰村仍然有一定的当下活跃度，畲族群众在丧礼中仍会请道士做道场，在一些传统节日也会请道士画符驱邪。不过，据龙峰村的文化员雷敏炎老师介绍，原来会"翻九楼"等工夫的武道士基本没有了，目前还活跃的都是做道场、画符的文道士。我们在龙峰村白栎湾自然村访谈到一位钟姓道士，他从父辈那里学到做道教法事的一整套仪式与技能，在家里还设有一个道教法坛。龙峰村的道教法事班子在莪山乡乃至桐庐县都颇有名气和声望，附近的村民在办丧事的时候往往都会请他们做法事，有时候也会请他们做消灾驱邪的仪式。我们在白栎湾钟道士家还看到一位广东增城姓盘的畲民信士送给他一面锦旗，写着"有求必应，道法自然"，反映了钟道士广泛的影响力，也表明民间道教在畲族地区还有很深的群众基础。至今，龙峰村特别是尧山坞村的畲民在每年农历六月六日的时候都还要请道士到庙里做醮筵仪式，以求消灾镇邪保平安。这意味着，现代保险公司的部分职能在莪山畲民中一定程度上还是由传统宗教来承担的。

---

① 施强，谭振华．族群迁徙与文化传承：浙江畲族迁徙文化研究 [M]．北京：民族出版社，2014：236．
② 施强，谭振华．族群迁徙与文化传承：浙江畲族迁徙文化研究 [M]．北京：民族出版社，2014：234．

第二章　凤凰归来——龙峰村畲族文化的传承发展

畲族在汉族人口占绝对多数的华东地区长期繁衍生息，在与汉族的交往中吸收了汉族的文化，同时又保持了自己的民族传统与特色，堪称民族文化的一个奇迹。虽然这一现象与闽浙赣交界地带群山连绵、多深山穷谷的地貌有关，但也体现了畲族人民民族性格的坚毅顽强。毋庸讳言，这种坚毅里面也饱含着曾经受到汉族挤压、生存环境恶劣而不得不频繁迁徙的艰辛。从唐宋到明清，中央王朝对东南地区刀耕火种的畲族采取的民族政策既有同化强压的一面，也有安抚怀柔的一面。民国时期，国民政府对畲族实行"国族"同化政策，闽浙一带畲族发展自己民族文化的政策环境相当不利，部分畲族群众采取了淡化自己民族身份的生存策略。中华人民共和国成立后，推行民族识别，保护少数民族的文化多样性，在少数民族人口比例较高的地区实行民族区域自治，为包括畲族在内的少数民族发展自身的民族文化提供了良好的政策环境。1956 年，中央人民政府推行第二波民族识别，承认畲族为一个单一民族。1984 年，中国颁布《中华人民共和国民族区域自治法》，批准建立浙江景宁畲族自治县，1988 年，浙江桐庐成立莪山畲族自治乡，为畲族人民保存、发展自己的民族文化提供了制度和政策保障。新中国成立后，特别是改革开放以来，莪山乡的畲族文化建设呈现出日新月异的兴盛面貌。

第一节　民族政策与畲族文化发展

在漫长的帝制王朝时代，畲族文化基本上处在自开自落的自发发展状态，就像深山幽谷中的野花一样。中央王朝虽然有时候也会对畲族地区实行同化安抚政策，但力度有限，既没有意愿也没有能力全方位地干预畲民的生活。天高皇帝远的山区畲民过着不役不税的生活，虽然艰苦，却也自在。明清以来，畲族与汉族的交融加深，定居化程度提高，逐渐从不役不税向纳粮编户转变，少数畲族文化人融入了科举做官的体制。这个历程也有不少曲折，浙江和福建的畲民在清代中期都发生过向政府争取科举权利的斗争。其中比较著名的有福建福鼎畲民钟良弼在嘉庆七年（1802）应考受辱，愤而联合族人力量，层层向县、府、省署上告，最终打赢官司，获得科举资格，并考取了秀才。他的故事被畲族艺人钟学吉改编成小说歌《钟良弼》，鼓舞了畲族人民反歧视反压迫的斗志。[①] 更早些时候（乾隆四十年，1775），浙江省温州府文成县培头村的畲民钟正芳身上也发生了争取科举权利的斗争，这一斗争艰苦漫长，一直到清嘉庆八年（1803），浙江畲民争取科考的愿望才最终实现。[②]

浙江、福建两地的畲民当年参加科举考试之所以会遇到当地汉族势力的阻挠，既有争夺有限科考名额的利益因素，也有民族歧视、误解的因素。畲民之所以会被周边一些汉人视为异类，一个重要方面是他们浓厚的盘瓠祖先信仰与传说，另一个方面是畲族妇女头戴布冠、不裹脚等习俗与汉族不同。畲族文化人一方面坚持本民族的信仰与习俗，另一方面又积极融入官方主流文化，主动钻研学习儒家的四书五经，参加科举应试为官。这也说明了畲族自身的民族文化与官方主流的儒家文化之间可以并行不悖。当时官方批准畲民参加科举考试的呈文中也认可了这一点。如嘉庆八年（1803）由浙江布政使发往处州府（今丽水市）各县的《浙江畲民应试章程》里面就说，"未便因其妇女服饰稍异，概阻其向上之心"，并指出湖南、贵州的苗童，云南的彝族，四川的羌族，广东的黎、侗族都已"渐摩风教，登之簧序"，对于畲族学童，也不应该"以其妇女冠饰有异，遂阻其读书上进之阶"。[③] 这意味着，在官方看来畲族妇女的冠饰这类民族特有的风俗文化与官方

---

① 钟伯清. 中国畲族 [M]. 银川：宁夏人民出版社，2012：293.
② 王逸. 超越大山：浙南培头村钟姓畲族社会经济文化变迁 [M]. 北京：中国社会科学出版社，2015：114.
③ 王逸. 超越大山：浙南培头村钟姓畲族社会经济文化变迁 [M]. 北京：中国社会科学出版社，2015：116.

的"风教"（儒家正统文化）之间并不冲突，二者其实是地方亚文化与官方正统文化之间的关系。这个关系对我们理解中国共产党领导的少数民族文化发展也有启发。

与清朝对汉族、畲族一视同仁的相对温和的民族政策相比，国民政府对待畲族的政策变得强硬。国民政府推行了强制性的"移风易俗"政策，取缔畲族服装。1929 年浙江省云和县实行强制性的畲民易服政策，即便遭到广大畲民的反对，当时县长周庚昌还是一意孤行，省政府虽然在形式上下令要保护畲民、维护畲民的尊严，但是另一方面又下令地方政府禁止畲民穿戴民族服饰，禁说畲语，强行同化。国民政府的这种强制政策对畲民的服饰民俗等造成巨大伤害，使得畲族的民族服饰趋于消失，畲民服饰普遍与汉人趋同。[①] 我们在调查中也发现国民政府的民族同化政策弱化了畲民的民族意识。家住尧山坞塘田村的钟士祺老先生（1927 年生）就说自己在中华人民共和国成立前的时候并没有明确的畲族身份认同，并不认为自己与汉族有很大区别。

畲族学者蓝炯熹指出，好的政策文化对民族文化具有催生作用，反之，则会压抑民族文化。旧社会大族压小族，畲民不敢承认自己的异族身份。[②] 这种情况在新中国成立后发生了改变。新中国实行民族自治与民族团结政策，1949 年以后畲族地区陆续获得解放，新中国成立后展开了一系列的民族调查和民族识别。1956 年 12 月，国务院正式确认畲族为一个单一的少数民族，为畲族发展本民族文化奠定了法理和政策基础。除了获得民族身份标志以外，新中国的成立对畲族最大的影响就是实行了土地改革，畲民从汉族地主那里分得了部分山谷肥沃的田地，生产条件得到了很大改善，原来刀耕火种的低下生产方式被更彻底地改造了，这为山哈人民告别游耕、走向定居的生活打下了坚实的经济基础。20 世纪 50 年代初，翻身解放的畲民唱起了新歌，如：

> 想起以前住深山，年年月月担柴炭。拖男带女盘山走，一山过了一山难。
> 解放炮声响连天，山里难民出火坑。木皇蒙皮作鼓打，犁头串线作琴弹。
> 畲山升起红太阳，春笋上岚茶叶香。东风吹倒黄连树，幸福花开万年长。[③]

这组歌形象表达了新中国成立后畲民告别拖家带口游耕生活的幸福感。

① 施强，谭振华. 族群迁徙与文化传承：浙江畲族迁徙文化研究 [M]. 北京：民族出版社，2014：163.
② 蓝炯熹. 畲民家族文化 [M]. 福州：福建人民出版社，2002：163.
③ 雷锋锦，雷鸣. 试论畲族山歌在政治斗争与生产生活中的重要作用 [M]. // 福建省炎黄文化研究会，宁德师范学院. 当代视野下的畲族文化. 福州：海峡文艺出版社，2016：313.

集体化时代畲民获得的解放主要是在政治上获得了民族身份，在经济上享有了与汉族同等的集体土地所有权。在文化上，集体化时期畲族的民族特色文化还没有获得长足发展的空间，甚至有些风俗习惯被当作封建迷信而遭到了压制，例如道教信仰方面等等。这主要是因为集体化时代官方主流的意识形态过于强大，把畲族自身的民族文化特色压下去了，"文革"时期这一点尤甚。改革开放后，畲族文化才迎来又一个复兴发展的千载良机。1984年6月，国务院正式批准设立浙江省景宁畲族自治县，是中国第一个也是目前唯一的一个畲族自治县。

1988年12月，桐庐县的畲族聚居区成立莪山畲族自治乡，是杭州地区唯一的民族自治乡，使得莪山成为桐庐及附近地区畲民文化认同感的聚集之地。2005年，莪山乡调整行政村规模，由12个行政村合并为7个行政村，其中莪山、中门、新丰、龙峰为畲族民族村。民族自治乡成立后，实施了一系列的保存、恢复畲族民族文化的措施，如恢复三月三这一传统畲民节日，在莪山民族小学推行学畲语、畲歌等地方文化课程，支持龙峰村兴建山哈文化馆、举办开酒节，等等。在这一系列的政策扶持下，畲族文化呈现出方兴未艾的复兴新势态。

第二节　新时代龙峰民族村文化建设

新中国的成立让莪山乡的山哈获得了畲族民族身份的确认，可以名正言顺地发展自己民族特色的文化。不过，在新中国成立后的集体化时代，莪山畲族的传统民族文化活动并不多，部分习俗被当作封建迷信而受到了压制。这个时期龙峰村文化方面最大的进步是很大程度上普及了小学教育。原来尧山坞畲村没有自己的学校，上学要到双华的私塾。1957年，尧山坞村建立了自己的小学，名称叫尧山坞村畲族小学，校址放在原来的钟氏祠堂。最早的时候小学只有一个老师，三个年级，实行复式教学，1972年发展到两个老师，六个年级。1996年，由于学生人数减少，尧山坞小学合并到尧山小学。在很长的时间里，尧山坞小学是尧山坞村最大的公共文化场所。双华村在1978年修建了一座大队礼堂，改革开放后很长时间里被当作厂房仓库使用，2014年被重新修缮为文化礼堂。

改革开放初期，伴随包产到户的生产经营家庭化和电视、音像设备进入私人家庭，龙峰村村民的文化生活也出现过私人化的趋势，公共文化生活有所弱化。我们访谈几位会唱畲歌的老人，都说小时候没有电视看，农闲的时候大家就聚在一起唱山歌。可见电视进入家庭对地方小范围的公共文化生活具有很大的影响。在改革开放后颇长的一段时间内，村里的公共文化设施也不丰富，主要就是在村委办公楼有一个图书室，来借书的村民也不多。

龙峰村文化设施的逐渐完备与文化生活的丰富，主要是 2014 年以来乘着浙江省大力推进文化礼堂建设的东风。

一、文化设施建设

浙江省委宣传部从 2013 年开始在全省农村全面推广文化礼堂建设，为村民的文化生活营造公共空间，营造村民的精神家园、村庄的文化地标。龙峰村乘上这股东风，在 2014 年将原来废弃的双华大队礼堂修缮改建为文化礼堂，2015 年投入使用。龙峰村文化礼堂设施齐全，除了标准的两堂五廊外，还有两处电影放映点，有灯光球场、农家书屋、电子阅览室等，有免费的无线网覆盖。

2015 年，龙峰村在尧山坞小学的旧址上兴建了一座山哈文化馆，以展示畲族历史与风俗特色为主。目前里面有畲族历史源流与莪山畲民迁徙历程介绍；有畲族婚庆习俗与服装展示区，游客可以穿上畲族服装体验做一回畲族新郎新娘的感觉；有红曲酒工艺展示区，介绍龙峰村畲民制作红曲酒的工艺流程；有畲乡特色山货展示与售卖柜台，游客可以品尝或购买畲乡山货。山哈文化馆的外面有一个小广场，摆满了酒坛装饰，以体现龙峰村的红曲酒文化。从 2016 年开始，历届的龙峰村开酒节都在山哈文化馆的广场上举办。广场上还建了长长的一座凤凰廊，平常村里的老人们在廊里乘凉、钩毛线、聊天，举办开酒节时在廊里摆上长桌宴，让客人在红曲酒香中骑在凤尾上遨游。2019 年，山哈文化馆的底层新开辟了厨房和食堂，可以置办酒席，村里正在打造畲家十大碗的美食品牌。

如今，结合乡村旅游，龙峰村已经形成了"一心两轴四区"的文化旅游路线规划。"一心"是以"党建引领、酒香龙峰"为核心，搬迁尧山坞入口的三家石材企业，打造一个以旅游集散、导游服务为主的公共性配套服务集散中心。"两轴"即两个文化轴。一是以龙峰民族村双华文化礼堂为轴心，将龙珠公园、旧时官道、慈荫亭、双眼井和百亩荷花田串连，打造成集历史人文和生态观光为一体的旅游目的地；二是以龙峰民族村尧山坞红曲酒展示馆为轴心，将民族大道、紫藤大道、畲族文化墙、红曲酒展示馆串连，打造集学习、观赏、体验、购买等全景立体式的旅游体验目的地。"四区"即重点打造双井坞百亩荷花种植区、水洪里千亩杨梅采摘区、龙峰山千亩刺葡萄观光区、尧山坞万斤红曲酒酿造区。为了配合乡村旅游，龙峰村还在村庄自然景观基础上设计开发了龙峰八景，分别是三峰插云、塘田烟雨、下珠夕照、公塘映月、云顶日出、花岭闻涛、岭脚桂雨、双井荷韵。八景分别有诗为咏，给素朴的乡村田园增添了诗情画意的韵味。

二、文化组织建设

龙峰村近年来的文化活动丰富多彩，开展得有条不紊、有声有色，这得力于负责任的组织领导、群众基础深广的多支文体团队的热情参与。龙峰村很重视村里的文化建设，村里重大的文化活动都是由书记、村主任牵头的村委班子全力筹划安排的，发动全村力量投入和参与。文化礼堂日常的文化活动由村文化管理员负责。现任的村文化管理员雷敏炎是莪山民族小学的退休教师[①]，原来长期在尧山坞小学任教，在村里人缘很好，有很好的群众基础与组织能力。

雷老师工作细致、热情周到，擅长硬笔书法。文化礼堂的各项日常工作在他的负责下开展得井井有条。村里还有文化礼堂理事会，为文化活动的开展建言献策，有 QQ 群、微信群等电子联络平台。

村里目前有排舞队、篮球队、乒乓球队、象棋队、畲歌队、民族手艺传承展示队、歌曲队、山哈迎宾礼队、米筛舞队、夕阳红健身舞队等 10 支文体团队。这些团队基本上是在 2014 年之后组建的，各有相应的负责人。这些文体团队除了平常自己内部的活动外，在龙峰村重大的节日文化活动中也发挥了不小的作用。如畲家三月三节日时，会有畲歌的表演，有民族手艺的展示，每年秋天的龙峰村开酒节会有山哈迎宾礼队载歌载舞迎接客人、劝酒，有米筛舞队表演富有民族特色的米筛舞，等等。除了这些重要节日外，村里在农闲时也会组织篮球赛、乒乓球赛、象棋赛、少数民族运动会等文体活动，丰富群众文化生活。

三、文化内涵建设

以文化礼堂建设为依托，龙峰村近年来的文化活动开展得丰富多彩，主要可以分为两大类：一是常规性的各类主题教育、培训和文化生活；二是开展各种具有民族特色的节庆类活动。龙峰村文化礼堂自建成开馆后一直重视发挥红色阵地的作用，成为社会主义核心价值观教育、党建宣传和爱国主义教育的载体。每年国

---

① 雷敏炎已于 2020 年离任村文化员一职。

庆节的时候，龙峰村都要在村委办公楼前举行国庆升旗仪式，中共十九大召开时特别举行了十九大升旗仪式，组织党员、群众学习十九大报告，将党建与文化礼堂建设相结合。七一建党节，村里组织"迎接七一建党节，放飞童年中国梦"演出。2016年建党九十五周年时还在龙峰村文化礼堂举办了莪山乡红歌赛，龙峰村红歌队获得了三等奖。此外，文化礼堂还配合杭州市举办G20会议、推进五水共治工程等重大政策开展了政策宣讲方面的活动。

龙峰村积极响应浙江省委宣传部提供的文化礼堂建设指导，开展了丰富的礼仪活动，推动了传统礼仪在乡村的传承更新。从2016年开始，村里逐年举办了新春祈福礼，由村干部带领全村村民辞旧迎新，思三过、许心愿，欢迎村庄新人——新婚夫妇和新生儿，向新婚夫妇宣读村规民约、赠送礼物，向全村村民总结一年工作、部署新年工作规划。礼仪活动结束后举行文艺联欢会。新春祈福礼的举行对加强村庄凝聚力、提振村民精气神起到了很好的作用。除了新春祈福礼之外，龙峰村文化礼堂近年还举办了多次学龄儿童开蒙礼、重阳敬老礼、新兵入伍礼等礼仪活动。

"道之以德，齐之以礼，有耻且格"，崇德守礼是中国传统文教政治的核心内容。在组织各种礼仪活动之外，龙峰村还开展了各方面道德模范的评选与宣讲活动。先后开展了龙峰村"最美党员""最美家庭""最美婆婆""最美媳妇""最美孝心少年"等评选活动。评选出了严格执行报账制度的钟炉珍、宣传推进垃圾分类的周志荣两位最美党员，助人为乐、助老敬老的最美邻里潘树钱和祝成英，孝顺懂事的最美孝心少年雷叶成。村文化管理员雷敏炎老师一家被评选为最美家庭，雷老师还在文化礼堂做了培育好家风、传承好家训的讲座。树立这些身边的典型使得整个龙峰村形成了崇德向善的好风气，村风村貌越来越好。

文化礼堂还开展了各类宣讲和培训活动，如观看禁毒电影、开展禁毒宣传、组织金融服务进礼堂等。2017年2月，龙峰村老年食堂开业，在文化礼堂举办了老年人健康讲座。杨梅是龙峰村重点培植的一项果木生产，全村一共栽种了600多亩杨梅。为了帮助村民种好杨梅，村里在文化礼堂组织了杨梅种植培训。到了寒暑假，文化礼堂就成为放假回家的孩子们的第二课堂。暑假里文化礼堂有雷敏炎老师志愿提供的书法培训，有传承非遗文化、学做香囊的活动。文化礼堂也是畲族文化传承的课堂。为了畲语畲歌和彩带编制等畲族非物质文化遗产能得到很好的传承，村里在文化礼堂安排了学畲语、彩带编制等各方面的培训。

综上所述，龙峰村文化礼堂承担了红色阵地、礼仪殿堂、道德讲堂、百姓舞台、村民第二课堂等多方面功能，不愧为新时代龙峰人的精神家园。凭借其齐全的设施、队伍建设与开展丰富多样的文化活动，龙峰村文化礼堂在 2016 年获得了杭州市五星级文化礼堂的光荣称号，可谓是实至名归。

第三节　畲族节日的复苏重建

节日是时间和历史的节点，反映着老百姓过日子的节奏，包含了一个民族的宇宙时空意识，最能体现一个民族的文化韵味。在与汉族长期杂居相处的过程中，畲族的节庆习俗与汉族有很多交融共同的成分，如春节、清明节、端午节、中秋节、重阳节等与汉族基本一样。但畲族在长期的生产生活与独特的历史变迁中也形成了自己富有特色的节庆系统。畲族的岁时节庆有三个基本特点：一是与祖先崇拜和民族历史相关；二是体现出传统的农耕、狩猎社会特征；三是受到当地汉族的岁时节日风俗的影响明显。[①]

在流传下来的众多畲族节庆中，近些年比较活跃的是畲乡三月三，又称乌饭节。莪山乡自成立畲族自治乡以来就恢复了畲乡三月三的节庆传统，举办了多种活动，成为展示畲族风情才艺最重要的节庆活动。三月三之外，在莪山乡和龙峰村比较重要的畲族节庆还有六月六做醮筵的活动，不过这一活动的影响范围基本在村庄内部，带有较强的民间宗教色彩，不太为外界所知。除了三月三、六月六，近几年龙峰村配合乡村旅游开办了开酒节、开笋节、杨梅采摘节等农事节庆活动，取得了丰富群众文化生活、提高村庄知名度和带动乡村旅游的良好效果。

一、莪山乡三月三畲族文化节

三月三是一个古老的节日，并非畲族独有的节庆。汉族称三月三为"上巳节"，人们在这一天到水边沐浴，进行祓褉的仪式，以祛除病痛和灾祸并祈求福祉降临，同时也会有一些宴游活动。书圣王羲之著名的兰亭帖写的就是三月三"修禊"雅集的事。中国南方的少数民族也多有过三月三的习俗，如广西壮族、海南黎族的三月三就很有名。三月三也是畲族的重要节日，在歌舞这些各族三月三都会有的活动之外，畲族在三月三这一天还会做糯米乌饭，举行祭祖仪式等活动。

---

① 钟伯清.中国畲族 [M].银川：宁夏人民出版社，2012：144.

畲族三月三也叫乌饭节。这一名称是为了纪念唐朝时的畲族英雄雷万兴。传说唐高宗时，畲族首领雷万兴、蓝奉高率闽南畲族人民反抗斗争，被朝廷军队围困在山上，粮草断绝。他们靠一种"乌稔果"来充饥，坚持斗争，于第二年三月初三冲出包围，取得胜利。后来畲族人民把三月三定为"乌饭节"以示纪念。每年这一天，各地畲民都会举行盛大的纪念活动。畲族三月三在集会对歌之外，还有跳火把舞、木拍灵刀舞、竹竿舞、龙灯舞、狮子舞、鱼灯舞等活动，同时还有问凳、操石磉、腹顶棍、操杠、赶野猪等民间竞技活动。

莪山乡自成立畲族自治乡之后开始较大规模地举办畲乡三月三节庆活动。这一天莪山乡和龙峰村的畲民会举行祭祖仪式，怀念始祖，并炊制乌饭，会进行对歌、盘歌活动，桐庐和周边一带的畲族同胞及其他游客很多也会赶过来参加热闹的盛会。节日期间，莪山乡有畲族特色迎宾礼、畲歌和武术表演，有推石磉、畲拳、棍凳等畲族竞技体育游戏，还有畲家特色农副产品展示、旅游资源推介等。

莪山乡的三月三畲族文化节至今已经举办了十届。在最初的几届，节目更多还来自县里和杭州市文化单位的友情支持。在2016年的第七届"三月三"畲族文化节开幕式上，莪山"三月三"畲族文化节被杭州市授予"非物质文化遗产"称号，文化节的畲族元素越来越丰富，畲族武术、山歌、舞蹈等各类传统节目一一上演，莪山民族小学表演了《竹动山哈》的竹竿舞，舞蹈《金稞红酿》演绎了畲族人酿制红曲酒的加工工艺流程，《畲山茶情》表现畲族女子采茶、敬茶的生活与劳作场景。此外，文化节上还展示了畲族特色迎宾礼和畲族好家风传承等内容，有打麻糍、打草鞋、制作乌米饭、编织彩带等参与性体验活动。2017年的第八届三月三畲族文化节举办了畲歌邀请赛，来自建德市、临安市、拱墅区、桐庐莪山乡和百江镇的参赛队伍演唱了《采郎歌》《隔山情》《迎宾歌》等畲族歌曲，龙峰村的雷依香老奶奶带着17岁的孙女参加了比赛，她表示希望年轻一辈的畲族人不要忘本，要把畲歌传唱下去。

二、龙峰村开酒节

龙峰村畲民有酿造红曲酒的传统，尧山坞村还是桐庐县红曲酒酒曲的主要生产地。红曲酒是莪山畲民的传统饮品，已有五百多年制作历史。畲民有以酒待客的好客传统，畲族有谚语"无酒难讲话"，习惯以酒待客。近年来，龙峰村挖掘红曲酒的文化元素，精心打造了龙峰村的红曲酒开酒节。开酒节从2016年开始举办，在每年的 10 月 16 日举办，被包括新华社在内的多家媒体报道，大大提高了龙峰村的知名度。

　　龙峰村开酒节主要由迎宾礼、祭祖仪式、歌舞表演和游戏、百桌宴等环节构成，活动丰富多彩、热闹非凡，称得上是畲村的狂欢节。我们课题组有幸受到龙峰村村委的邀请，参加了 2018 年 10 月 16 日的龙峰村开酒节，观摩了开酒节活动的全过程。当天上午，村里的迎宾礼队身着畲族节日盛装在村口早早地迎接各地贵宾的到来，载歌载舞，欢声笑语，展示畲民的热情好客。祭祖仪式是开酒节的重头活动，村里早早地准备牛头、猪头和全羊三牲及各种祭品，由村里的长者端着送到祭台，祭献畲族始祖盘瓠及酒神，年轻的小伙子挑着红曲酒担紧随其后。在上香、叩拜后由畲族的村党总支书记雷天星代表龙峰村全体畲民宣读祭文，祭文由村文化员雷敏炎老师撰写，全文如下：

　　维公元二〇一八年十月十六日，我族全体山哈与四方朋友汇聚尧山坞民俗馆。为感念先祖恩赐，畲族儿女、盘王子孙，略备三牲清礼，恭祭于圣祖盘王之灵前，宣以文曰：

　　　　山哈传统，继往开来。以酒搭桥，通向大路。
　　　　用酒牵缘，朋友天下。杜康事业，太白遗风。
　　　　酒缘人情，世代长久。山哈做酒，规圆矩方。
　　　　甘甜泉水，纯曲优米。精酿醇酒，献祖待客。
　　　　今日念祖，告慰盘王。祭典礼成，伏惟尚飨。

　　　　　　　　　　　　　　　　　不孝后裔雷天星携全体山哈敬上

庄严的祭祖仪式起到了敬祖睦族的作用，体现了畲民慎终追远的传统美德。

　　祭祖仪式之后，有畲族的歌舞表演，龙峰村的米筛舞队表演了畲族米筛舞，表达丰收的喜悦。接着是热闹的百桌宴，客人们尽情享受着地道的畲家菜肴，畅饮色香味俱全的畲乡红曲酒。村里的畲歌队唱着畲族敬酒歌一桌一桌地给客人敬酒，敬酒的仪式很特别，用竹片搭成高高低低的酒桥，酒从一头倒下去，顺着竹片流到客人的大碗里，客人一边喝，那头酒一边顺着竹片流下来，源源不断，歌声也绵绵不绝，一直到客人喝不动为止，整个敬酒仪式叫作"高山流水"。酒量再好的客人往往也在这"高山流水"中醉倒了下来。

　　龙峰村的开酒节确实起到了以酒搭桥、用酒牵缘的作用。这个桥是文化的桥，是宗族联谊的桥，也是生意的桥。开酒节那天，有桐庐县和莪山乡各方面的领导、文化人士出席，加强了龙峰村与各界的文化联系，提高了龙峰村的知名度。开酒节也是莪山乡和附近畲族的联谊会，附近各村的畲民很多都会出席，其中有不少是尧山坞村民的亲戚，也有个别温州、丽水的畲族同胞远道而来参加开酒节。2018年的开酒节恰逢莪山成立民族自治乡三十周年，乡里请了丽水那边的畲族道士过来表演上刀山下火海的法术，加强了桐庐与温州、丽水畲族的联系。开酒节提高了红曲酒的知名度，打开了红曲酒的销路。2016年的开酒节上举行了红曲酒竞拍，首批酿制的500斤红曲酒被申通快递、安厨公司秒杀，当天预售出5000斤红曲酒。随着龙峰村红曲酒知名度的提高，红曲酒已经成为龙峰村的文化标志，销量越来越好，走向了桐庐和杭州各个饭店和家庭的餐桌。

从2016年开始，龙峰村的开酒节越办越好，活动内容越来越丰富。2019年的开酒节，龙峰村推出了畲家十大碗，分别是畲家炒龙须、油豆腐、糟香带鱼、药汤猪蹄、土鸡煲、干菜蒸肉、笋干、豇豆干、和菜、萝卜丝圆子。畲家十大碗是畲家人世代相传的传统菜肴，吃着喷香可口的畲家菜、喝着红曲酒，客人不知不觉就陶醉在畲家山野的气息和畲家人热情好客的情谊中了。2019年的开酒节还增加了篝火晚会的内容，畲族青年男女穿着节日盛装围着熊熊的篝火载歌载舞，客人们也跟着一起歌唱陶醉，仿佛回到了刀耕火种、通宵盘歌的时代。当然，这是盛世欢娱的篝火，而不再是物质匮乏的时代用来驱寒取暖的篝火。

三、农事和民俗体验

龙峰村在深挖乡村旅游潜力、推进农旅结合、实现村民增收方面做了许多努力。除了开酒节这一大型活动之外，龙峰村还在三四月份出笋的时候举办开笋节，在6月份杨梅成熟的时候举办杨梅采摘节。2017年4月25日的开笋节活动，龙峰村吸引了一批外国留学生来参与挖竹笋、品畲乡民俗的活动。2017年7月3日，在百亩荷塘举办了抓泥鳅比赛。2017年春节期间，龙峰村举办了畲族特色婚嫁表演，让外国友人参与戏赤郎的婚庆游戏，还有畲族歌舞表演、竹林寻宝、包黄金粽等活动。这些活动都意在提高龙峰村的知名度，开拓龙峰村第一产业和第三产业融合发展的空间。2019年，龙峰村试开了8家民宿，准备拓展乡村深度旅游经济的路子，实现龙峰村经济的转型发展。这一农旅深度结合发展的思路对龙峰村的文化建设提出了更高的要求。因为民宿这样的深度旅游产业需要村庄具备更丰富的文化内涵，为游客提供乡村田园和畲乡风情的深度体验。

第三章 凤凰涅槃——龙峰村文化建设的实践经验

现代化、城市化的大潮浩浩荡荡，生产、生活方式的变化使得广大乡村古老的传统文化面临式微的局面，不只是少数民族的村落，就是汉族的乡村文化传统也面临衰落的危机。笔者认为，龙峰民族村的文化传承与建设面临如下几个难题：其一，乡村文化精英与文化有生力量的流失。从"传"的方面看，传统乡村社会中作为文化引领和担纲者的乡绅阶层衰弱了，乡村缺乏引领地方文化生活的基层精英，会唱畲歌、懂得畲族传统的一辈人逐渐老去，畲歌、畲语和一些畲族文化仪式所表现的是过去畲民的生活，缺乏时代感；从"承"的方面看，青壮年大量进入城市务工、经商，削弱了乡村文化建设最具活力的群众基础，年轻一代的畲民对畲族传统文化形式所表现的内容不熟悉，缺乏亲切感，不容易产生传承本民族文化的使命意识。其二，乡村人才和劳动力大量流失的关键原因则是小农经营的传统农业生产方式在现代工商业规模经营的大势下利润微薄，缺乏足够的经济吸引力，乡村经济、人气的凋敝又使得其各方面建设都落后于城市，乡村魅力缺失，难以吸引人才回流。其三，电视、手机网络等现代通信和娱乐方式的普及使得村民的精神文化生活日益私己化、远程化，在地的公共文化生活式微。从文化外部环境来看，少数民族文化一直处于弱势地位，有需要才拿出来，这也解释了为什么在20世纪50年代畲族身份确定和80年代莪山建乡时出现的畲族文化传统的短暂热潮。

如何恢复有活力的、在地的乡村公共文化生活，是当今乡村文化建设普遍面临的难题，这些难题在莪山乡和龙峰村一样存在且部分仍未解决。但是龙峰村面对这些难题并未消极认命，而是迎难而上，积极地应对、解决，化解不利因素，发掘民族特色，让龙峰村的公共文化生活和畲族文化底蕴呈现出了蓬勃兴旺的气象，这其中有一些宝贵的经验值得提炼、推广。当然，龙峰村在文化建设上也面临一些还未妥善解决的普遍性难题，需要各方力量一起思考、应对。

第一节　造人、造产、造景、造节

在现代化、城市化发展的过程中如何保护乡村传统文化，如何留住并复兴乡村的生机与魅力，这是很多发达国家和地区曾经面临的问题，也是我们当前的乡村振兴战略要解决的问题。比我们更早面临现代化挑战的日本和我国台湾地区总结了乡村振兴的五大元素——人、文、地、景、产，台湾地区还提供了"造人、造产、造景"三造运动的乡村社区营造方案。[①]这"三造"其实在各地的乡村振兴中具有一定的普遍性，与我们乡村振兴的五大目标——产业兴旺、治理有效、乡风文明、生态良好、生活富裕——也是基本对应的。具体到龙峰村，我们可以将其乡村文化建设的经验总结为四个方面：一是留住乡村精英、培养乡村文化建设的人才。二是培植特色农业与乡村旅游产业，将文化建设与旅游经济紧密结合。三是营造乡村景观和畲乡魅力。四是打造具有乡土和民族特色的文化节日，以节日文化带动畲族各方面特色文化的复兴。这四个方面简单概括就是造人、造产、造景、造节。

人是乡村振兴中最关键的因素，也是文化建设的关键因素。龙峰村包括文化在内的各方面建设之所以能走在莪山乡的前列，成为杭州乃至浙江省少数民族村文化建设的模范生，关键是有一个有作为有担当的村委班子，有懂得本民族文化传统、有使命担当的文化骨干，有古风尚存的群众文化基础。龙峰村原来在莪山乡并不是特别具有发展优势的行政村，大约十年前，龙峰村的公共文化设施还是比较简陋的，村委会办公楼的图书室大概是相对像样一点的文化设施了，村民的公共文化生活也比较贫乏。这一状况的改变有两个重要契机：一是村里争取到雷天星回村担任村民委员会主任。雷天星原来在桐庐县的建筑公司当项目经理，组

① 王逍.超越大山：浙南培头村钟姓畲族社会经济文化变迁 [M]. 北京：中国社会科学出版社，2015：384.

织能力强、市场经验丰富、人缘好，有魄力、有担当，回村担任村民委员会主任后，雷天星团结村委班子狠抓村基础设施建设，双华下珠公园、百亩荷塘、村文化礼堂和山哈文化馆都是在他任上建起来的。雷天星书记具有良好的市场敏感性和政策解读能力，不仅争取到了上级政府支持少数民族村发展的项目资金，而且兴办了兼具文化特色与旅游市场潜力的开酒节、开笋节、年货节等乡村节庆活动，盘活了龙峰村各项畲族传统文化习俗。2019 年国庆节期间，雷天星书记代表莪山畲族乡赴京参加中央民族团结与进步表彰大会。雷天星的榜样作用还激励了龙峰村其他年轻有为的村民回村发展、服务，如现任村委委员钟余泉，也是放弃了外面的较高收入的工作回到村里参与村子的建设，对本村的文化建设有很强的热情与使命感。龙峰村文化生活改观的另一个重要契机是浙江省推动农村文化礼堂建设。龙峰村抓住这一机遇利用双华原来的大队礼堂维修改建成了文化礼堂，延请村退休教师雷敏炎担任村文化员。雷老师祖父几代都是村里有名望的文化人，熟悉畲族传统文化习俗，群众基础好，干事情极为认真负责，利用村文化礼堂的平台将龙峰村的各项文化生活开展得井井有条、有声有色。通过文化礼堂建设这一平台，龙峰村评选出了各方面的道德模范、挖掘了畲歌畲舞等各方面人才，起到了很好的以文育人、以文化人的作用。

人存则政举业兴，有了能举事担事的人物，就会想办法引进、兴办乡村的各种产业。自从雷天星担任龙峰村村委主任和党总支书记以来，龙峰村先后引进了畲天农庄和畲洪禽业等旅游及农业龙头企业，扩大了村里原有的红曲酒生产，组织村中红曲酒生产大户组建了红曲酒合作社，通过举办龙峰民族村开酒节等活动提升了龙峰村红曲酒的知名度，打开了市场销路。这一系列搞活产业的做法既让部分村民实现了就地致富，带动了部分村民的回流，提升了村庄人气，也让村里的文化建设有了有形的产业支撑。龙峰村的畲天农庄、畲洪禽业以及红曲酒酿造等产业都较好地实现了农旅结合，提高了农业的附加值。为了进一步盘活村里的旅游业，丰富村民的文化生活，村里还精心营造了多个景点，如百亩荷塘、紫藤大道、山哈文化馆与文化广场等，村里还请县里的文化名人写了龙峰村八景诗，多方营造如诗如画的龙峰村印象，为村里下一步发展民宿等文化经济产业培植氛围。这些"造景"的工程一方面有助于提高龙峰村的美誉度，吸引外来游客，另一方面也有助于提升村庄的宜居度，提升村庄的韵味，吸引更多的村民留下来或回村发展。

最近几年，龙峰村提升村庄知名度和文化魅力最重大的举措就是"造节"。龙峰村自2016年开始举办红曲酒开酒节。开酒节是龙峰村举办的规模最大的节庆，是龙峰村文化底蕴、文化实力的一次大亮相，让龙峰村的迎宾队、畲歌队、米筛舞队等各支文化队伍有了展示的机会，也激活了龙峰畲民的祭祖、民族服装、民族工艺、民族武术等传统习俗，2019年的开酒节还增加了畲家十大碗的特色菜肴，可以说是集视、听、味觉为一体的文化盛宴，是视觉畲乡、歌里畲乡、味觉畲乡的全方位呈现。除了开酒节之外，春天的开笋节、三月三文化节、冬天的年货节等也激活了龙峰村的传统习俗，提高了村庄的知名度。

第二节　寻找传承畲族传统文化的载体

文化是社会生活中上层建筑的部分，会随着生产生活方式的变化而变化。毋庸讳言，随着畲乡人民生产与生活方式的变化，茜山乡与龙峰村的畲族传统文化也面临不同程度的后继乏人问题，当然，汉族村民的传统文化也同样面临这个问题。例如，由于农村青壮年大量进入城市打工、求学或经商等，留在村庄的年轻人越来越少，村里的各项文化生活都比较缺乏年轻人的参与，显得活力不够；电视和手机等家庭化、私人化的文化娱乐方式的普及冲击了盘歌、对歌等传统的畲民文化娱乐方式，年轻人中会说畲语、唱畲歌的越来越少，畲歌的世代传承也面临危机。此外，年轻人中会酿红曲酒、做竹编、编彩带的也越来越少，这些传统手艺也面临后继乏人的问题。针对这些问题，政府采取了一些保护措施，将红曲酒、竹编、畲歌、武术等畲乡传统手艺与风俗纳入了物质文化或非物质文化遗产保护，例如，确认红曲酒酿造等技艺的传人，组织村里的年轻人参加红曲酒酿造、黄金粽制作、畲族彩带编织等方面的培训。不过，这些培训毕竟还比较难以常态化，目前畲族传统文化传承最常态化、制度化的途径还是学校教育。有识之士指出，当今社区民族文化教育功能弱化，学校教育成了畲族文化传承的主要路径。①

龙峰村在新中国成立后建立尧山坞小学和双华小学，自20世纪90年代之后，由于村小的学生越来越少，开始撤并到茜山乡中心小学。茜山民族小学自1988年茜山成立民族乡以来就很重视畲族文化的教育，将畲族文化的各种元素融入了学

---

① 郭少榕，刘冬.民族文化、教育传承与文化创新[M]//福建省炎黄文化研究会，宁德师范学院.当代视野下的畲族文化.福州：海峡文艺出版社，2016：79.

校之中。走到莪山民族小学的校门口，我们就可以看到墙面上绘着的巨幅畲族图腾龙麒和凤凰图案，学校操场的大舞台背景上也绘着腾飞的凤凰。莪山民族小学的校服也体现了民族特色，女生校服的裙边装饰着畲族彩带图案，在蓝色的衬底上显得沉静而鲜艳。学校还在教室走廊等处用墙画等形式介绍畲族的来历、习俗，并用整个一层的走廊介绍了全世界各地的民族，让小学生从小就养成开阔的多元民族文化视野。

除了静态民族文化元素的融入之外，莪山民族小学在畲族文化的传承发扬上最有特色的就是通过葫芦种植和创绘培育、推广葫芦文化。葫芦在中国是一种有深厚文化底蕴的瓜果，在畲族文化传统中更有一层特别的意义。畲族崇拜祖先忠勇王盘瓠，瓠就是葫芦，盘瓠即发明用瓠制作盘、瓢等器物的人，盘瓠因在葫芦做的器具里化育而得名。2004 年，莪山小学开展的市级课题《弘扬畲乡文化的一个创造性实践》中的子课题"畲乡葫芦文化"深受学生的喜爱，学校师生开始尝试种植、创绘葫芦，宣传历史悠久的葫芦文化。

莪山民族小学开展的葫芦文化教育丰富多彩，共有八个主题活动——种葫芦、护葫芦、记葫芦、收葫芦、理葫芦、赛葫芦、赏葫芦、写葫芦。这八个主题活动核心环绕的是"福"，这其中也利用了"葫芦"与"福禄"的谐音。在赏葫芦、写葫芦方面学校成立了葫芦画社，配有葫芦烫画创作的专门指导老师，指导参加画社的学生课余从事葫芦烫画的创作。葫芦烫画表现的题材丰富，有花鸟、人物、山水、书法等多方面内容，学生无形中也受到了这些方面的熏陶。为收集画社学生的作品，学校开辟了葫芦展示室——葫芦艺苑，其中的作品题材丰富，有些已经具有较高的艺术水准，还被学校作为特色礼物赠送给客人。葫芦画社以其富有特色与成效的活动被评为桐庐县首届优秀社团。

莪山民族小学的葫芦种植与创作获得了多项荣誉，取得了良好成绩。其一，彰显了学校的民族特色。2008 年，国家规划子课题、浙江省立项课题《杭州市民间美术文化资源寻绎与课程建构》结题研讨会在杭州市余杭区瓶窑中学举行，莪山小学的葫芦器作品应邀参展，荣获了美术地方课程资源成果市一等奖。2010 年、2011 年莪山小学学生制作的各种葫芦器作品被特邀在县文化馆、博物馆中展出。2011 年至今，桐庐县历届童玩节均邀请莪山小学葫芦画社到现场展示和表演，受到了领导、专家的一致好评以及广大群众的喜爱。2015 年、2016 年，莪山小学教师开发的《葫芦种植与创绘》课程被评为杭州市和浙江省精品课程。其二，教师的潜能与特长得到了发展。学校的多名教师在县市各级的论文、课题评比中获奖，其中《基于畲族葫芦文化历史传承的畲族乡学校特色建设的实践》获得桐庐县课题成果一等奖（2009年）。其三，学生的才艺与民族认同得以培育、成长。在桐庐县历年的中小学工艺比赛中，莪山民族小学的葫芦创绘获得了多个奖项，学校于2012年被县教育局命名为桐庐县葫芦文化特色学校。

如今，葫芦文化不仅成为莪山民族小学，也成为莪山乡民族文化的一个特色、亮点。近年编撰的《莪山畲族乡乡志》中就收录了好几首莪山民族小学学生创作的葫芦童谣。如：

葫芦童谣

张家俊

小葫芦，小葫芦，绿油油的小葫芦，

风雨都不怕，都在爬高楼。

攀竹竿，踩墙头，

吹吹打打往高爬，

伸长脖子，探出脑袋，快快乐乐向上爬。

爬得高，长得大，

爬到顶，算算还有一尺八。

风一吹，歪一歪，叶子飘一飘。

雨一打，抖一抖，还是照样往上爬。

绿油油的小葫芦，不怕栽跟头，

爬到顶，乐悠悠，开出花，结出果，乐哈哈。

种葫芦

钟潞

三月三，种葫芦，

选块小地，我做主。

锄去草，刨刨地，

挖起一堆小泥土。

三月三，种葫芦，

播下种子，盖上土。

浇浇水，细细护，

漾起一片新祈福。

三月三，种葫芦，

三回两回，望苗出。

细细芽，嫩嫩叶，

积着一滴小露珠。

小葫芦呀，小葫芦，

快快长大攀青竹，

伸出脑袋好显酷！

戴山民族小学种葫芦、护葫芦、记葫芦、收葫芦、理葫芦、赛葫芦、赏葫芦、写葫芦的葫芦文化教育将民族传统融入学生的科学、文艺课程之中，潜移默化地将民族传统传授给学生，是一项成功的探索。

除了葫芦文化之外，戴山民族小学还将畲族文化融入学校的校本课程与各种活动中。戴山小学的校本课程内容丰富，图文并茂、生动有趣，笔者看到的有《走进畲乡》《品畲味》《快乐学畲语》等。《品畲味》介绍了畲乡的山珍高节笋、畲乡佳茗铁观音、畲家三月三乌米饭、畲家端午黄金粽、畲乡美食龙须面、畲乡琼浆红曲酒、畲家冬至糯麻糍、畲家春节打年糕等。《快乐学畲语》里面有读畲史、学畲语、畲娃童谣、畲族故事、畲族谚语、唱畲歌等方面的丰富内容。在访谈现任戴山民族小学校长蒋校长时，他告诉我们在学畲语方面，学校除了校本课程外，每天还有一定时间的畲语广播。不过，在畲歌学习传承方面，蒋校长也表示目前出现了一定的困难。学校前几年请的是一位龙峰村的钟姓老太太来学校教唱畲歌，但最近由于老太太年龄大了，又搬到了城里和儿女一起住，就不能来上课了，畲歌教唱的老师比较难找。再加上畲歌里面的内容与现代生活有一定距离，小学生学习的兴趣并不大、学起来也有难度。

畲族传统习俗的其他方面在学校教育中也有体现，如畲乡竹竿舞、畲族武术、踩石磉游戏等。学校还开展了讲畲族故事、唱畲歌比赛。在戴山乡近年的三月三文化节等活动中经常可以看到戴山民族小学学生们的身影。这些从小接受畲族民族文化熏陶的学生将是今后畲乡文化传承与发展的主力军。

第三节　畲乡文化建设的问题与应对之道

通过"造人""造产""造景""造节"的多方努力，莪山乡和龙峰村的畲族特色文化呈现出红红火火的兴旺气象，一度沉寂的山乡凤凰看来又要乘着政策与市场的东风再度高飞了。不过，习惯批判性思维者可能还会有疑问，这只想在旅游经济的市场上高飞的凤凰还是原来山乡本色的凤凰吗？还有老凤凰的内在神韵吗？这是借着旅游经济的东风发展地方文化普遍会遇到的质疑。例如，《中国畲族》一书的编者就指出，"无疑，经济目的明显的民族旅游对畲族文化的振兴和发展，的确将起到一定的推动作用……然而，旅游业的这种推动作用终归是有限的，而且因旅游的功利需要而'挖掘、创造'出来的、表演性的畲族文化，与源于生活、寓于生活的原生态畲族文化是不可同日而语的，表演性的畲族文化的繁荣，并不能够掩盖畲族的民族文化总体衰落的态势"。① 面对这类质疑我们可以做出的一个有力辩护是——不管内在神韵如何，地方和民族濒临失传的文化传统毕竟重新恢复起来了，这种形式上的恢复至少为进一步培育其内涵提供了机会。那些目前更多还是在形式层面得到恢复的文化习俗犹如孔子主张加以保存的"告朔之饩羊"（《论语·八佾》），虽然在孔子的时代诸侯尊崇天子历法的告朔礼已经不行了，但孔子仍然反对子贡去掉仅存形式的作为告朔牺牲的"饩羊"，因为这"饩羊"还可以让人回忆起古礼，并保存复兴古礼的希望。那些初步作为形式得以恢复的乡村文化传统也正如"告朔之饩羊"，即便仅仅作为形式也未必没有保存的意义。

当然，辩护并不意味回避问题。在与旅游经济结合在一起的地方传统文化恢复中，如何做到面子与里子兼顾，发掘文化活动的内涵，是一个普遍而迫切的问题。以畲族地区广泛恢复起来的祭祖礼为例，畲族学者蓝炯熹指出，当今三月三畲族文化节等活动中祖先崇拜的祭祀活动更加简略便捷，"更加注重了娱乐性而减弱了神圣性"②。这个问题在笔者所观摩到的龙峰村开酒节祭祖仪式中应该说还不是很明显，无论是仪式的主持者还是参与者，我们都可以看到确实有一份敬重远祖的严肃与虔诚。不过，由于祭祖仪式只是整个开酒节活动的一环，而且是面对众多外来客人和大众媒体，仪式的过程难免带有一点匆忙，热闹有余而神圣性有所不足。

---

① 钟伯清.中国畲族 [M].银川：宁夏人民出版社，2012：280.
② 蓝炯熹.畲民家族文化 [M].福州：福建人民出版社，2002：391.

　　针对旅游经济中畲族文化节庆活动较多注重外部展示而忽略内涵建设的问题，有学者提出可以将畲族文化分为显性层与隐性层。显性层包括建筑、歌曲、手工艺等；隐性层包括宗教禁忌、神圣仪式等。显性层可以适度进行商业开发，隐性层要避免商业化。① 这是一个很有意义的划分，并且可以在文化节庆活动中操作，例如，可以考虑在三月三、开酒节等畲族节庆中分出族内仪式与公众活动两个大环节，将祭祖仪式放在族内，与歌舞表演、手工艺展示等娱乐性强的活动分开来。另外，乡村在发展民族特色文化时不能将项目都承包给旅游和文化公司，要适当地咨询专家学者的意见，条件具备的时候可以召开小规模的学术研讨会，探讨畲族乡村文化发展的一些深层次问题。

　　除了内外兼顾的问题外，畲族乡村文化传承与发展还面临一个更困难的问题——如何应对生产、生活方式现代化带来的挑战。正如"畲"这个字的字面意思所昭示的，畲族本来是一个以刀耕火种的方式游耕于中国南方山区的民族，畲族的很多文化习俗都与山区游耕和狩猎并重的生产、生活方式相关，如对远祖龙麒的崇拜、畲族武术、山歌等，都是从山区游耕生活中发展出来的文化形态。当畲乡人民在现代化的大潮中逐渐告别了原来的游耕、狩猎生活时，这些失去了土壤的文化习俗如何还能富有生命力地保存下来并得到发展？在调研中我们就发现，虽然莪山地区的畲歌曾经颇为发达，现在也还有能唱不少畲歌的村民，但已经限于少数几位老人，而且也只是在节庆等少数场合会出来唱一下，畲歌基本上淡出了莪山地区人们的日常生活，即便在节庆活动中，像盘歌、对歌等活动也很难搞得起来。甚至学校里面的畲语、畲歌教学，也有一定的表面应付的成分。面对这类危机，是让那些古老的文化习俗、文化遗产自行消亡？或名存实亡？还有没有挽救、振兴之道？面对适应现代化与保存文化传统的两难，有学者感叹："丧失现代化意味着民族的贫困；丧失文化传统则意味着民族的消亡。"② 这个两难没有解决之道吗？应该没有这么消极。这里面我们需要分清传统文化的两个层面，一个层面是完全附着在特定时代的生产、生活方式中的文化，如对神犬、龙王的崇拜就附着在狩猎、农耕的生活中，当传统的狩猎、农耕生活消失或淡化，这类习俗自然会消亡或弱化，对此我们没有必要刻意感伤、挽留；另一个层面是虽然产生于

---

① 张敏. 福安畲族文化旅游资源保护与开发模式研究 // 福建省炎黄文化研究会，宁德师范学院. 当代视野下的畲族文化福州：海峡文艺出版社，2016：284.
② 徐心希. 清代畲族教育及其文化发展对当代少数民族教育的启迪 // 福建省炎黄文化研究会，宁德师范学院. 当代视野下的畲族文化福州：海峡文艺出版社，2016：72.

既往的时代但具有恒久意义的文化，如敬祖、好客、勤劳、爱美的精神等，这些精神在畲族的祭祖礼和畲歌等习俗中得到表达，是畲族文化精髓的部分，这个层次的文化构成一个民族真正的经典，值得永久流传。

经典是一个民族生存经验、梦想和智慧最精华的表现，是民族文化的宝典。纵观世界上生命力顽强的各个民族，都有自己民族的文化经典，构成该民族文化认同与文化活力的不竭源泉，也是一个民族在历史的长河中历经考验、磨难而繁衍生息的精神支柱。就畲族文化而言，《高皇歌》这样的民族史诗在畲族的长期迁徙流转中曾经起了强大的族群认同和族群凝聚作用，其中有些内容固然带有强烈的旧时代印记，但其中表现畲族人民勤劳、忠勇、热爱自由的段落仍值得传唱、学习。此外，畲族人民世代传唱的大量畲歌中还有不少精彩的篇目，经过采集、遴选可以确认出一批畲歌的经典，让这些经典进入畲乡的节日、畲民的记忆，进入社区和学校，是畲族文化传承和发展刻不容缓的要务。在畲歌的传唱方式中，也要考虑到其特点，找到合适的传承和表演方式。例如，带有说唱艺术特征的畲族歌旋律比较简单，不太适宜大型舞台表演，就可以用篝火晚会、围炉夜话之类的形式传唱。只要畲族人民中的有识之士真正认识到自己民族文化传统的宝贵价值，并找到文化传承的合适形式，相信畲乡的文化在党和政府民族团结的好政策领导下会迎来再一度的灿烂，畲乡的美丽凤凰会再度浴火重生，为中华文化的大繁荣贡献出自己的一曲华章。

民族政策助力
浙江畲族村落
发展

ZHUANTI PIAN
MINZUZHENGCE ZHULI ZHEJIANG SHEZU
CUNLUO FAZHAN

畲 乡 逐 梦

专题篇　民族政策助力浙江畲族村落发展

近年来，在各项民族政策和乡村振兴举措的积极影响下，包括龙峰民族村在内的省内畲族村落走上了快速发展的道路，经济、社会和乡村环境建设取得了令周边汉族村落羡慕的成绩。浙江省畲族村落的快速发展，离不开近年来中央和地方对民族地区的大力扶持，离不开地方对民族干部的重视。

第一节　浙江畲族人口概况

畲民自称"山哈"，意为山里的客人，主要分布在福建、浙江、广东、江西、贵州、安徽、湖南等地的山腰和坡地。畲族是一个聚居的民族，有共同的地域、共同的经济生活、共同的语言和共同的文化心理。在很长的一段时间内，对畲族的称呼都无法统一，明清两代直至民国时期有些地方史志还常常将畲民以"苗""瑶"相称。1956 年 12 月，国务院正式公布"畲族"是我国伟大的统一的多民族大家庭中的一个平等成员。从此，"畲族"成为法定的族称。

一、畲族人口数量变化

根据中国 2010 年第六次全国人口普查统计，畲族人口为 708651 人，其中 6 岁及以上人口 643415 人，约占全国人口的 0.05%。在汉族以外的人口中，畲族位列少数民族人口数量第 19 位，是中国人口较少的少数民族之一（参见附表一）。浙江省是少数民族散杂居省份，畲族、回族和满族是主要世居少数民族，设有我国唯一的畲族自治县——景宁畲族自治县，还有 18 个民族乡（镇）和 437 个民族村。

2000 年时，浙江畲族人口达 170993 人，为人口最多的少数民族，在少数民族中比重达 43%。改革开放以来，随着少数民族流动人口的迅速增加，少数民族人口规模和结构亦随之发生了变化。从 2000 年到 2010 年，畲族人口绝对数量和比重在浙江省均有所下降（见表 10）。

表 10　畲族人口在浙江省的比例（2000 年和 2010 年人口普查数据）

年份	全省人口总计 / 人	汉族人口 / 人	畲族人口 / 人	畲族人口占浙江省少数民族人口的比例
2000	45930651	45535266	170993	43%
2010	54426891	53212194	166276	14%

数据来源：浙江省第六次人口普查数据

当前，浙江全省少数民族常住人口为 121.5 万人，人口最多的少数民族为苗族，309064 人，其次为土家族，227012 人，畲族排名第三，166276 人，占少数民族人口的 14%。

二、畲族人口地理分布

浙江省的畲族人口多数为农村人口，分布在杭州市、温州市、金华市、衢州市和丽水市的 13 个县（市、区），少数民族人口占 30% 的行政村有 400 多个。丽水市景宁畲族自治县是全国唯一的畲族自治县。

桐庐县莪山畲族乡是杭州唯一的少数民族乡，面积 28.73 平方千米，辖 13 个行政村，总人口 9240 人左右，畲族人口 2780 人，约占总人口的 30%，其姓氏有雷、蓝、钟、李四姓。龙峰村是莪山乡 4 个民族行政村之一，是一个畲族文化底蕴深厚的民族村，全村 1460 余人，其中畲族人口 547 人。浙江全省共有 18 个少数民族乡，包括桐庐县莪山畲族乡，平阳县青街畲族乡，苍南县岱岭畲族乡、凤阳畲族乡，文成县西坑畲族镇、周山畲族乡，泰顺县司前畲族镇、竹里畲族乡，武义县柳城畲族镇，兰溪市水亭畲族乡，龙游县沐尘畲族乡，莲都区老竹畲族镇、丽新畲族乡，龙泉市竹垟畲族乡，云和县雾溪畲族乡、安溪畲族乡，遂昌县三仁畲族乡，松阳县板桥畲族乡等 18 个畲族乡（镇）。这些乡镇中，规模大的有近 3 万人，如武义县柳城畲族镇，也有仅 2 千余人的小乡，如云和县雾溪畲族乡；地理位置多数距县城较远，其中平阳县青街畲族乡与县城通车距离超过 50 千米（见表 11）。

表 11　浙江省民族乡（镇）的基本情况

乡镇名称	乡镇总人口 / 人	少数民族 人口 / 人	与县城通车 距离 / 千米	耕地面 积 / 亩
桐庐县莪山畲族乡	9240	2780	11—30	9128
平阳县青街畲族乡	11580	2547	50 以上	3558
* 苍南县凤阳畲族乡	6681	2540	31—50	3643
* 苍南县岱岭畲族乡	5563	2837	50 以上	4597
△文成县西坑畲族镇	21495	3346	31—50	6631
* △文成县周山畲族乡	5189	1781	11—30	2885
△泰顺县司前畲族镇	19006	2850	11—30	4164
* △泰顺县竹里畲族乡	2964	1102	11—30	1629
兰溪市水亭畲族乡	21678	3035	11—30	27087
* 武义县柳城畲族镇	29901	3604	31—50	18288
龙游县沐尘畲族乡	11628	2949	11—30	8786
莲都区老竹畲族镇	15500	3350	31—50	15204
* 莲都区丽新畲族乡	10279	2083	31—50	7689
* △龙泉市竹垟畲族乡	7741	2398	11—30	10413
* △云和县雾溪畲族乡	2119	552	6—10	995
* △云和县安溪畲族乡	2709	796	6—10	1454
△遂昌县三仁畲族乡	8434	2073	6—10	8815
* △松阳县板桥畲族乡	4978	1256	31—50	2114

注：加 * 乡（镇）属于 211 个省重点扶持欠发达乡镇，加△乡（镇）属浙江省特别扶持计划的 12 个重点欠发达县范围。

资料来源：省民宗委统计。

第二节　畲族地区发展瓶颈与制约因素

为了从宏观上把握浙江省畲族地区发展的总体态势，在此以省内典型畲族地区景宁畲族自治县为例，从历史和区域的维度，分析当前畲族地区发展的总体态势，结合全省民族地区的典型特征，剖析传统上民族地区发展相对滞后的主要因素。

一、畲族地区生产总值仍处于劣势

2018 年，景宁实现 GDP 59.34 亿元，列丽水全市 9 县（市、区）第 9 位，人均 GDP 54394 元，列 9 县（市、区）第 8 位，分别比全省、全市平均水平低

44249 元、9217 元。

二、畲族居民可支配收入与其他地区的差距依然较大

从收入水平看，2018 年，景宁农民人均可支配收入为 18170 元，分别比全省平均水平（27302 元）、全市平均水平（19922 元）低 9132 元和 1752 元。在全省 26 个加快发展县中列第 19 位（高于文成县、泰顺县、武义县、磐安县、开化县、松阳县和庆元县），在丽水全市 9 县（市区）中列第 7 位，高于松阳（17546 元）、庆元（17157 元）。

从增速看，2014—2018 年，景宁农民人均收入年均增长 10.0%，同一时期，全国农民人均收入年均增长 8.7%，全省农民人均收入年均增长 9.0%，丽水全市农民人均收入年均增长 8.9%，景宁农民增收步伐明显快于全国、全省和全市平均水平。

三、区位和自然资源劣势是发展滞后的直接因素

民族乡（镇）大多数地处自然条件较差、交通不畅的边远山区，在 18 个民族乡（镇）中有 14 个乡（镇）地处山区，有 4 个乡（镇）地处丘陵地带，并且有 8 个乡（镇）与最近县城的通车距离大于 30 千米。民族乡（镇）的公路密度为 0.73 千米 / 平方千米，低于全省乡镇平均的 1.08 千米 / 平方千米水平。交通不便导致各类发展要素区域之间、城乡之间流通不畅，难以依靠工业化做大县域经济，进而依靠城市化、信息化拉动农业现代化的一般发展路径。18 个民族乡（镇）中有 16 个集中在省内 26 个欠发达县（市、区），其中有 10 个属于 211 个省重点扶持的欠发达乡镇。

龙峰村所处的菝山畲族乡区域总面积 28.73 平方千米，呈"九山半水半分田"的地貌特征，农业生产条件和自然资源条件相对较差，同时由于缺少矿产、油气等资源，也难以效仿资源密集型的本地发展模式，一直以来乡村经济社会发展被区位和资源条件严重制约。

四、人口外流进一步放大区位和自然资源短板

龙峰等民族村落由于地处偏远山区，长期以来交通等基础设施互联互通相对滞后，既阻碍了外部要素流入也加快了本地人口资源外流。2018 年，在畲族自治县景宁，8200 多人外出自主创业，12500 多农村劳动力人口转移就业，导致 70%

的乡村人口外流。这些外出劳动力通常文化水平比较高，多为年轻劳动力，在全国各地创办小超市、小宾馆、小水电等各类经济实体 8400 多家，这些产业分散在全国各地，对当地发展带动力不强。相反，留守的人口多数年龄偏大、文化水平偏低、劳动技能较差。

在龙峰村以雷天星等人为代表的本村率先致富的群体大多散布在本县甚至本省以外（只是近年来在政策感召等因素的影响下，才有部分回归乡里）。这种劳动力和人才要素的外流进一步放大了民族乡村的区位和资源劣势。

五、教育投入不足和人口素质提升较慢

受传统文化、语言、经济发展水平等因素的影响，畲族人口的受教育程度偏低。根据 2010 年的人口普查数据，接受初中及以上教育的畲族人口占比明显低于汉族（图 7）。另据对 101 户畲族民族群众就业和收入情况调研显示，畲族农民受教育程度在小学及小学以下的占 23%、初中占 42%、高中占 26%。影响家庭收入的主要原因，文化程度低的占 23.1%，因病因残的占 11.5%，缺技术的占 8.5%，缺劳动力的占 6.2%。10.1% 的受访户期盼政府提升农村教育水平，21.0% 的受访户期盼加强农业技术指导和技能培训（景宁第三次农业普查）。

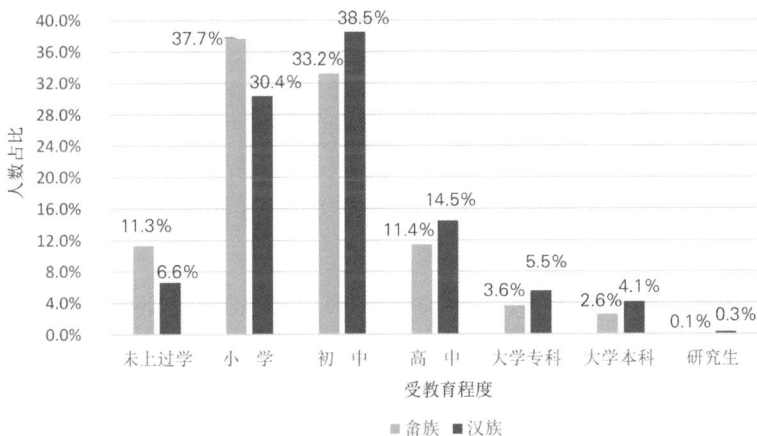

图 7　浙江省汉族和畲族受教育程度差异（6 岁及以上人口）

第三节　民族政策助力畲族村落跨越式发展

为了确保到 2020 年实现全国同步全面建成小康社会的要求，"十三五"以来，中央加大了对少数民族和民族地区发展的扶持力度。这一历史机遇为民族地区发展注入了强大的动力，龙峰民族村和广大浙江省的民族地区的快速发展离不开这一有利的外部环境。

一、民族地区发展政策不断加强

在国家民委的指导下，浙江省委、省政府高度重视民族工作，认真贯彻落实党的民族政策和国家有关法律法规，不断完善民族工作体制机制，促进全省各民族共同团结奋斗、共同繁荣发展。2003 年颁布实施了《浙江省少数民族权益保障条例》；2005 年省委、省政府出台了《关于进一步加强民族工作，加快少数民族和民族地区经济社会发展的意见》（浙委〔2005〕21 号）。

为贯彻实施《国务院实施〈中华人民共和国民族区域自治法〉若干规定》，省委、省政府还出台了《关于扶持景宁畲族自治县加快发展的若干意见》（浙委〔2008〕53 号）和《关于加大力度继续支持景宁畲族自治县加快发展的若干意见》（浙委〔2012〕115 号），2009 年出台了《浙江省人民政府关于进一步繁荣发展少数民族文化事业的实施意见》（浙政发〔2009〕73 号），2013 年 12 月出台了《浙江省人民政府办公厅关于进一步加快民族乡（镇）经济社会发展的意见》（浙政办函〔2013〕98 号）。

在民族政策的带动下，上级财政的转移支付带动民族地区行政收支的稳定增长。据统计，2001—2014 年，民族地区的财政总收入从 1.59 亿元增长到 9.78 亿元，增长了 5.17 倍，年均增长速度达到了 15.02%。此外，2008 年省委、省政府出台了《关于扶持景宁畲族自治县加快发展的若干意见》（浙委〔2008〕53 号）文件，加大对景宁畲族自治县的财政保障力度，在享受欠发达县特别扶持政策的同时，明确省级财政每年再安排 5000 万元专项资金。据初步统计，该县近 10 年来获得中央、省级财政转移支付达 76.82 亿元，相当于地方财政收入的 3 倍多。

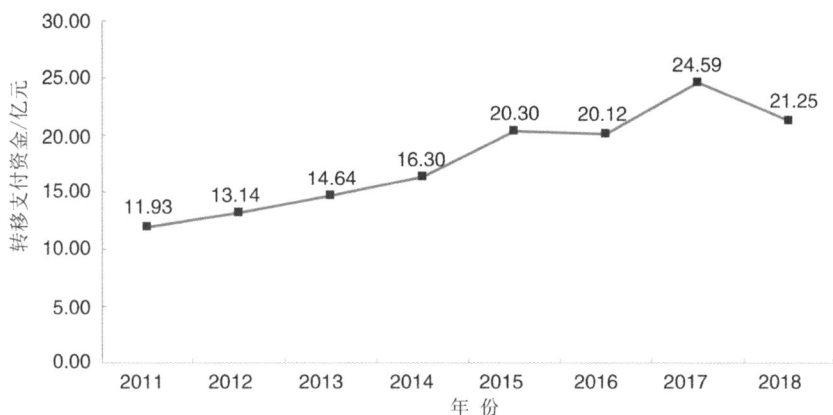

图 8 2011—2018 年省级以上转移支付资金

二、地方财政状况明显改善，行政能力得到提升

建立对民族乡村的财政帮扶机制。各级政府高度重视民族乡村的发展，针对大部分民族乡村地处偏远、财政收入薄弱的现状，多措并举，加大扶持力度。据初步统计，"十一五"期间，省级财政安排各类少数民族专项资金总计 1.15 亿元（当年价），较"十五"期间增长了 2.5 倍。"十二五"以来，全省已投入中央和省财政少数民族发展资金 1.1 亿元（当年价）。目前中央财政每年安排给浙江省的少数民族发展资金近 2000 万元，省级财政安排的民族发展资金达 2500 万元，民族教育资金 1000 万元。2013 年，省政府办公厅又出台了《关于进一步加快民族乡（镇）经济社会发展的意见》（浙政办函〔2013〕98 号），建立健全了财政投入、对口帮扶、社会支持等各项帮扶机制，省财政每年增加安排 3600 万元对每个民族乡（镇）给予每年 200 万元的省财政扶持。

财政转移收入的增加，大大改善了民族地区的财政状况。据统计，2001—2014 年，财政支出从 2.45 亿元增加到 17.74 亿元，年均增长率为 16.44%（表 12）。

表 12 2001—2014 年民族地区主要财政指标变化情况表（2001 年不变价）

年份	财政收入 / 亿元	财政支出 / 亿元	财政赤字 / 亿元	赤字占财政收入比 重 /%
2001	1.59	2.45	0.86	54.09
2002	1.96	3.17	1.21	61.77
2003	2.18	3.50	1.32	60.55

续表

年份	财政收入 / 亿元	财政支出 / 亿元	财政赤字 / 亿元	赤字占财政收入比重 /%
2004	2.21	3.82	1.61	72.50
2005	2.90	4.54	1.64	56.51
2006	2.94	5.02	2.08	70.58
2007	3.06	5.42	2.36	77.03
2008	3.33	7.25	3.92	117.70
2009	3.43	8.69	5.27	153.83
2010	4.37	11.48	7.12	162.97
2011	7.54	14.58	7.04	93.42
2012	10.05	15.63	5.58	55.58
2013	9.15	14.97	5.82	63.63
2014	9.78	17.74	7.96	81.39

数据来源：省民宗委提供的 18 个民族乡（镇）及景宁畲族自治县的统计资料，《中国民族统计年鉴》。

三、教育、文化、卫生等事业大幅改善

随着财政转移收入的增长，民族地区可利用的资金增加，带动民生投入大幅增长。从 2005 年起，省财政新设民族教育专项资金 500 万元，2008 年增加到每年 1000 万元，用于对景宁县和 18 个民族乡（镇）的中小学以及经批准办有民族班的普通中小学进行补助。全省民族中小学危房基本得到改造，学校的教学设施不断更新。2012 年底，全省 18 个民族乡（镇）有学校 23 所，在校生 1042 人，任课教师 846 人。民族乡（镇）学龄儿童在学前及义务教育阶段，均享受义务教育经费制度保障和家庭困难儿童助学制度保障，少数民族适龄儿童入学率达 99.9%，巩固率达 99.9%。少数民族基础教育各项主要指标基本上跟上了全省的发展步伐。

民族文化体育事业蓬勃发展。18 个民族乡（镇）有文化站 20 个，村文化活动室 225 个。近年来，我省各地根据新形势下广大少数民族群众的文化生活需求，利用农闲、民族节庆等，组织和引导少数民族群众开展"三月三"歌会等丰富多彩的少数民族文化活动，丰富了少数民族群众的文化生活。

民族地区卫生体系逐步完善，民族地区新型农村合作医疗制度已全面实行，少数民族群众新农医参合率、养老保险参保率逐年提高，医疗卫生基础设施和公共卫生体系逐步改善。少数民族群众新农合参合率逐年提高，目前达到 93%；养

老保险参保率已从 2008 年的 6.4% 提高到 2012 年的 32.67%。民族乡（镇）共有 24 家卫生院，平均每万人拥有卫生技术人员 30.3 人、15.5 个床位，基本接近全省乡镇平均水平，疫病防控能力得以加强，"看病难、看病贵"的情况有所好转。

四、交通、通信等制约因素不断弱化

畬族地区在民族政策的助力下，民族乡（镇）公路总里程由 2008 年的 679 千米增加到 2012 年的 903 千米，增长 33%。全省农村"康庄工程"道路基本通到少数民族行政村，目前，联村公路建设得到发展。全省民族乡（镇）共 259 个村，全部通自来水、通电、通邮、通电话和有线电视。

基础设施的改善也为产业的发展创造了有利的条件，2013 年以来，景宁的第三产业大幅增加（图 9），实现了产业结构的快速升级。此外，丽水市委市政府专门在市区划出一块 4 平方千米的土地，用于支持景宁发展生态工业"飞地"经济，利用"两山（一类）"资金 2.97 亿元，实施农村金融改革扶贫小额信贷贴息、农家乐民宿休闲旅游、集体经济薄弱村转化、"景宁 600"品牌建设、脱贫保险和防返脱贫等 24 个增收类项目。这些差别化扶持政策，加速推进了交通等基础设施建设、城乡融合发展、公共服务均等化，更为重要的是通过发展生态产业，打通了"两山"通道，育新育强了经济发展、农民增收的内生展动力。

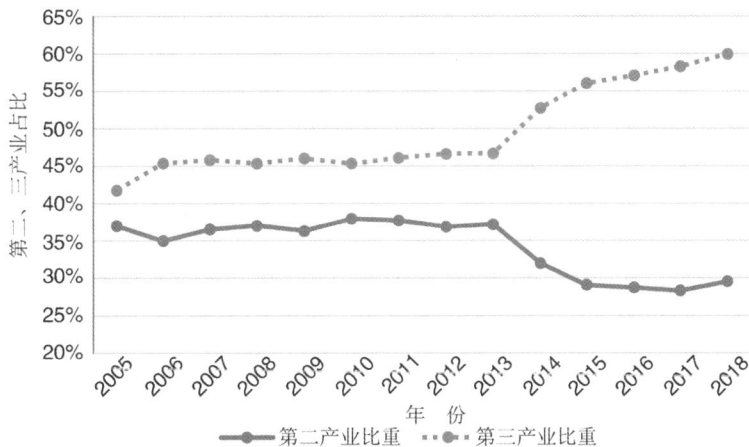

图 9　景宁县产业结构变化（2005—2018 年）

数据来源：浙江省统计年鉴。

另外，以特色产业为标志的区域经济长足发展。少数民族产业园区集聚发展持续推进，全省 6 个少数民族地区（景宁 2 个，莪山、司前、柳城、水亭各 1 个）

设立的开发区、产业园，2013 年实现产值 14.1 亿元。丽水经济开发区内划出 4 平方千米土地供景宁建设丽景民族工业园，2013 年民族工业园总部经济企业上缴税款 4.8 亿元，被国家民委确定为扶贫开发试验区。特色农业方兴未艾，全省以项目建设为抓手，以少数民族发展资金为助推，以基地化、品牌化、组织化为方向，大力培育和开发特色农业、生态农业，2011 年来共实施生态养殖、蔬菜、中草药、油茶、有机茶、有机水果、竹木及笋竹等重点特色产业项目 97 个。扶贫综合开发工作成效显著，积极引导欠发达地区少数民族下山移民、劳务输出，引导发展块状经济、民族工艺品加工业和"农家乐（畲家乐）"休闲旅游业等，大力促进农民增收。

五、发掘和保护畲族文化，促进民族特色产业发展

截至 2015 年 7 月，全省共有 40 多个民族村开展少数民族特色村寨保护与发展试点，15 个民族村入选"全国少数民族特色村寨保护与发展名录"，6 个民族村被列为首批中国少数民族特色村寨命名挂牌申报对象。民族旅游经济加快发展。2014 年举办了首届浙江省畲族"三月三"风情旅游节，由此带动了节庆游、风俗游、居家游、摄影游的系列特色旅游。连续举办了两届畲族服饰设计大奖赛，推动民族服装的产业化发展。

2017 年 8 月，浙江省旅游局公示了拟列入浙江省旅游风情小镇培育名单，共计 115 个，其中 5 个民族乡（镇）和景宁畲族自治县的 2 个乡镇跻身浙江省旅游风情小镇培育名单，它们是平阳青街、泰顺竹里、武义柳城、莲都老竹和云和安溪，还有景宁的东坑、大均。另外有 13 个乡镇辖有一定数量畲、回民族村。据统计以上乡镇中共辖有 82 个民族村，少数民族人口达 2.8 万人。

全省少数民族和民族地区按照各自的资源禀赋、产业基础、发展条件，以基础设施建设为先导，大力发展特色产业、特色产品、特色旅游、特色文化，走出了一条基础先行、特色发展、主攻增收、建设小康的发展道路。

附表一

根据中国 2010 年第六次全国人口普查统计，畲族人口为 708651 人，其中 6 岁及以上人口 643415 人，约占全国人口的 0.05%。在汉族以外的人口中，畲族位列少数民族人口数量排名第 19 位，是中国人口较少的少数民族之一。从性别构成来看，

6 岁及以上畲族人口中，男性 347787 人，女性 295628 人，性别比（女性 =100）为
117.6，为各民族最高。

2010 年畲族与全国各民族人口及比重

序号	民族	合计 / 人	男 / 人	女 / 人	性别比（女 =100）	比重
1	汉　族	1140804980	581418089	559386891	103.9	91.81%
2	壮　族	15450124	7888354	7561770	104.3	1.24%
3	回　族	9684824	4893795	4791029	102.1	0.78%
4	满　族	9644853	5011378	4633475	108.2	0.78%
5	维吾尔族	8911219	4506654	4404565	102.3	0.72%
6	苗　族	8509677	4366148	4143529	105.4	0.68%
7	彝　族	7792892	3969613	3823279	103.8	0.63%
8	土家族	7630400	3918497	3711903	105.6	0.61%
9	藏　族	5652093	2832661	2819432	100.5	0.45%
10	蒙古族	5493484	2743974	2749510	99.8	0.44%
11	侗　族	2619132	1367284	1251848	109.2	0.21%
12	布依族	2598781	1306140	1292641	101.0	0.21%
13	瑶　族	2496825	1297250	1199575	108.1	0.20%
14	白　族	1785320	902316	883004	102.2	0.14%
15	朝鲜族	1764882	876449	888433	98.7	0.14%
16	哈尼族	1495794	774045	721749	107.2	0.12%
17	黎　族	1317322	678688	638634	106.3	0.11%
18	哈萨克族	1305071	665698	639373	104.1	0.11%
19	傣　族	1154883	570983	583900	97.8	0.09%
20	畲　族	643415	347787	295628	117.6	0.05%
21	傈僳族	640339	323680	316659	102.2	0.05%
22	东乡族	551196	278773	272423	102.3	0.04%
23	仡佬族	497661	259892	237769	109.3	0.04%
24	拉祜族	446816	227876	218940	104.1	0.04%
25	佤　族	398890	200774	198116	101.3	0.03%
26	水　族	370377	190104	180273	105.5	0.03%
27	纳西族	307242	152785	154457	98.9	0.02%
28	羌　族	289490	146242	143248	102.1	0.02%
29	土　族	266248	135588	130660	103.8	0.02%
30	仫佬族	195734	99682	96052	103.8	0.02%
31	锡伯族	176497	92327	84170	109.7	0.01%

续表

序号	民族	合计／人	男／人	女／人	性别比（女=100）	比重
32	柯尔克孜族	165498	83747	81751	102.4	0.01%
33	景颇族	132808	63492	69316	91.6	0.01%
34	达斡尔族	121946	59706	62240	95.9	0.01%
35	撒拉族	113873	57380	56493	101.6	0.01%
36	布朗族	108074	55364	52710	105.0	0.01%
37	毛南族	91706	47735	43971	108.6	0.01%
38	塔吉克族	45716	23375	22341	104.6	0.00%
39	普米族	39094	19475	19619	99.3	0.00%
40	阿昌族	34844	17365	17479	99.3	0.00%
41	怒　族	34002	17144	16858	101.7	0.00%
42	鄂温克族	28111	13289	14822	89.7	0.00%
43	京　族	25159	12724	12435	102.3	0.00%
44	基诺族	21014	10648	10366	102.7	0.00%
45	德昂族	18251	8895	9356	95.1	0.00%
46	保安族	17517	8644	8873	97.4	0.00%
47	俄罗斯族	14516	6842	7674	89.2	0.00%
48	裕固族	13441	6856	6585	104.1	0.00%
49	乌孜别克族	9596	5156	4440	116.1	0.00%
50	门巴族	9509	4687	4822	97.2	0.00%
51	鄂伦春族	7884	3641	4243	85.8	0.00%
52	独龙族	6220	2969	3251	91.3	0.00%
53	赫哲族	4940	2422	2518	96.2	0.00%
54	高山族	3674	1861	1813	102.6	0.00%
55	塔塔尔族	3244	1731	1513	114.4	0.00%
56	珞巴族	3213	1567	1646	95.2	0.00%
57	其他未识别的民族	574451	297632	276819	107.5	0.05%
58	外国人加入中国籍	1360	514	846	60.8	0.00%
总计		1242546122	633278387	609267735	103.9	100%

数据来源：中国 2010 年人口普查资料 http：//www.stats.gov.cn/tjsj/pcsj/rkpc/6rp/indexch.htm.

注：本表中各民族人口数量和比重均按 6 岁及以上人口计算。

访

谈

篇

村史留痕

FANGTAN PIAN
CUNSHI LIUHEN

为了更全面地了解龙峰民族村的历史和发展，课题组于2018年7月开展了第一轮村民访谈，访谈内容主要集中在村民个人经历、宗族姓氏方面，访谈15人次；2019年6月开展第二轮访谈，重点对改革开放前的村庄历史和村民的日常生活情况进行了补充调研，访谈18人次；2019年9月底，课题组进行第三次访谈，对畲歌和民间信仰进行了专题访谈，访谈6人次。除了这三次集中的正式访谈之外，也有在庭院里、在饭桌上、在田埂上的随时随地的零星访谈，丰富了我们对村庄的认知。

这些访谈主要依据口述史研究方法展开。口述史是历史文化研究的重要领域，对于还原历史真相，引发公众关注有特别意义。尤其对于龙峰民族村这样一个形成较晚的少数民族山村，其历史缺乏文字记载，口述访谈为我们提供了宝贵的村庄记忆和信息。

进行访谈前必须确定合适的访谈对象。我们选择的访谈对象包括以下几类：1. 村里的80岁以上的老人，主要考虑到他们的人生经历漫长，能够提供更多村庄自新中国成立以来的历史信息，再者他们对畲族传统习俗了解得更多。2. 历任村干部，他们最了解村庄的经济运行、社区治理、发展规划、文化建设。3. 普通村民，他们可以提供个人生活经历方面的信息。4. 提供特定信息的人，如畲族传统道士、畲歌传承人、莪山乡民族小学校长等。

这些访谈提供了宝贵的村庄历史记忆和民俗文化信息，也生动地反映了村庄的生活样态的变迁。每一份访谈都是宝贵的，我们都反复听取录音，认真整理。经过整理筛选，将其中12篇口述访谈分为3个主题收录在本书。未能收录的个人访谈，其中部分信息也都融入了各个相关篇章的行文中。

一、我们的畲歌

畲族人民有深厚的口传文化传统，畲歌是最重要的形式之一。由于畲族没有自己的文字，因此畲歌这样的口传文化对畲民保持和传承自己的民族文化有特别的意义。在传统的畲村，男女老少都会唱畲歌，对歌、赛歌是畲民农闲时节主要的娱乐生活之一，也是畲民表现聪明才智、进行社会联谊的形式。

由于生活方式的变迁，龙峰民族村会唱畲歌的畲民已经不多了，为了了解畲歌这一口传文化形态，课题组访谈了村里会唱畲歌的雷依香和钟奎兰两位老人。雷依香文化程度较高，当过村妇联主任，记忆力很好，不仅会唱《高皇歌》这样史诗型的长篇畲歌，而且还会根据原有的畲歌调子现场创作具有时代气息的畲歌。钟奎兰念过两年书，所唱畲歌更贴近日常朴素的畲民生活，虽然已八十多岁，其音色仍然清澈悠长，富有山野气息。两位老人的畲歌主要都由上一代的传承熏陶而来。如今，这种传承正面临后继乏人的危机。

（一）雷依香访谈

访问员：李旭

被访者：雷依香，1938 年生，1960 年桐庐中学毕业，1962—1983 年担任尧山坞村妇联主任

陪同人：龙峰村文化员雷敏炎

访谈时间：2019 年 10 月 1 日

访谈地点：尧山坞村雷依香家

访问主题：畲歌

访问员：您从小就会唱山歌吗？

雷依香：过去大家没电视看，今天在你家唱，明天在我家唱，大家都唱得很开心。我八九岁的时候很喜欢听，听着听着就会唱了。什么《采郎歌》《盘古开天歌》，还有骂人的歌（笑），这些都有。我15岁读书，拿着课本。后来我们畲族成立（莪山）民族乡，有了三月三民歌节，唱民歌，以前的歌又记起来了。一个人是唱不起来的，一个人唱人家会说你神经的。现在老一辈的人少了，年轻人不肯学。我孙女跟我学过的，她能够与我对唱。不过她读书很忙，没时间。我跟书记雷天星说文化礼堂搞好了，村里有人来学，我诚心教，让这个歌传下去。我这个歌很多人对不起来，对得起来就好了。

访问员：您会唱哪些歌？

雷依香：我什么歌都会唱，只要他们唱过来，我就会对过去。

访问员：您唱畲歌有人帮您录下来吗？

雷依香：有时候有人录，三月三搞活动的时候我唱畲歌有人录的。我们的畲歌每句唱出来都有一个意思的。

我唱一段《高皇歌》①（雷依香老人现场演唱《高皇歌》）。这段歌的意思是这样，盘古开天的时候很苦，没有棉花做衣服，只好用山上的树叶做衣服。"盘古开天到如今，世上也有几种人，一朝海水一朝鱼，一朝天子一朝臣。造出田地给人耕，造出大路给人走……"总共一百二十节。莪山乡里的广场上刻着这个《高皇歌》。

《山歌要唱得真》——唱歌也要唱得真，不好作假来骗人。哪怕我自己不识字，两边还有识字人。（雷依香老人现场演唱）

《有缘歌》——桃李没有叶子就开花，假如你和我有缘，就不要嫌他穷。有缘份的，千里万里就结姻缘。（雷依香老人现场演唱）

访问员：平常你们唱得最多的是什么样的山歌？

雷依香：这要看什么场合。如果搞活动，就不能唱骂人的山歌。如果坐在一起玩，就随便唱，也可以唱骂人的山歌。我们还有唱一个字的山歌，叫"一字歌"。

雷敏炎：浙江省有编过《少数民族山歌选》。

雷依香：我肚子里有一肚子的山歌，假如没人学就了了，不传下去就了了。

---

① 《高皇歌》，又称《盘古开天歌》。

访问员：应该请人录下来。

雷依香：我这里有唱一个字的"一字歌"，比如我唱上下的"上"——上是出头很快活，快活人种出粮食有得吃，有吃有用又有多。

再有中国的"中"——中字好似一把伞，撑起伞来到南京，南京考中了还要到北京。

油菜的"油"——油菜种在田里开花金晃晃，油子打油可做菜，菜饼可以来肥田。

皇帝的"皇"——皇帝皇子就在北京，管着底下的百姓，百姓里面也有犯人，管着犯人了就得太平。

"山"——山有高低有大小，山中树木就好高大，也有大来也有小，三月里抽青呢就一样青。

"钱"——什么事情都是钱做起来的，要学好样不要学坏样，学不好的样再多的钱也要败光。

"事"——办好事来要公平，有了决心才能办成，办事就要决心大，把事办好了心也甜。

"生"——人人出世都有名，也有男女不识字，也有男女做先生。

雷依香：我这个山歌唱出来不骗人的，实事求是的。

雷敏炎：畲族的文化智慧都在里面。

雷依香：还有对答的歌。（现场演唱）"唱歌哩要有伴哩，唱歌也要有好声音。烤火要有炉火镗，唱歌也要声音好，唱得不好就得罪人。"（现场演唱）"好的差的歌都要听，没好没坏就没分明。织布有粗也有细，粗的直来细的横。"

雷依香：山歌一定要对得上的。

访问员：现在村里有人能跟您对得上山歌吗？

雷依香：我这个山歌含义太深了，没什么人能对得上的。

雷敏炎：这个要肚才的（要有学问）。

访问员：这些是您自己作的词，还是从祖辈学来的？

雷依香：从我爸爸那里学来的。

雷敏炎：我爷爷① 肚才很好的。

雷依香：如果有人说，你唱歌怎么不怕羞？我就可以这样对出来："我要唱

---

① 雷依香是雷敏炎的姑姑，因此雷敏炎此处说"我爷爷……"

歌就不怕人多，随便什么地方就坐下来，我肚子饿了就不怕饭馊，没有半口吐出来。"

我要唱我们改革开放四十年变化很大，也可以编新歌——"改革开放四十年，平地高楼建起来，廊桥马路就通四方。改革开放大门开，金银财宝就滚滚来，美满幸福生活就做出来。"

我小时候记性很好，后来到桐庐中学读书，读完初中就回来了（1960 年毕业）。现在我们同学三五年还会聚一聚，现在的同学还有一百多人。（去拿同学聚会的照片）

访问员： 您也做过干部吧？

雷敏炎： 她做过妇女主任的，做过二十多年。

雷依香：（指着同学聚会的照片里穿畲服的）这里面就我一个畲族的。

访问员： 过去您的情况是怎么样的？

雷依香： 我是 1962 年军转回家，前面的时间随军在部队①。1962 年回来我就开始当妇女主任，当到 1983 年。我哥哥（就是雷敏炎的爸爸）是卫生院的赤脚医生，后来他把药箱子交给我了。我做医生在新登铁矿上待了两年。后来又做了两年代课老师。

访问员： 您当妇女主任的时候村里有什么文化活动？有"文宣队"之类的吗？

雷依香： 没有。那时候很苦的。

访问员：《高皇歌》您整个都能唱下来吗？

雷依香： 这个唱不出来。我本来有一本书的，后来没保护好，弄坏了。

访问员： 这个山歌你们到山里、田里干活都唱吗？

雷依香： 唱的，在山上砍柴也唱的。（现场演唱）"太阳出来亮晃晃，路上遇到砍柴郎，柴禾砍下没藤捆。我说你不要愁，山上的藤条我砍下来，一条我就自己捆，一条我就送给郎。"

访问员： 畲族男女谈恋爱都唱山歌吗？

雷依香： 有的。（现场演唱）女方唱——"你有缘分就给我看，没有缘分就走你的路……"男方就回——"你如果肯做我新娘，我随便哪里带你玩，身上穿什么就由你挑。"……这个里面情歌很多很多。

访问员： 您和您丈夫结婚的时候是自由恋爱吗？

---

① 雷依香的丈夫是军人。

雷依香：我们是半封建半自由的。我和我老公 1959 年结婚，我爸爸妈妈和他爸爸妈妈关系很好。我们两个也是同学。我老公今年 85 岁了，身体很好，就是脚有点不太好了，是因为他一定要山上去砍柴，我叫他不要去，他一定要去，结果受伤了。

访问员：家里孩子几个？

雷依香：两个儿子三个女儿，大儿子在长兴，媳妇也在那边娶的，孙子今年 25 岁，湖州师范学院毕业的，已经教书了。小儿子在横村，在工厂上班，女儿上高中了。

访问员：您的孩子跟您学过畲歌吗？

雷依香：就小女儿学过一些。这个要感兴趣的，我小女儿对这个感兴趣，就是没时间。

访问员：您唱了那么多好听的山歌。

雷依香：这个山歌如果用汉文翻译过来就好了。我们的山歌淳安有淳安调，缙云有缙云调。我觉得很可惜没把这个山歌翻译出来，没有把这个山歌传下去。如果有录音录下来就好了。雷天星（村书记）说了要把这个山歌传下去，我说只要有人来学我就肯诚心教。我们这个话（畲语），有贵州人嫁到这边来，话很快就学会了，山歌也会唱。

（现场演唱）《劝酒歌》——"桌上满面都是酒杯，满桌客人坐起来，我来劝酒客人喝，客人喝起来好快乐。"

我们还有《迎宾歌》，（演唱）意思翻译成普通话就是：前天我们就听到客人来了，我们把路修好等客人来，把客人接到家里去，客人坐下来，首先茶要泡起来，吃完饭后就认亲。

我们这个民族其他什么都不说，客人来了首先要有一杯茶。敬茶歌我孙女会唱的。像我这样认识几个字的人会把歌的意思讲出来，很多老人会唱歌，但是意思不会解释。畲歌如果会对歌的话很有意思的，我们小时候对过的。

访问员：搞集体的时候你们在劳动时有对歌吗？

雷依香：那个时候没有。后来恢复"三月三"的时候有对过的。"三月三"的时候新登、淳安很多地方畲族的会过来。对歌肚子里要有肚才（智慧），要能对得上的，对不上倒霉的。我老爸小的时候很有头脑的，新中国成立后还让我念书，我老爸思想很开放，他只读过小学，但社会上的知识了解得多。现在很多小孩韭菜与麦子都分辨不出来。理论要结合实际的。

（二）钟奎兰访谈

访问员：李旭、李明艳

被访者：钟奎兰，83 岁

陪同员：文化员雷敏炎

访谈时间：2019 年 10 月 1 日

访谈地点：龙峰村白栎湾钟奎兰家中

访谈主题：畲歌

雷敏炎：他们是杭州过来的，浙江省社科院的老师，想听您唱畲歌。

钟奎兰唱：客人来了雨伞就放门边，我捧出清茶给客人，客人笑着对我说，好茶爽口又甘甜。

钟奎兰：我们这歌你们听不懂的。

钟奎兰又唱：三月茶叶抽新来，我双手采茶放篮中心，采得茶来做茶叶，泡出茶来待客人。三月茶叶抽新长又长，我双手采茶放篮中心，请你过来炒茶叶，炒出茶叶待客人。

（雷敏炎用汉语解释大意。）

访问员：您的孙女有没有跟您学畲歌？

钟奎兰：我有个孙女在杭州上大学，家住横村，畲歌她不学，我也没有教她学。她很孝顺的，今天上午还来看我。

访问员：您这个畲歌谁教的？

钟奎兰：奶奶教我的，奶奶很好，我九岁就没妈妈了，是奶奶带大的。畲歌有很多，早的时候一天一夜要唱的。现在老了，很多不记得了。

访问员：你们老年人会不会聚在一起唱畲歌？

钟奎兰：老人会唱的也不多，唱不起来的。我大媳妇想学，但也唱不来。我大媳妇说要把我唱的录下来，让我大儿子学。我大儿子会唱几句的。

访问员：三月三的时候有没有请您去唱歌？

钟奎兰：有过的，三月三的时候我去唱过《采茶歌》的。

（钟老太太的老伴从外面进来了。他九十多岁了，还喜欢干农活。）

雷敏炎：村里九十岁以上的老人有福利的，一袋米，一桶油，一瓶蜂王浆，九十岁以上的老人整个龙峰村有五位，尧山坞三位。其他重阳节的时候，六十岁以上的都有福利的。

访问员：您老伴会唱吗？

钟奎兰：他不会唱的。

访问员：您读了几年书？

钟奎兰：从小没娘，没怎么读书。读了两年书，自己的名字认识的。

雷敏炎：畲族还有个史诗，叫《封金山》，讲畲族历史故事的。您还有其他歌也可以唱一唱。比如三条鞭（三句半）。

钟奎兰唱：上山冷水下山流，汇成河海一大片，甜酸苦辣都吃过，话说不好眼泪流。

高山冷水下山流，妯娌之间要讲得来，妯娌之间讲不来，甜酸苦辣肚里留。

双手捧茶我来吃，我喝完这茶歌没会。如果喝了茶没学会，只好把空碗留给您。

十八岁，双手提篮去采花，采朵花来送给郎。十八岁，采朵花来送给郎，我与郎来结成对。十八岁，双手提篮去采花，我十八来郎十九，十八十九结同年。

新造瓦房两头弯，金柱银柱就撑起来，三只洋钉钉得牢，南风北风都吹不倒。

我家住在大路边，也不怕客人来做客，客人来了水当酒，如果没菜酒当菜。①

访问员：您普通话说得挺好的，都是怎么学的？

钟奎兰：听别人说的。

访问员：现在您家里两个人自己做饭？（钟老太太准备做饭了）

钟奎兰：是的。现在好呢，生活水平都提高了。

---

① 根据雷敏炎老师解释的大意记载，与歌中原话有出入。

二、我们的生活

　　这部分按照被访问者的年龄顺序收录了六篇访谈记录，大致反映了从新中国成立到当代龙峰民族村的发展脉络、各个历史时期中村庄的样貌和重要事件。同时，访谈还记录了被访者个人的成长经历、家庭生活、对特定事件的观点等。多数访谈以被访者的个人经历作为脉络展开，也有以村庄发展为主题切入之后再回溯到个人经历来访谈的。行文上保留了很多当地口语化的表达，对一些表达不完整不清晰的地方用（注释）做了补充和注释。

（一）雷依香访谈

访问员： 李明艳、刘健

被访者： 雷依香，女，1938 年生，曾担任杭州市第五、六、七届人大代表，曾任村妇联主任

访谈时间： 2018 年 7 月 27 日

访谈地点： 雷依香家

访问主题： 个人经历和现在的生活

访问员：今年您多大年纪？

雷依香： 81 岁了。

访问员：您出生的时候新中国还没有成立吧？

雷依香： 还没有，我是 1938 年生的。

访问员：中华人民共和国成立前家在哪里？

雷依香： 小的时候爷爷从温州迁过来安家，爷爷是相面的，挑着箩筐来落户，家中四个孩子我最小（两个哥哥一个姐姐）。新中国成立的时候这里最多就 20 户人家，瓦片（房）很少，都是草棚的，都是小路、梯田。

访问员：那个时候田多吗？

雷依香：比较多的，都是梯田。

访问员：中华人民共和国成立前您家里的田是租来的还是自己家的？

雷依香：租田，好的粮食给地主，自己吃不到的。

访问员：尧山坞在当时都是少数民族吗？

雷依香：是的，少数民族。种田的人都是很少的，都是到山上开山种地瓜。

访问员：这个地方为什么叫山哈呢？

雷依香：其实是山客，到山上开山种地瓜当口粮。

访问员：您家里都是畲族人吗？

雷依香：我是畲族人，我姓雷的。

访问员：您的祖辈是少数民族，是爷爷辈从温州迁过来的，当时村子里的人也是和你们一同迁过来的吗？

雷依香：我们这个尧山坞村都是少数民族，有姓雷、姓蓝、姓钟、姓李，没有姓盘，姓盘的是大儿子，在广东，浙江很少的，浙江是姓蓝、姓雷、姓钟、姓李这些姓，姓盘的很少的。从小生在这里，语言还是少数民族的语言。（盘姓也是畲族的大姓）

访问员：中华人民共和国成立前大家还是穿民族服装吗？

雷依香：老一辈奶奶、妈妈衣服穿起来，头发要包起来，我们这一辈的没有这样了，跟现在一样的，有活动的时候把民族衣服穿起来。

访问员：小时候穿民族服装吗？

雷依香：小时候也不穿。

访问员：新中国刚成立的时候有书读吗？

雷依香：15 岁的时候开始读书。

访问员：在哪里读书？

雷依香：小学的时候在尧山，高小的时候在钟山（乡）。

访问员：您读了多少年书？

雷依香：这个我记不清楚了，在莪山乡里中学读了一年。

访问员：家里是四个兄妹？

雷依香：对，两个哥哥一个姐姐，我最小。

访问员：你开始读书的时候就已经是土改时期了，那么土地改革的时候家里分了多少地？

雷依香： 一亩七分五。

访问员：那够吃的吗？

雷依香： 够吃的，后来就迎来了"大跃进"吃大锅饭了。

访问员："大跃进"那时候是什么样的？

雷依香： "大跃进"时候砍树烧炭，1957—1958 年大炼钢铁。我 1959 年结婚，我老头在部队退役，他是 1955 年当的兵，是新中国成立后的第一批义务兵，那时候他是补充兵源。1959 年他来到遂昌，把户口迁到了那，到 1960 年、1962 年经济下放，又回来这里，户口也迁过来了。

访问员：你们在遂昌生活过几年？

雷依香： 不到两年吧，有一个大女儿。

访问员："文化大革命"的时候咱们村受到影响了吗？

雷依香： 那个时候我也不出去的，家里有几个小孩，在家搞搞家务。老头那时当了民兵连长，又当了大队长，又当了支部书记。我是 1962 年回来后当妇女主任的，当了 20 年。

访问员：老房子村里保存的多吗？

雷依香： 不多了，基本上都改造了，我这个房子是也改造了两次。

访问员：那你们是什么时候住上砖瓦房的？

雷依香： 我娘家是这里，我嫁到半山腰，在这里十多年了，这房子是大儿子造的。

访问员：家里几个子女？

雷依香： 三个女儿两个儿子，总共五个孩子。

访问员：那个时候家里孩子多的家庭能负担得起吗？

雷依香： 那时候到小店里赚工分养儿女，没工分养不大孩子。现在好了，种田种子不挑、肥料不挑、还不用交粮，那时耕田用牛，现在拖拉机开来。

访问员：集体公社的时候是用牛的吧？那牛是集体的吗？

雷依香： 是的，小时候家里两头牛耕田。把牛放到个人家养，我去放牛放羊也是可以挣工分的。

访问员：当时分田到户您家分到多少？种得过来吗？

雷依香： 五亩田，可以种得过来的。

访问员：分到五亩田后家里粮食够吃吗？

雷依香：够了，菜种起来，鸡呀猪呀都养起来了，生活一下子改善了。

访问员：当时的农业税多吗？五亩田都是种稻子吗？要交上去多少？

雷依香：交上去600斤公粮，还要看当时稻谷的生长趋势了，产量能不能达标。

访问员：五亩田总共可以产多少粮？

雷依香：两千多斤。

访问员：现在还种田吗？

雷依香：女儿嫁出去田要划掉的，三个女儿都是划掉的，后来两个媳妇过来田就不动了。

访问员：什么时候开始田不动的？

雷依香：差不多28年没动了，1990年开始。

访问员：现在家里边还有几亩田？现在还种吗？

雷依香：两亩多点，种一些地瓜、黄豆、玉米。

访问员：有没有想过把田租给别人种？

雷依香：没有，就是家里外甥过来给我种种，他种了一年。

访问员：如果要租有人愿意租吗？

雷依香：那个田我自己会搞的，种一点地瓜，还是舍不得给别人的。

访问员：那田的位置在哪里？

雷依香：在上边农庄（畲天农庄）。

访问员：那离这蛮远的？

雷依香：现在坐车上去，满山上都是葡萄。

访问员：葡萄园也是租的农民的地吗？

雷依香：都有承包的，家里有梯田、茶叶山、毛竹山，梯田和毛竹山承包出去，自己留的很少。

访问员：你们现在生活怎么样？有哪些收入呢？

雷依香：生活一般，儿子也会多多少少给一些，国家每个月都会发130元。

访问员：这个130元是什么呢？

雷依香：国家补助的，我老头还有两百多元，平时就买米和买菜吃，吃不了多少。

访问员: 你们当时是在村上退休，有退休金给你们吗？

雷依香: 有，110块，当时做妇女主任有500块20年（一次性补助），这个还是村里要来的，后面就没有了，现在每年三八妇女节有300块慰问金。

访问员: 这个是乡里给的？

雷依香: 是乡里给的，村里没有的。（集体经济）好的大队有，我们没有的。

访问员: 以前计划生育严格的时候村里超生的多吗？

雷依香: 那个时候计划生育的，有3胎4胎的要去做工作，现在要儿媳妇生都不生了。

访问员: 为什么想要他们多生几个？

雷依香: 现在国家开放了，生子容易，培养难。

访问员: 80年代之后您不当妇女主任了，就在家里务农吗？

雷依香: 带小孩，家里三个女孩都可以干活，五个小孩都很乖的。

访问员: 现在您在做的是什么？（雷奶奶手里一直在钩毛线）

雷依香: 帽子。

访问员: 这个手工是从哪里来的？加工费多少？

雷依香: 有老板送过来的，这个加工费一毛、两毛、三毛都有。

访问员: 做这个累眼睛吗？

雷依香: 要戴眼镜，不戴眼镜看着不方便。

访问员: 这个平时一天能做多少个？

雷依香: 不是天天做，要做做饭，洗洗衣服，少做一点的。

访问员: 会有人过来送货、收货的吗？

雷依香: 会有人送过来。

访问员: 一般叫他送多少给你呢？

雷依香: 这些是120个。

访问员: 这120个做完要花多久？

雷依香: 平时就做一做，有时间就多做一点。

访问员: 120个做完可以赚多少？

雷依香: 这个要看他的价格了，三毛、两毛呀。

访问员: 您还需要给它打包装吗？

雷依香: 不用的，捆起来就可以了。

访问员：自己弄的树也很漂亮的（门口有一大盆修剪得很精致的盆景橘树）。

雷依香：自己喜欢搞这方面，小儿子在花卉公司。这棵树十多年了，自己修剪的。

访问员：您现在还有少数民族的衣服吗？

雷依香：有的。

访问员：像老一辈的人们为什么头发要包起来呢？

雷依香：他们都是把头发包起来的。

访问员：他们会不会热呀？

雷依香：我也不知道了。

访问员：您现在身体还都可以的啊？

雷依香：我们那个时候读书条件很艰苦的，身体还蛮结实的。

访问员：你们同学聚会都是多久一次？

雷依香：以前年轻的时候是十年一聚，后来三四年差不多，这次就是三年多一点。

访问员：那今年要聚的吗？

雷依香：不知道什么时候了，还没有定的。

访问员：畲族人是不是很会唱山歌？

雷依香：我的老爸老妈很会唱山歌，老的一辈都会唱山歌，早的时候没电灯没有地方玩也没有电视，今天去你家明天去我家唱唱山歌。

访问员：唱山歌的调子是定好的还是随便唱的？

雷依香：都是老一辈传下来的，一句山歌有一个意思，唱出一句话就是又一个意思，要翻译出来的。

访问员：山歌是用畲语唱吗？

雷依香：是用畲语。

访问员：现在会唱山歌的人多吗？

雷依香：不多了，现在老一辈的人不多了，小一辈的不肯学。我的孙女有教她的，还可以跟我对唱。

访问员：对唱有什么技巧吗？

雷依香：就是我问你，你答。

访问员：那可以随便答的吗？

雷依香：这个不好随便答的。

访问员：唱山歌是以前的一种娱乐活动？

雷依香：差不多晚上出来大家一起唱唱，吃点心，喝一点酒，红曲酒就是祖辈传下来的，是我们少数民族的特产。

访问员：家里边会酿一些酒吗？

雷依香：过年的时候会酿，要等到天气凉了，10月份以后酿。

访问员：那唱山歌在白天种田的时候会唱吗？

雷依香：高兴的时候会唱的。

访问员：您小时候节庆活动多么？

雷依香：三月三是定下来的少数民族节日，每年都会唱。

访问员：那平时您会和老姐妹聚在一起唱一唱吗？

雷依香：也会唱一唱的，这次昌南有些客人来这里玩，他们也是畲族人，山歌也是唱得很好，我们这里会有几个跟他们对唱，交流一下。

（二）雷荣庆访谈

访问员：李明艳、刘健

被访者：雷荣庆，1950年生，1983—1988年期间担任尧山坞村村书记，在任期间建立尧山坞小学

陪同员：村文化员雷敏炎

访谈时间：2019年6月15日

访谈地点：雷荣庆家中

访问主题：个人生活经历，分田到户时期经历，村里建立第一所小学

文字整理：李明艳

访问员：你是哪一年担任书记？当了多久？任了多少期？

雷荣庆：1983年，连续五年，到1988年卸任。

访问员：之后您还担任过村里什么职务？

雷荣庆：之后就当支部委员。我自己向乡里书记提出来的，我当了好几年书

记可以给我换一下，乡里同意了。开始我们几个党员都不同意，村里选举还是全票选我，后来我就跟大家说实话，不要把我的名字摆上去了，乡里已经同意我下来了，不要选我了。后来大家就不选我了。那时候当委员没什么事情的，不像现在村里委员都很忙。

访问员：*之后您还担任过别的职务吗？*

雷荣庆：没有了。

访问员：*当时为什么不当了？大家都选你？*

雷荣庆：家里事情多，小孩小，有顾虑。家里人不太支持，人家办事不敢上门来。

访问员：*当时做书记期间还得过很多荣誉？*

雷荣庆：对的，到乡里委员会大家还是选我，村民和乡里对我还是很信任的，优秀党员、先进工作者都有的。

访问员：*以前开会要到村委？*

雷荣庆：没有村委的，谁家方便就在谁家开会。我当书记就在我家里啦。

访问员：*以前一直没有村委？*

雷荣庆：没有的，两个村合并（2004年尧山坞与双华村合并）之后才有现在的村委。以前尧山坞的学校搬走了，空出来的地方就当成会议室，就这样弄两三年吧。（老学校那块地方就是现在山哈文化馆对面雷天星家的位置）以前没有学校的，是我和雷老师（雷敏炎）到县里要求建个学校的。

1. 建立尧山坞小学

访问员：*建学校是什么时候的事情？*

雷荣庆：1984、1985年，是在任期间。

访问员：*学校有多少个年级？*

雷荣庆：一到四年级，村小嘛！

访问员：*你们是怎么把它建起来的，能讲讲这个过程吗？*

雷敏炎：我们村没有校舍，多次申请，文教局也发文同意了，所有砖头、石灰等材料费用由文教局拨款，村里投工投劳建起了学校。

访问员：*当时您在任期间怎么会想到要搞个学校的呢？*

雷荣庆：是在他的要求之下（指指雷老师）。

访问员：*雷老师当时是老师吗？在哪里担任老师？*

雷荣庆：是老师，他就在这个村里当老师。

访问员：当老师但是没有校舍是吗？

雷荣庆：都是到人家家里的空的地方，就厅堂里，搬了四五个地方。

雷敏炎：也曾经在大礼堂里，办了两个教室，太挤了。

雷荣庆：他私人家里也办过，我还去读过。还有水库附近一个大房子，现在拆掉了，两边住人中间办学校。

访问员：就是哪里有空地方就在哪办是吗？

雷荣庆：对的，那个时候他（雷老师）家里也很小的。

访问员：您在任期间除了建学校还有什么比较大的事吗？

雷荣庆：村庄里边搞了几条路。村里造了三米多的机耕路。

2. 分田到户的过程

访问员：那时正好是分田到户的时候吧？

雷荣庆：刚开始没有分，后面才开始分。

访问员：为什么没有分？其他有些地方 1979—1981 年就开始了。

雷荣庆：我们这里比较晚，后来看人家都在分了我们也就分了。乡里昨天晚上阻止，第二天早上就叫你们分了，是这样的。

访问员：你说看到"人家"分，这个"人家"是谁呢？

雷荣庆：附近新丰村雷关友（音译）所在的组先分的，他后来（调）到县里政协去（工作）了。

访问员：他们先分，成功了吗？

雷荣庆：成功了，我们得到信息就学他的样子，当时乡里还阻止的。派人下来开会，只叫我们分成三个小组，不让分到户。

访问员：那时已经分田到户了吗？

雷荣庆：还没有，一个生产小队分两个小组，还没到户。我们本来这个生产小队分四个小组，乡里让分三个小组，不要分得太散。

访问员：看到别的村成功，你们也这样做，当时心里有没有担心上头反对或是承担一些责任？

雷荣庆：担心过的。

访问员：那为什么还要做呢？

雷荣庆：群众强烈要求，村里有压力了。

访问员：当时是怎么分？是有政策还是自己制定的？

雷荣庆：自己搞的，大家一起商量。

访问员：那时候这还是尧山坞村，有六个生产队，每个队有各自的政策吗？

雷荣庆：对，每个队都有政策。

访问员：那您家里属于哪一队？

雷荣庆：我们属于六队。

访问员：六队当时是怎么分的，谁决定的？

雷荣庆：我们这里有一个老党员，他说话有道理，大家都愿意听他的。他原来负责晒稻子，每个人挑过来的稻子质量他都记得，他就知道哪块田是好田，哪块田比较差了。（因此田块的等级划分主要是这位老党员根据丰富的经验决定的）

访问员：当时分田的政策您能介绍下吗？

雷荣庆：按人口，我们生产队分成三个生产小组，按人口分，农具折价计算，按人口平均分。

访问员：小孩怎么算？

雷荣庆：按户口上的人口来算，超生的不算。

访问员：那小孩小一点的就少一点吗？

雷荣庆：一样的，大小一样，你家多少人口就分多少人口的田，女儿只要没出嫁就有的。

访问员：那女儿以后出嫁就没有了吗？

雷荣庆：对，地就留在家里。

访问员：您当时在六队，平均每人能分多少地？

雷荣庆：平均每个人七八分。

访问员：生产队里共有多少人？总共有多少田？

雷荣庆：一百一十多人，有93亩田。

访问员：其他队里的土地会多一点吗？

雷荣庆：那几个队要少一点，还是我们队多一点。前年（重新）量了，我们多了三分之一。原来说是有一亩的，现在量了大概有一亩三分。

访问员：就是说现在复查发现地块面积低估了。当时分田的时候也测量过吧？

雷敏炎：用皮尺拉，宽一点紧一点就大致（测量一下），田的边界折折弯弯不规整，很难准确。有的人懒得下去量就用眼睛看，就这里算一亩那里算五分。

雷荣庆： 那个时候分田大家都高兴，多一点少一点也不计较。

访问员：但是要交税的吧？交多少公粮和面积相关吧？

雷荣庆： 对的，当时分下来是多少面积就是多少面积。

访问员：那会不会量的时候有一亩实际上说成八分呢？

雷荣庆： 国家的税之前就定好的。

雷敏炎： 比方说这 100 亩地分下去就要这些税，不少于国家的就好。老百姓有田拿到就好。

访问员：当时有没有因为分田闹过一些矛盾？

雷荣庆： 没有的，大家都很好商量。

访问员：其他村有吗？

雷荣庆、雷敏炎： 也有这种情况，地有好有不好的，就抽签决定。抽不好的怪自己运气不好。双华村有个村民抽签运气不好，回家家人讲他，他就喝农药死掉了。我们村没有这种情况。

访问员：咱们村也是抽签的吗？

雷荣庆、雷敏炎： 也有抽签的，按序号抽谁先谁后，但我们是搭配来的，分三等田，每一家都有三等田，很公平。抽到前面序号的可以先选田，这就看手气了。

访问员：这个方法是村里想出来的吗？

雷荣庆、雷敏炎： 就是我们自己想出来的，大家一起讨论的，乡里都管不了了，那时候劲头很大的，夜里一两点还在讨论。

访问员：这个分田的事情前前后后搞了多久？

雷荣庆、雷敏炎： 生产小组基本一周之内四五天就好了，劲头很大的。

访问员：当时有考虑给村里留一点土地吗？

雷荣庆： 没有，所有土地都分光了。

访问员：那当时分田到户山林也分了吗？

雷荣庆、雷敏炎： 也分了，是按人口来分。测量基本是眼睛看看，用竹竿计长度，估估的（估计的）。

访问员：农具像拖拉机和耕牛这些也分下来了吗？

雷荣庆、雷敏炎： 耕牛都分下去，一头牛是几家拼起来用的；没有拖拉机，只有犁、耙，都分下去了。

访问员：那就是说好几家共用一头牛？

雷荣庆、雷敏炎：是的，共用一头牛，差不多共用了一年，就卖掉了，（变成）各家自己养，因为（共用耕牛）有矛盾。后来责任到户，耕牛就多起来了。

访问员：分田到户的时候是春季耕作之前吗？

雷荣庆、雷敏炎：是1981年秋收冬种时候。分好了就种上了。

访问员：那第二年就看到收成了，有什么变化吗？

雷敏炎：当年我们生产组（第四组）所有的田地都种上麦子，不管是一等二等（等级的）田除了秧田留出来，其他都种上麦子，我家分到六亩多。第二年我家麦子收了2000斤。

雷荣庆：产量一下子多了，都叫"千斤户"，乡里还给发奖，发一条围巾。

雷敏炎：农业税一通知就收上去了，都很自觉的。

雷荣庆、雷敏炎：家里有猪栏的粪肥全部挑到田里去，那个土地很松很松的，自己种自己收了嘛！粮站里收粮食都是排着队的。

访问员：公粮和农业税是一个概念吗？

雷荣庆、雷敏炎：两回事，农业税是"皇粮"，没有钱的；公粮是国家收购的，是有钱的，算是卖给国家，又叫作任务粮。还有余粮，有余粮可以卖给国家，价格比公粮高点。

访问员：农业税在当时是多少？

雷荣庆：各组不同，根据面积摊下来的，差不多在50到70斤之间。

访问员：交公粮是怎么交的呢？

雷荣庆：也是到户上，按人口来，大约每个人五十斤左右，人多的话，按面积来算。我有个本子记录的。

（雷荣庆找来一本1981年的账本，记载了当时白栎湾六队二组分田到户时期的记录，证实了尧山坞是1981年分出到户）

访问员：你们生产六队还分小组吗？

雷荣庆：有三个组，我是第二小组

访问员：你们小组有多少亩田？当时有多少人？

雷荣庆：有三十几亩，差不多44个人。

访问员：在分田到户之前田就分到小组了吗？

雷荣庆：没有，田还是生产队的（就是干活分小组干）。

访问员：这三个小组是哪一年分出来的？

雷荣庆：1980 年。

访问员：分成小组之后相当于生产单元变小了，到了 1981 年小组生产积极性还是不高只能到户了，是吗？

雷荣庆：对。

访问员：所以说这个分田到户是一步一步来的？

雷荣庆、雷敏炎：对，一步一步来的，人多的先分成小组，人少的就直接分到户，好商量。

访问员：承包 15 年是什么时候？

雷荣庆：就是分田到户的时候，1986 年调整的。

访问员：调整是怎么调的？

雷荣庆：家里有人口变化，多的就要划出来，少的就补上去

访问员：那时候有矛盾吗？

雷荣庆：没有矛盾。

访问员：那时候多久调整一次？

雷荣庆：乡里统一部署的，那个时候会有五年调整一下，我们是 1986 年调整的。

访问员：那之后还调整过吗？

雷荣庆、雷敏炎：1994 年调整过一次，到 1998 年是最后一次了。农业税也就定下来了。

雷敏炎：我记得当时还有个本子的，现在找不到了。

雷荣庆：在这个记录本上有记录的。（指给我们看）

访问员：1981 就到户了吗？

雷荣庆：是农业税到户了，田也到户了。

雷敏炎：我记得 1979 年就在宣传落实责任制。

访问员：那时您是在村里做什么工作的？

雷荣庆：在小组里管电的，收电费。

访问员：当时为什么会想到记在本子上呢？

雷荣庆：在当时是小组记录员，会记一些东西的。

3.1980年后个人家计

雷荣庆：我1968年冬天就当兵去了，在镇江，后来调到邯郸。镇江待了一年，邯郸待了六年，1976年回来的（1972年雷老师已经在村里教书了）。

访问员：从军队回来后就在村里边工作了吗？

雷荣庆：在家里当民兵连长、团支部书记。

访问员：当时民兵连长还是个重要的职位，要负责民兵训练吧？

雷荣庆：管理治安，训练民兵。

访问员：到了1983年您就担任了村书记了是吗？

雷荣庆：是的。

访问员：那1988年您卸任之后在家都干什么了？

雷荣庆：到厂里打工。

访问员：您都做过哪些工作？

雷荣庆：在家里搞副业，养兔子、养羊、养母猪、种李子、种蘑菇，没有一样好。后来到厂子里做牌九。

访问员：那您在这个厂做了多久？

雷荣庆：不太记得了，回来将近七八年了，差不多2011年回来的（1999—2011年，共做了12年）。

访问员：你在厂里负责哪一道工序？

雷荣庆：在成型车间，压机。

访问员：当时的工资怎么样？

雷荣庆：比做小工高一点。

访问员：您在那一年可以赚多少钱？

雷荣庆：差不多三四千左右。有活的时候打个电话就去（开工），计件的。

访问员：一件多少钱呢？

雷荣庆：差不多三厘五厘，看什么品种的。

访问员：那个时候在村里做小工一天可以挣多少钱？

雷荣庆：十块钱一天。

访问员：那您从工厂回来之后干什么了？

雷荣庆：回来以后也跟他们打工去了。

访问员：到哪里去了？

雷荣庆： 在村附近打小工。

访问员：这个时候您的工资涨到多少了？

雷荣庆： 差不多20块一天。

访问员：当时造房子花了多少钱？一次性造好的吗？（2002年造房子）

雷荣庆： 借来的一些，两层也是一次性造好的。

访问员：现在是一直在做小工吗？现在一天可以挣多少？

雷荣庆： 现在重活不去干了，有养老金的，一般不太去了。村里的活没人去做我才去，村里给的工资低，120元一天，但是活轻巧一点，外面要给150元一天的。

访问员：养老金是国家发的吗？

雷荣庆： 是当兵几年抵几年的，不够的部分自己交的。

访问员：现在这个养老金能有多少？

雷荣庆： 每月2370多。

访问员：这个主要是因为当过兵吗？

雷荣庆： 当过兵的稍微高一点。

访问员：是因为您在厂里工作，厂里给你交的社保？

雷荣庆： 不是，是当兵交的，当兵七年抵七年，自己补了八年，那时4000块钱每年，我补了32000元。

访问员：那是什么时候？

雷荣庆： 刚60岁，那个时候政策刚好下来。

访问员：您的老伴有养老金吗？一个月能有多少？

雷荣庆： 也是有的，一个月190元。

访问员：那您老两口每个月能有3000元的？

雷荣庆： 我还有当兵补的3080元，还有乡里给的50元当干部的补贴，村民过节的时候也会来看看我。

（三）钟裕新访谈

访问员: 李明艳、刘健

陪同者: 文化员雷敏炎

被访者: 钟裕新，1950 年出生，1987 年 1 月—1998 年 11 月和 2002 年 1 月—2004 年 12 月任尧山坞村村民委员会主任

访谈时间: 2019 年 6 月 14 日

访谈地点: 钟裕新家

访问主题: 20 世纪 90 年代修建道路的历史，个人经历

文字整理: 李明艳

访问员: 您好! 您哪年出生? 今年多大年纪了?

钟裕新: 1950 年生，69 岁了。

访问员: 您是生在新社会、长在红旗下的一代。您对小时候的生活还有印象吗?

钟裕新: 我是七岁时由那边村子（项家自然村）抱到这里来的。

雷敏炎: 他父母原来住在高山上，父亲被抓壮丁，土改时期才回来，年纪大了不能生育所以抱养了他。

钟裕新: 父亲是温州来的。

访问员: 您对人民公社时期还有印象吗?

钟裕新: 那个时候我在读书呢，1958 年。

访问员: 当时您在哪里读的书?

钟裕新: 在尧山小学读了两年，后面就上（尧山坞小学）来了，在雷老师（雷敏炎）岳父家里上课。

雷敏炎: 当时的尧山小学就在现在尧山村委的地方，原是水口庙，后改建成学校。在我的岳父家，就是你们刚才访问过的那个老人。

访问员: 那时候上课是什么样的?

钟裕新: 他家里地方大，有五间大房子，家里只有两夫妻，人口少，所以（学校）就放在他家。当时的那位雷老师（不是雷敏炎）是外面工作的，后来少数民

族需要一个会讲畲语的老师，才过来的。

雷敏炎：那位老师也是畲族人，原来在瑶琳镇指南村教书。当时文教局为了照顾我们少数民族，提高畲族人民的文化水平，把懂得畲语的老师调到这里。他属于公办教师，懂得两种语言，当时教书先用畲语讲一遍再用汉语讲一遍。那时候我们汉话讲不来的。

访问员：就是说村里边有了畲族学校您就回来读书了？您念了几年书呢？

钟裕新：是的，念了六年。

访问员：那个时候村里有中学吗？

钟裕新：没有的。

雷敏炎：1958年之后，村小是一至四年级的，莪山乡有一个完小（完全小学）是一至六年级，五至六年级要到完小去读。小学毕业是要去考中学的，要通过全县统考，横村地区七个乡只收两个班中学，竞争激烈。

访问员：您当时有去考中学吗？

钟裕新：没有去考。

访问员：那您小学毕业后去做什么了？

钟裕新：参加农业生产，干到19岁就去学木工，学了三年，回来后自己做，做了二十几年。

访问员：您当时一边做木工一边种田？

钟裕新：那时候不务农就要交钱给集体才能赚工分。

雷敏炎：手工业要交钱记工分，比方说一个月要交200块，给积3000工分。

访问员：这么交到什么时候？

钟裕新：分田到户之后就不交了。

访问员：怎么交的？按年还是按月？

钟裕新：我们家生产力高，劳动力多，工分高可以抵，钱就可以少交。

访问员：家里几个劳动力？

钟裕新：那时候父母，我和老婆，四个劳动力。

访问员：您一直和父母住在一起？是家里唯一的儿子？

钟裕新：没有兄弟，没有分家，一直住在一起。我那边还有兄弟，这边没有。（指亲生父母家有兄弟，养父母家没有）

访问员：多少钱？做木工是不是经济条件要好点？

钟裕新：一块三角一天。差不多的，村里面算好的。

雷敏炎：那时候给人家做活就吃在人家，给一包香烟，一角三分的大红鹰、金鸡牌，新安江是房子上梁、立柱才给的，利群还不是最好的，最好的是小西湖。

钟裕新：那时候香烟很少，八分的金鸡牌，新安江是最好的，利群两角九分是最好的。那时候我刚刚学吃烟，后来我一天吃三包烟，现在戒了，已经 26 年了。以前这附近百分之八十的木工活都是我做的。

访问员：当时木工主要做什么？

钟裕新：造房子、家具，凳子、床、柜子、嫁妆什么的。

访问员：木料从哪里来？

钟裕新：木头山上砍来或者外面买来，那时候树便宜。山上不让砍，要到远的地方偷偷摸摸砍来。

访问员：您做木工做了二十多年？后来呢？

钟裕新：曾经有十多个徒弟，现在还有三四个徒弟还在继续做木工。

访问员：您现在还在做木工吗？

钟裕新：现在没有。后来我做村长，就没继续做木工。那时给村里修路，修建了一条 3.5 米宽的路。我做木工还没当村长的时候，觉得没有一条路什么东西都运不上来，就建议村里修路。

访问员：那是哪一年？

钟裕新、雷敏炎：很早了，那时还没有当村长，1969 年"七五"洪水，我们开始搞的，建了三米多宽机耕路，是泥路，不是水泥路。手扶拖拉机可以开了。

访问员：做机耕路是您提议的吗？

钟裕新：当时四个组一起商量搞一条路，大家都赞同，就一起投工投劳建起来。我去县里水利局要的钢筋、水泥、涵管。后来三米多宽的路太小，没有什么用，我那时是县政协委员，就去县政协那里去要，他们都讨厌我。以前你不去要就没有钱，三十多万我上哪里搞到呢？只能去要。乡长说最好迟个两年再造路，交通局给了五万，但是钱太少没用啊。我就天天到政协去跑，说我们没有路的事情。后来杭州调来一个副县长，来我们小村里看了，他看过后就感慨这个地方还是 50 年代的情况，很落后，帮我们从杭州市交通局争取了资金。

访问员：那拿到多少钱？

钟裕新：20 万，本来是 25 万，但是给桐庐交通局知道了，就划去了五万给横村镇一个少数民族村，我们拿到了 20 万。

访问员：你们前前后后花了多长时间才拿到资金？

钟裕新：差不多半年。拿到钱后我们就马上做了路，第二年又用县交通局的五万元浇了柏油路面。

访问员：浇柏油路是哪一年？

钟裕新：90 年代以后。（根据筑路的碑文记载是 1995 年。）

访问员：那 20 万修的这条路叫什么？

钟裕新、雷敏炎：尧山至尧山坞公路（现在水尧线的一部分）。有一个纪念碑的，就在团结亭那里，团结亭就是为了纪念村里第一条公路而造的。

访问员：那个柏油路就是第二年浇一下，把地面变成柏油路？

钟裕新：当时是交通局弄的。

访问员：这是当时尧山坞村的第一条路吗？

钟裕新：是的。

访问员：那我们待会实地考察一下团结亭和纪念碑。您当村长的时候就已经分田到户了，当时村里的面貌是什么样的？

钟裕新：集体经济很困难，十八年的村长当下来什么都没有啊，工资最多一千多块一年。

访问员：您在任这么多年都负责哪些事情？种田、土地方面纠纷有吗？

钟裕新：大大小小很多事情。纠纷什么的还是要考虑到人，人是最重要的。村里百分之九十的人还是都讲我好的。造路时交通局的五万元钱他们后来叫我领去发工资，我说不发，要把集体的路搞起来。思想不好的话五万块钱就拿到村里给大家发工资了。当时我家四亩田，为了造路我老爸跟我都要分家了，因为造小路（机耕路）时我把我家好的田都给下面的村庄调换去了。造大路（水尧线）时我们整个组的田给了下面的村庄，上面的村庄把田调过来给我们。以前大家都好的。

雷敏炎：当时造小路大家都很齐心的，大家都出劳力，一个礼拜不到从水洪岭到这里（项家）就造好了。以前化肥、粮食都要靠手提肩挑，打谷子的机器都在下面，要到下面去的，大家吃够这个苦头了。一听说要造路，劲头就来了。第一天晚上开会，第二天就动手。

访问员：第二次修大路呢？

钟裕新、雷敏炎：雷天星承包做的。第一次造的路太小了，重一点的东西就拉不上去。通过村民代表大会讨论的，要不要造，钱怎么办。我（钟裕新）天天早上去书记家里商量，要不要做，怎么做，他说要做。第二次造路就一直通到文化馆，文化馆就是在老的大礼堂原址上建的。

访问员：分田到户后你觉得生活有什么变化？

钟裕新：讲起来国家好我们就好。这几年改变也很快，国家支持我们这么多钱，家家户户门口都搞得清清爽爽，国家没有拨钱就办不到。

访问员：90 年代大家的生活水平是什么样的？

钟裕新：路通了大家也开始造房子了，因为建筑材料方便运输了。

访问员：90 年代村里务农的多吗？手工业呢？进厂上班的多吗？

雷敏炎：分情况的，以前村级经济和家庭经济很薄弱，做木工这些是逼出来的。80 年代分田到户了，经济条件好起来了，责任到户了，那时候横村针织也在发展，需要女工，很多女同胞们就去针织厂打工了，男同胞就是出去打工，去石材厂做工。没有文化的，可能就会种地务农。现在好多发展成旅游业、农家乐。以前什么是农家乐，听都没有听说过。

钟裕新：大路造起来之后，我儿子也买了（针织）机器办小作坊，有五十多个工人，那时候（针织机器）都是手工摇的，一人一部小机器。

访问员：当时村里边很多人都办小作坊吗？

钟裕新：村子里不多。

访问员：最多的时候能有多少人？

钟裕新：50 人。

访问员：什么时候开始的？

钟裕新：1993 年开始的，一直到现在。

访问员：效益还好吗？

钟裕新：一年赚几十万还是有的。

访问员：90 年代的时候您家算是第一家办针织作坊的吗？

钟裕新：针织算是第一家。

访问员：你们家之后大家才开始的吗？

钟裕新：大家陆续发展起来，有四五家。

访问员：最多的时候有多少家针织机器作坊？

钟裕新：最多有八家。

访问员：现在呢？

钟裕新：有六家，两家不做了，一家做快递了，另一家到外面打工了。

访问员：这六家都是在你家之后发展起来的？

钟裕新：对，都是个体私营的，每家差不多有十多个工人。

访问员：现在针织作坊的操作工人一个月能有多少工资？

钟裕新：每个人 3500 元。

访问员：都是本村人吗？

钟裕新：都是本村人，都是女工。管理机器不要脱线。

访问员：产品都有什么？

钟裕新：帽子、围巾、衣服，内销的和外销的，现在基本上都是内销的。

访问员：现在横村的针织产业怎么样？

钟裕新：产业效益也下降了，受今年政策问题与美国贸易战影响。

访问员：咱们的小作坊有没有受影响？

钟裕新：有影响的，还是有一点影响的。

访问员：那订单是怎么来的呢？

钟裕新：是横村那边的老板接过来，他们生产能力不足就给这边小作坊做。

访问员：你不当村长之后还参与村里边的事情吗？

钟裕新：也参与的，小事情我都会去帮忙。大礼堂的土地搞不好，我也去帮忙协商。村里的书记有什么事都会找我商量，我都会给他帮忙。给村里做事要有胆量，没有胆量搞不起来。

访问员：您为村里做了很多事，有没有觉得很难的事？

钟裕新：难的有的！要跟上边的领导去跑项目沟通，跟村民沟通，天天在外边，坐在家里怎么办得成事情！

访问员：有没有什么事是想打退堂鼓的，不想做的？

钟裕新：我是要干就要干好的，做事也有路线的。你去干不好，我去就能干好。

访问员：您觉得过去当村干部跟现在当村干部有什么区别？

钟裕新：现在会有工资，以前没有工资的，以前做木工还能赚钱，当村长就没时间了，不能出去做木工。最多的时候乡里一年给 500 或 600 块钱。

访问员：现在的书记怎么样？

钟裕新：他（雷天星）以前是做包工头的，也是我推荐的，村里没有能人不行，我就把他叫回来，让他站出来。当时双华村的人都说不认识他，怎么能选他。我劝说大家让他试试，大家来看行不行，不行就让他下来。现在他也当了十多年了，很少有人讲他不好。早二十年前我就叫他来当书记，他一直不肯。

访问员：现在雷书记年纪也大了，有没有选下一届的接班人？

钟裕新：还是让他再当一届，同时培养下一届接班人。

访问员：村里的年轻人愿意回来任职吗？

钟裕新：拿不准他们的想法。

访问员：村里边现在好多都是老年人了，好多年轻人、孩子都不在村里了，很多人的生活工作重心都转移到村庄以外了，您作为老村长有没有担心村子？

钟裕新：这个……嗯……（表示忧虑）

雷敏炎：主要是产业跟不上，家庭经济收入少了，主要青壮年都到外边打工了。剩下的都是一些老人和小孩，如果我们不发展自己的产业，资源、人才都会跑了。

访问员：您的孙子在哪里上学？户口还在村里吗？

钟裕新：孙女都已经毕业了，在杭州工作，户口还在村里。

访问员：那村里还在上学的一辈在哪里读书？

雷敏炎：我大孙子还是在本乡读小学的，小孙子幼儿园就在桐庐县城读，他每次回来讲话都是头摇摇，很傲气的。我们为了孩子读书在桐庐买了房子。

访问员：那父母带着孩子走出去，相当于从村庄带走了两代人啊！

钟裕新：是的，我们也考虑了这个问题，民宿搞起来可能会好些。

访问员：咱们的集体资产是不是从前就很薄弱？

钟裕新、雷敏炎：一直以来都很薄弱，一直靠国家项目周转。

访问员：80年代村里边就没搞过集体经济吗？

钟裕新：从来没有搞过。

访问员：现在村里有负债吗？

钟裕新、雷敏炎：有的。现在国家项目只给项目的钱，但是征用土地都需要额外的钱。

访问员：村里是不是也收了一批田？

钟裕新： 收过来就是种稻子、种荷花。

访问员： 种荷花有收益的吗？

钟裕新、雷敏炎： 没有收益，也是为了发展旅游。

（四）傅木生访谈

访问员： 李明艳、刘健、李旭、张秀梅

被访者： 傅木生

陪同者： 村文化员雷敏炎，邻村老村长

访谈时间： 2018 年 7 月 26 日

访谈地点： 傅木生家中

傅木生于 1959 年出生。2002 年通过竞选任职双华村村主任，2005—2011 年任龙峰村村主任。自述读书时虽然学习很好，可以推荐上大学，但由于家庭成分不好，只能务农；务农很下苦力，做两份工，18 岁当上小队长，但父亲阻挠，不希望他当干部，后期没有继续当下去。因为上过学，会用算盘，村里给他 300 块本钱，在村里当了几年赤脚医生，但亏了本，后来乡里派来了医生，本人就当会计，负责记录汇总尧山大队工分。

1977 年，18 岁的傅木生参加建设岭脚水库（《莪山畲族乡乡志》记载是 1976 年）；分水的"龙潭工程"，现在叫龙岗村（这里雷敏炎说叫兴隆村），傅木生参加村里后勤部，负责修理、服务等后勤服务。

1. 关于水库建设

雷敏炎： 岭脚水库是没并村前三个村的合作工程，包含尧山、双华村、尧山坞，三个村交叉监督，互相记录对方村的工分和进度。

傅木生： 当时的领导都是乡里派来的，现在大多去世了，有一个姓齐的是乡里派来的文书，现在当地的农业局局长什么的在村里干过活的，我当村主任时他们当领导了，关系一直都很好。

傅木生： 这个水库工程搞了三四年就停掉了，没办法蓄水进去，砸了三千万进去，但是水库搞失败了，这个地方不适合建设水库，里边都是乱石头，后来第

二次搞水库我没参与，去开拖拉机了。

雷敏炎：这里地形是"鸭屁股"地形，都是斜坡，1985 年左右水库开始第二次建设。

傅木生：第二次建设水库不再自己建设，由各家出钱，承包工程给工程队，但是质量也是不过关，管理、监理都没有，没有震动板。我当时也是管理人员，当时住在这里，有一个桐庐县水利局管理车辆的人，叫我坐翻斗车去横村有个叫大坑水库的地方（目前还在使用中），拿震动板，现在买来很便宜简单，但当时都没有这个东西，不容易买到，这个东西是帮助捣碎和搅拌水泥的，过去机械太少，大多靠人力。

傅木生：第二次建设的水库后来也开始漏水，需要经常维修，直到现在水库也是需要经常修理；这个水库是为了抗旱和灌溉的。

雷敏炎：给三百多亩农田灌水，今年生活用水紧张，这个水库又投入到饮用水利用中。

傅木生：在大坝下面建造一个水池，流出干净的水，引入到各家各户。

访问员：这是哪一年的事情？

傅木生：大概是 2008 年才开始通饮用水。

傅木生、雷敏炎：要山山没有，要水水没有，这个地方并没有别人看到的少数民族地区那么好，有个地方我们叫"蓑衣溪"，下雨时有很多水，平时水少。我们这里的稻田，在朱家畈，属于碱性土地，会结板，龙峰和钟山交界的地方，是很明显一个界限，这边是我们村，另一边是钟山，钟山是酸性土地，传说神仙拉屎撒尿到钟山那边了，土壤好。我们这边挖下去都是小石块，土层薄，钟山的稻田都很深的。去年我们水库水不够吃，建造自来水管道，要接钟山的自来水，钟山乡有个狮舞水库，钟山乡里村民都吃这个水库的水，以前种田都是使用这个水灌溉，现在不种田了就变成饮用水了。

傅木生：钟山老板多，是快递之乡。1985 年第二次搞水库时，我开始开拖拉机。那时候考拖拉机驾驶证很难，比现在考驾驶证还难，我可以一字不差地背出交通规则。过去要靠手写，没有电脑，后来一个月考下来"农机驾驶证"。

2. 关于分田到户

傅木生：国家最早在安徽推广，我们村子没有开始推广。我们这里大多是温州人，搞得晚。双华六组分田分得早，一个组的人被拉到乡里学习。

雷敏炎： 搞得早的开始被打压，但是对于农户来说收入很丰厚，家里粮食多得不得了，尝到甜头。

傅木生： 我从小没有妈妈，我父亲没有吃过白米饭，一斤米下锅都给我和兄弟吃掉了。父亲 65 岁去世，刚刚赶上包产到户，没怎么享受到就走了。稻谷收回来放到家里楼上，当时 100 块一担，我父亲说再贵也不允许卖，变成陈米也要吃，老人家舍不得。后来在父亲去世后 60 元一担卖掉的。

雷敏炎： 最早是安徽凤阳小岗村，他们开始搞出来，直到推广到我们这边，有些穷一点的大队早就开始分田了，后期都开始实行"责任田"。

3. 2002 年当村委会主任时期的集体经济情况

傅木生： 我负责全面工作，妇女主任都是挂名的，那时以种田为主，村里什么事情都要村主任出来，凡是做难人的都要村主任。什么事情都找村主任，我解决不了就找书记，我跟书记一起去解决。

访问员： 纠纷有哪些？

雷敏炎： 纠纷主要是造房子土地方面的，老人赡养兄弟纠纷，也有借贷纠纷。

傅木生： 2002 年我当了村主任后也还开拖拉机，村里没收入，委员几百块一年，村主任和书记几千块钱一年，会计也不上班的，我一个人管，我有一只皮包，平时买了东西就把发票夹起来，一年不到两万块发票。平时都是我自己垫，他们都没有钱垫，我开拖拉机现金宽裕一点。过年的时候，跟书记一起到会计家里，把监督员叫来，签字结账。平时开会就在我家里，没有办公室就在我家开会，开好就在我家吃，算工作餐，年底跟村里结账。

傅木生： 后来并村后跟杭州市政协民宗委结对子，有了一点项目钱。

访问员： 那时候双华有什么集体经济收入吗？村内支出靠什么呢？

傅木生： 一直没有，整个栽山都没有。横村有纺织，钟山也有一部分。村里收入靠讨饭的，要去各个单位跑项目，从项目资金里挤一点出来，乡里的其他村也都是这种情况。钟山跟我们政策不同，他们口粮田每人四分，都是山田，山边上最差的田，而好田集体租掉办厂。我们栽山是山、田全部分光，想搞点集体经济都没有田，占用谁家的田谁都不愿意。

访问员： 村口几家石材厂是什么性质？不是集体企业？

傅木生： 是私人企业，土地是早年从老百姓手里租来的，租金给老百姓的，跟集体没有关系。这样的企业办得越多，村里越麻烦，要为他们搞卫生、供水，纠纷也要给处理，还要为他们服务。对老百姓是有点好处的，提供就业，150元一天，村民不必去横村、桐庐就可以打工。

访问员：你当双华村村主任的主要工作就是为集体跑项目，都是什么类型的项目？

傅木生：很多的，比如低产田改造、林道建设，这边500亩那边500亩就手指指图上划划（多报项目面积），那时候没有像现在用无人机拍摄。现在项目资金多了，但是专款专用。

访问员：并村后，你主要做了哪些工作？

傅木生：自来水项目。水还是来自溪里，做了两个池，在村里铺设管道。但管理不到位，浪费严重。现在经过提升，用水不成问题，但吃水是不是放心水还不敢保证（村里自来水建设具体情况另外有说明材料），吃水始终是个问题。这个项目由桐庐县水利局出资，水利局局长曾任莪山乡党委书记，比较支持。然后就是卫生清洁方面，处理露天厕所，建设清洁家园。那时候（2008年）乡里书记还批评我，说我当村主任，自己家里院子卫生不好。

雷敏炎：2010年美丽庭院建设，2012年控制养猪养羊数量，2013年五水共治。环境整治中门村在全乡搞得最早。2012年桐庐逐步开展精品村建设，那时叫作新农村培育重点村，重点村分到的项目资金就多些，培育村相当于候选，资金少点。2015年10月龙峰村被评上重点村，当年获得300万元，2016年又有300万元。此后，村里面貌就有大变化了。

傅木生：2011年后我不当村主任了，2015年时候我是委员。

4. 村庄产业相关问题

傅木生：2003年，双华村、尧山坞开始种东魁杨梅，实际种植面积一百多亩。我们这里工作好做一点，就在我们这里搞试点，家家户户都种杨梅。但是种在山田里，杨梅不适应，现在三分之一死掉了，专家也说不出原因。我认为就是土地碱性太重，以前施化肥种田的，有残留。今年长得好，明年叶子就干掉了，医都医不好。杨梅也是属于个人产业，不是村里集体的。后来张书记说要成立合作社，那时有名额，2006年我报名成立了杨梅合作社，我当社长。农户27户，每户交100元股金，财务、董事长、监事长都设置好。老百姓因为交了股金，杨梅卖不出去就都送到我家来，但杨梅不好保存，我当村主任路子多点，就打电话出去叫附近其他村里的人过来买一些，就这样销了几年。去年杨梅收很多，今年都被大雨打掉了。合作社解散了（2018年），股金退给大家，杨梅我也不收了。实际上农业合作社是农业企业，其他农产品生意都可以做，但是没这方面经验，都没有去做。当时桐庐有几百家农业合作社，也有搞不好的。我这里还是好的，没亏钱。

　　访问员：农业方面呢？

　　雷敏炎、傅木生：大部分种水稻，有部分种茭白，双华这边还有菜竹（用来生竹笋）。近两三年还种覆盆子（这里叫妙妙子），去年开始三十多块钱一斤，今年收购价格是13—16元一斤。明年价格还要低，即便跌到10块钱一斤也比种毛竹赚钱。去年三分田收了5000元钱。现在钟山种得多。这些年村民最赚钱的还是打工，老太婆、男人、女人都打工，女人更会赚钱，手工活、织手套男人不会，女人会。我们附近、横村都有工可以打，还招不到人。老人主要是勾毛线头，这是最小的钱了。男人干体力活，建筑、工程方面的，也有到厂里去做有点技术的活，比如石材厂雕工。石材厂已经在走下坡路，原料也不足，石粉水污染严重。

　　访问员：谁来种田？有没有种田大户？

　　傅木生、雷敏炎：现在人聪明，种田技术提高了，拖拉机翻田，撒播、抛秧，过去还要手工耘田、拔草，现在种下去三天以后除草剂、肥料搅拌后一洒。化肥、农药比过去使用的量要少了。龙峰村这里没有种田大户，以打工为主，农业为辅。不需要交公粮，只要种下去不管产量多少，收点口粮就行了。2005年免掉农业税后大家就转变观念了，以打工为主了。

5. 关于知青下乡

　　傅木生：杭州下放知青，我们村里有12个，是来自杭钢的，加起来差不多20多个。

　　雷敏炎：来自杭州省体校或者市体校、杭钢。

　　傅木生：现在我们村没有留下来的知青，莪山村有一个教英语的是当年留下的知青，年纪大概七十多岁。其他的还有一部分在莪山插队的知青，到现在偶尔还会来我们村看望我们、走亲戚，现在大家条件好起来了，我姨夫家的电视机就是他们买的，我们也会送他们土猪肉，他们坚持要付钱。现在有两夫妻已经退休了，会带着孩子过来，去年还有来过，一年会来好几次，清明假期什么的。

　　傅木生：有个知青是教书的，是个高度近视眼。那时候成人口粮是600斤谷每年，他全部计算好，每天一斤八两米，每顿吃九两米，早上四点钟吃饭，然后晚上八点再吃晚饭，中间不吃饭。现在应该也有七十多岁了。是他教我左手打算盘的。他人很硬气，到钟山下塘去砍柴，挑出来卖，多一分钱不要，但少一分钱也不卖。他自力更生，不要别人帮忙。

6. 个人婚恋经历

访问员：你觉得尧山坞的畲民怎么样？

傅木生：我认为总体上说比我们汉族人要好说话一些。我岳父（已过世）他穿民族服装、戴包头巾，出来明显就是少数民族。他不愿意女儿嫁给汉族人，他们不会说汉语。他认为汉族人很坏，会赌博——我年轻的时候赌博，现在不赌了。我把关系搞好，那个村的老老小小关系都搞好，大家都说我好，结果他没办法了。

那时候我老婆已经嫁给我了，但是他就不理我。他挑糯米下来，我老婆在门口看见就喊他来家里吃饭，他不来。我叫我女儿去喊他，外孙女喊他他总要来的。后来他过来吃过就走了，汉语说不来。我给他拜年，好水果给他拿去，他就放在那里烂掉，他就是这样一个死板的人。

（五）钟真访谈

访问员：刘健、李明艳

被访者：钟真，1998—2004 年任村民委员会主任、村书记，2005—2008 年任龙峰村副书记

访谈时间：2019 年 6 月 14 日

访谈地点：雷天星家

访问主题：任职期间的重大事件，对当干部的看法

文字整理：李明艳

访问员：您是哪一年在村里任职的？

钟真：1998 年到 2004 年。

访问员：1998 年是任村书记吗？

钟真：村主任。

访问员：做了多少年呢？之后呢？

钟真：三年，又当了三年书记。

访问员：之后还接着任职了吗？

钟真：2004年两村合并之后，我做了副书记。

访问员：副书记您做了多少年？

钟真：也是三年。

访问员：在之后呢？

钟真：就去北京了。

访问员：为什么去北京了？

钟真：去北京打工。

访问员：是您自己的公司？

钟真：是我弟弟的公司。

访问员：那村里边的事您就没有在做了？

钟真：是的。

访问员：那您是什么时候回来的呢？

钟真：在北京待了一年，2010年回来的。

访问员：您2004年担任副书记，2007年后卸任，然后您就去了北京？

钟真：2009年4月份去的。

访问员：那2008年您就在村里吗？

钟真：我是2008年4月份卸任的。

访问员：回到村里您都做些什么呢？

钟真：包工地自己做。

访问员：那还有没有到村里任职？

钟真：没有，之后就没有竞选过。

1. 筑路和土地整理

访问员：在1998年您当村主任时，村里发生过哪些重要的事？

钟真：修路和平整土地。

访问员：平整土地这个事能跟我讲讲吗？

钟真：就是造田，这里的养鸡场以前是个小山，把它平掉，开发出六十多亩田地。

访问员：现在这个养鸡场用不用往村里交租金？

钟真：要的，具体多少我不知道。

访问员：就是六十多亩地包给养鸡场，养鸡场付给村里租金？

钟真：是的。

访问员：以前修路的事您能讲一讲吗？

钟真：原来（雷天星书记家）门口这条路是机耕路（水尧线），做好以后浇成水泥路。

访问员：就是说把原来的路浇成水泥路？

钟真：对，把它硬化。

访问员：修路和平整土地这两件事都是您在任期间参与主持的？

钟真：对，在我在任的时候。

访问员：村里边村民的反响呢？

答：浇路这件事老百姓觉得肯定好的，还是赞同的。

访问员：那养鸡场的事村民也是赞同的？

钟真：我们是开过会的，班子里、组里，村民代表一起一致同意的。

访问员：接下来您当书记的三年中又有哪些重大的事情？

钟真：以前的政策是下山脱贫，尧山坞一组（毛竹山）从山上集体搬迁下来（2002年）。以前山上没有路，东西都要肩扛手挑。

访问员：这个工程是村里还是乡里决定的？

钟真：就是根据下山脱贫这个政策，愿意下来的都下来了，大家都愿意的。只有一户留在上面。

访问员：怎么还有一户留在上边呢？

钟真：以前他们是在北京的。

访问员：就是他家人当时不在这里，没办法迁下来？

钟真：对，现在就是那个畲天农庄的老板。

访问员：迁下来之后田地、房屋怎么办？

钟真：村里把土地买下来给他们造房子。

访问员：怎么买土地？

钟真：从另外的组里买土地。

访问员：当时尧山坞有几个组？

钟真：有六个，村里从三组买地给一组造房子。

访问员：但是这些土地不都是村里的吗？

钟真：要买的，现在是这样的。

访问员：当时买地花的钱多吗？

钟真：不多，一万块，是三组的农田。

访问员：是把农田买来造房子的？

钟真：以前造房子没有红线（耕地保护红线），你想在哪造都可以，没有现在这么紧。

访问员：当时大家对这个认识怎么样，有没有反对？

钟真：没有反对的，很配合，没有发生过矛盾。

2. 村庄合并

访问员：咱们两个村合并时的情况您能讲讲吗？

钟真：并村前，村里 98% 是少数民族。

访问员：当时是怎么考虑的要合并？

钟真：是乡里的决定，当时我们是不想的，乡长、书记找我们谈话十多次了，本来要我们跟尧山村合并，我们不同意，当时比较复杂。

访问员：尧山村不是畲族村吗？

钟真：他们不是，是汉族村。

访问员：尧山和双华有什么区别？

钟真：双华是温州人，我们（尧山坞人）老家也是温州的，他们是苍南那边迁过来的，双华人比较好说话，我们这样考虑的。

访问员：当时合并你们还是有的选的？

钟真：我们是想和双华合并的。

访问员：跟尧山坞挨着的村都有哪些？

钟真：双华、尧山、中门、潘龙，尧山远一点，中门和潘龙也是合并掉了。

访问员：那当时有没有考虑和中门合并？

钟真：没有，中门也是民族村。

访问员：你们觉得双华离得近一些，地理位置比较好，人也比较好，那后来合并之后证实双华是这样的吗？

钟真：人还是比较好的，我们这里人都很讲义气，温州人也是这样的，不会说翻脸就翻脸的。

访问员：那尧山村的人不是从温州来的，都是哪里的？

钟真：他们以前可能是常住这里的，以前这里叫尧山乡，新中国成立前可能就叫尧山乡的，我听长辈们说过。

访问员：合并村以后您在村里当干部与没合并时有什么不同吗？

钟真：人多了肯定复杂一些。

访问员：合并村以后有什么大的事件？

钟真：合并村以后造了村委办公楼。

访问员：村委办公楼是哪一年建好的？

钟真：2004年合并的村，第二年造的村委办公楼，我负责施工造的。

访问员：合并之后两个村有什么协议吗？

钟真：两个村的财务合在一起，后来以龙峰山命名，就叫龙峰村了。

访问员：当时是怎么考虑叫这个的？

钟真：当时我们取个名叫华山村，县里说这个名字太大了，就以龙峰山取名。

访问员：以前跟现在当干部有什么不同？

钟真：现在资金多，但是以前的人比现在好管理，想法比较简单。比如我说这里做路，要挖过去点，那就挖过去点，大家不会计较，现在多一公分人家都不肯。如果按照现在的资金、过去的头脑，要省很多钱。以前说把山挖掉，那就小组里开个会，就可以了，现在还要青苗补偿费、土地使用费之类的，支出就多了。以前毛竹整片砍掉都没问题，现在一根最少四五块。

访问员：以前去省里要资金需要跑多少趟？

钟真：他们也会来村里看我们要做的事情有没有在做，尽量给我们多一点资金。资金不是直接给村里，是从县里经过乡里再到村里，村里只能拿到截留后的资金。以前争取资金的时候，如果十万就写明其中五万给尧山坞村。

访问员：当时合并以后村里的财政情况怎么样？

钟真：我们这里没有集体经济收入，主要靠上级扶持，我们的情况还算较好，因为是少数民族村，资金多、扶持力度大。以前都是我们自己去省里争取。以前我们去杭州，招待全部是对方单位负责，我们没什么支出。他们也知道村里没钱，上级很关心我们。

访问员：您卸任以后就没参与村里边的事吗？

钟真：两个村合并以后我不想当村主任、书记，我家里有两个小孩在读书，经济困难(需要赚钱养家)。以前当村主任是一年1200块钱，这是1998年的时候，到 2008 年是六千多一年。

3. 个人生活和观点

访问员：现在您那两个小孩是在外面？

钟真： 大的在桐庐，小的在江苏。我儿子在吴江恒通公司杭州分部，跑供销（销售员）。

访问员：那您儿子这一辈的年轻人都发展得怎么样？

钟真： 我们这儿的读书读出去的都还不错，少数民族比汉族人勤奋。读书读得不好就得到厂里打工，所以格外努力。

访问员：这几年打工工资是不是有所改变？

钟真： 工资我们这里算高的，350 块每天，小工是 160 块每天；2000 年初还不到 50 块每天，小工更少，25 块每天。我的房子是 2004 年造的，大工才 40 块每天。2007 年我到宁波，华润集团会所周围挡墙就是我去做的，那个时候一天 200 块钱，很高的了。我们这里算多的。

访问员：村里这批经济条件比较好的都是做建筑出来的？

钟真： 是的，现在年纪大了，做做小工，我们这里做挡墙的一天 300 块钱，有四五个人都在那里做。

访问员：那出去做的呢？

钟真： 这不一样的，村子小的就 300 块，大的 500 块。

访问员：现在周边做挡墙的生意怎么样？

钟真： 很可以的，现在是新农村建设，村里边活也多。以前村里养鸡养猪都是放养，现在是圈养。

访问员：以前都是放养吗？

钟真： 现在也是，但是会给圈在一个地方，现在老百姓都不养了。

访问员：这边的婚丧嫁娶是什么样的？

钟真： 现在做媒的很少了，都是自由恋爱了，比如说娶媳妇的要七八万给新娘家，但嫁妆带过来基本上都相等了，这不算问题。

访问员：这几年村里结婚的人多吗？

钟真： 多的。

访问员：姑娘都是本村的还是外村的？

钟真： 有些是外地的，贵州的多。

访问员：他们还习惯这边的生活吗？

钟真： 贵州那边跟我们这边是没法比的。我去北京的时候，去周边看了，还是我们浙江好，他们的郊区真的不是很好，四环以内还可以。

访问员：您觉得我们村比其他村好在哪里？

钟真： 我们的环境比别的村里都要好，几条大道，双华的那条路。

访问员：那条路看起来很窄的。

钟真： 以前算好的了，是 1995 年造的，那条路是雷天星书记造的。

访问员：您现在还是在做工吗？

钟真： 对，今天还在那边做，现在这几年都在村里做，去年我在乡里做的，基本不往外走了。

访问员：现在有几个师傅？

钟真： 今天有四个师傅，七八个小工。

访问员：这个规模算比较大的吗？

钟真： 做花坛，这些都是要人工的，人会比较多。

访问员：现在在做庭院整治，您做的这些是会有雷同的还是有特色的？

钟真： 不雷同，各家有各家的特点。

访问员：他们的特点是他们设计出来的还是您想出来的？

钟真： 村里边告诉我们想要一个什么样的效果，我们把它做出来，没有图纸。

访问员：我们村里的这些也都是您做的？

钟真： 是的。

访问员：这些想法是您自己想的还是有人帮您？

钟真： 这还是我自己。

访问员：在这方面您做得还是比较有名的？有这方面的事都会想到您是吗？

钟真： 还算可以，去年乡里就指定要我去做，说的时候有六七万，做好之后有八九万。

访问员：现在家里还算宽裕了，您一年的收入有多少？

钟真： 我们这个不好算，下雨的时候就没有办法做，差不多也就 20 万。

访问员：在村里一年 20 万算多吗？

钟真： 多的，我儿子一年差不多有 10 万。

访问员：村里除了像您做建筑的，还有做什么工作的？

钟真：有两户人家专门做法事。

访问员：这边还是认可的？

钟真：认可的，比较相信，和以前不同了，以前不相信，现在越有钱越相信了。

访问员：周边的人也来请吗？

钟真：对，桐庐的、江南的（富春江以南的村镇）都有来请的。

访问员：现在做这方面工作的在有些村里都少了吧？

钟真：现在就我们村里有，我们这有两户，新丰村有两户。

访问员：这个法事是跟畲族有关系的吗？

钟真：我们原先是温州的，就根据温州的传统，是祖传的。

访问员：现在就是老一辈的会吗？

钟真：就老一辈的会，小辈的不会了。

访问员：到以后咱们这个村就没有了吗？

钟真：到这辈以后就没有了。

访问员：作为表演形式演出是不是可以呢？

钟真：这个不能做的，很忌讳的，家里出了很难弄的事情才会去做。

访问员：除了这个还有别的工作吗？

钟真：还有酿酒曲，大约有三户人家在做。

访问员：全都是对外销售吗？

钟真：基本上都是对外卖。

访问员：是全年都在做？

钟真：对，现在也有在做。

访问员：量也不少？

钟真：不少，像我们家里就自己酿自己吃。我们这里基本每家每户都会做。

访问员：那三家开始做大是什么时候？

钟真：也就是这几年，有五六年吧。

访问员：过去我们村有没有村规民约？

钟真：有的，现在少了。

访问员：您还记得哪些呢？

钟真：卫生、环境、邻里和睦，都是上边要求的。

访问员：有没有就是必须这样做，有条文规定的？

钟真：没有文字上的规定，就是村风形成的。

访问员：村里村风怎么样？有没有恶劣事件？

钟真：村风很好的，没有恶劣事件，打架都很少。

访问员：以前都会和别的村打架的吗？

钟真：我们以前是有学武的，别的村都打不过我们村。

访问员：现在的武术还有人学吗？

钟真：没有了，也是没有时间了，小孩要读书。

访问员：您现在还能打吗？

钟真：现在弄不来了。

访问员：从您这一辈以后就没有学的？

钟真：以前是看这个人素质还比较好才教你，不是随便乱教的。

访问员：现在有表演的形式吗？

钟真：我有一个叔叔他以前表演给外地的人看，他以前就在那个操场表演给外国人看，现在基本上没有了。

访问员：这些传统的东西没有得到继承？

钟真：这些是很可惜的。

访问员：你做了多少年木工？

钟真：我做了18年（他是钟裕新老村长的徒弟，在钟老村长的访谈中提及过），做木工之后就跟我舅舅到桐庐去做挡墙。村里选我当村主任我都不知道，乡里叫我回去，我不回去，一个书记过来找我回去当村主任，一个月1200元。我当时在桐庐，存折有四万多块，回去当三年村主任全用光了，后来没办法就当书记，当一当又欠账了，后来儿子女儿又都在读书，生活压力大，我就不要当了。

现在国家政策好是好，但是一定要让年轻的人在农村里当村主任还是不合适。生活阅历高的年纪大的人家庭条件比年轻人好，他有社会经验。比如让一个年轻人跟老百姓说话，老百姓就觉得他没有威信，让我做事我不做。年纪大的去了能沟通，一次不行两次三次，最后事情要做。我认为干部年龄应该放宽一些。

访问员：您在当时的领导中算年轻的吗？

钟真：我回家的时候是三十来岁，还算年轻的。他们之前叫我去考公务员的，但是没去，35岁的时候坐车翻车了，没有得到赔偿，自己到杭州医治花了两万多，待了三个多月（脸部受伤，留下了痕迹）。当时翻车了，我受伤了，第一个从车厢里爬到挡墙上，让上面的人拉我一下他们都不拉我……（回忆当时情形，有些感伤）书记叫我去考公务员，我就说不去丢脸了，我这样第一印象不好。自己没有这个能力当也不好当的。

访问员：那很可惜呀，不然你现在说不准都到乡里当干部了。

钟真：我当村干部的时候胆子比较大，敢于去跑动，跟乡里干部也能沟通。现在村里设施完善了，老百姓比较齐心。村里以前浇水泥路是这样的，村里出一半私人出一半，路就浇到个人家门口。这样大家都好走，大家都赞同。

访问员：村里大规模造房子是什么时候？

钟真：2002年我们整个小组搬迁，那时候造房子造得多，我家的老房子是泥巴房，夏天很凉快，墙的厚度比现在厚，是36厘米，现在砖墙只有24厘米厚。

（六）钟余泉访谈

访问员：李明艳

被访者：钟余泉，1972年生，龙峰村村委委员

访谈时间：2019年6月19日

访谈地点：村委会钟余泉委员办公室

访问主题：个人成长经历，村里工作经历，日常工作

1. 自来水管理

访问员：我们先从你的个人状况开始。您是哪一年生的？

钟余泉：我1972年生。

访问员：您是从哪一年开始在村里面任职（村委员）的？

钟余泉：我是这一轮刚刚开始的（2017年），也是刚选上的。之前我在村里协助雷（天星）书记管理自来水。村里的自来水比较难管，供水不足，到6月里都要断水，一直管理不好。我管理之后采取按时间段供水。在群里发布停水时间，在各个自然村张贴停水告示，后来供水时间就稳定下来了。污水也是我管理。

访问员：那个时候你有头衔吗？在帮忙的时候有没有什么职位、头衔给你？

钟余泉：水管员，就是给村里服务的管理员。

访问员：您这个管理员是从哪一年开始当的？

钟余泉：九年前做的管理员。我就在上一轮（2017年）竞选了村委员。总共有1200个有效选民，我获得一千多票。本村的老百姓对我认可度还是比较高的，所以在村里的矛盾纠纷我都能调解。

访问员：您觉得要为村里面做贡献，要来村里当干部，个人得具备什么素质？

钟余泉：你做的事情要合情、合理、合法，为百姓谋求利益最大化。你要做村官首先要为百姓着想，为百姓去付出。现在最重要的就是让老百姓的口袋鼓起来，能够过上好的日子，能够有好的环境，我们全村都是为这一目标去努力的。

访问员：但是我也了解到很多情况，说在村里面当个干部，工资很少，不如自己在外面赚的钱多。

钟余泉：对啊！我第一年是三万几，第二年是44000，总共才七万多块钱，反正我银行卡里的钱这两年来不但没有增加，反而用掉十多万。自己的钱用了十多万，工资是肯定不够用的。

访问员：自来水这个事情以前是怎么搞的，后来你当管理员之后又怎么解决的，整个事儿能给我们从头到尾讲一下吗？

钟余泉：自来水管理原来是比较乱。自来水覆盖后水源不够，一到夏天地表水都干了。

访问员：你说的"自来水覆盖"是哪一年？

钟余泉：是2007年，有一百多万的自来水工程，愿意接（通自来水）的都可以接，结果大家都要接。

访问员：其实是自来水管道全部覆盖。

钟余泉：对的，是自来水管道全覆盖。全村覆盖了自来水管道，每家每户都通自来水，通自来水之后自来水不够用了。因为水不够用，村民就不愿意付费，自来水浑浊老百姓也不愿意付费，都不愿意付费大家就乱放水，之后就导致混乱，还有些人家把水放到田里去。我给每家每户发了节约用水的宣传单，说明水源紧张，希望老百姓节约用水，统一管理好，有什么问题直接打电话给我，不要去举报了，你举报也要首先通过我来给你解决，因为我是管自来水的。水浑浊叫我过来，我现场看了总是知道一点情况对吧？这样我才能发现到底是哪里出现问题。

半夜我都去过的，有些人半夜放水，有些是太阳能漏出来的水往下水道流下来，到下半夜的时候"突突突突"听得很清楚。我那时候真的是半夜去查，然后查出几户人家，他们都比较配合，马上整改。他们都怕我，水放在那里一看到我来了连忙去关水。后来自来水开始收费，我就是收费管理员，每户人家管理费多少，我负责收管理费。

访问员：自来水一开始就收费吗？

钟余泉：一开始就收费，但收不上来就不收了，就这样成了免费的，导致水也管理不好了。我上去之后就实行收费，大家相互监督。

访问员：收费贵不贵的？

钟余泉：不贵的，30块一年。我发表格和通知下去相互监督，我把自己的名片印好，分到每家每户，自来水管理、污水管理、路灯管理都是我。有这三样事情有问题的，打电话给我，我第一时间来修。这样就没有一户人家不交费了。我收费收了三轮，每一轮书记任期是三年，共收了九年。

访问员：这个水费就交给村里了？

钟余泉：是的，村里再另外付我工资。我的工资不高，每年只有6000元，工作量相当大。

访问员：你的工资要从水费里面出，然后剩下的就给村里？

钟余泉：没有啦，上交村里之后等到每年过年时给我发工资，村里觉得一年6000块钱比较少，就每年奖励我1000块钱奖金。我当委员之后，自来水没人管了需要另外找人，因为我现在没时间到家家户户去修理自来水。我当委员之后负责村里水利、农业、林业、污水、自来水、卫生、垃圾分类、食品安全等，管理的东西比较多。比如说污水，污水存在的问题很多，原来因为资金限制，污水管道的设计也是简单化的，管道堵塞是相当严重。上面经常下来检查污水进出水，根本就修不好，整个龙峰村要修的话，起码要上百万。只能把最近的那几户人家管道疏通好，让污水池正常运转，有进出水，应付检查。后来我当委员之后就上报，跟乡里沟通对接，污水需要整改。乡里从住建局给龙峰村里争取了项目，我们村将是莪山乡第一个使用污水一体化设备来处理污水的。现在污水全部集中在池里，经过沉淀过滤，没有进一步处理，水照样很臭，也有污染。污水处理一体化设备是埋在地下集中起来用电能处理的，这个已经在安装了，这个月要落实完成了。这个设备就在水洪岭，把原有的三个污水池合并了，因为只有四十来万块钱，我们就把三个池合并。原来是在水洪岭中央造的污水池，对老百姓影响不好，那个村（居住）也比较密集，连个停车场也没有，我们打算在这个地方试点，把原有的污水池填埋之后建造成村内停车场，一举两得。

访问员：这个地方待会儿能带我们去看一看吗？

钟余泉：能去是能去，现在还在建。

访问员：没关系，我大概知道一下在村里哪个位置。

钟余泉：停车场也可以去看一下，也就是原来污水池的位置。

访问员：好的。现在这些污水池都是敞开式的吗？

钟余泉：不敞开，是盖着的，盖着之后没有经过任何设备的处理，只是沉淀过滤，污水量大的话就过滤不了，那出来的污水气味很重。

访问员：这个污水池的水最终是流到哪里？

钟余泉：最终流到小溪里去了，导致水质不合格，三类四类什么的。

访问员：这些水流到溪里去之后，会不会是下游某个村的饮用水？

钟余泉：没有的，都接到最低处的，没有在饮用水源里面。村里自来水投资了七十多万，污水处理投资了近五十万。

访问员：正好也是赶上省里面集中部署污水控制是吗？

钟余泉：对，污水、自来水大改造，也就是我们一个村做了。

访问员：你们周边其他村的情况呢？

钟余泉：周边其他村都没有。今年的污水（整治）我提上去之后，乡里也在登记了，把每个污水池有多少户人家是正常进入的情况如实上报，每个（自然）村每个（污水）池都有很大问题，现在是实报了。以前因为工程设计施工问题，池体用水泥砖做而没有用钢筋混凝土结构，造成池体下沉。村里的地形是从上面斜下来的，下面都是用石头，是空的，有些时候会往下面漏，对地下水造成污染，我们都如实上报了桐庐县。我们多次提出整修要求，说污水下来的话就是不合格，不合格的原因是跟地形、设计都相关联的。

2. 文化宣传、发展民宿

钟余泉：龙峰村是 3A 级景区了，以后游客真的来了，大型停车场有没有？公厕是不是规范的？民宿和吃饭是不是能够解决？如果游客来了之后转一圈就走了，对龙峰村里没有带来一些经济效益。游客进来之后怎么样让他有看头、有玩头，就是要"十个头"，要有吃住，就是要有灶头、要有床头，到最后要有回头，围绕

"十个头"去做。现在民宿问题也是压在我身上的。

访问员：你们家已经开民宿了？

钟余泉：是我哥哥家开了，因为我们家房子小，我们房子连在一起，是由同一条路进入的，我家这次也是要弄的。民宿是这样子的，雷书记他说如果来 50 个人，进来之后就要住龙峰村，就要住文化馆周边，问我怎么安排。首先，我把 50 张床位调查好安排好。但是村里对这 50 张床位没有一分钱的补助，这个任务就压给我了，要我这个月之内一定要弄好 50 张床位。50 个床位就是要发动老百姓弄，没有补助款，我得先去排查，百姓家门口的卫生、家里的条件，是不是有室内卫生间？有没有房间？排查之后我就发动他们去做民宿。以后游客由村里统一安排，礼拜一到礼拜五安排人过来，礼拜六、礼拜天自己安排。就这样子，50 个床位一批，慢慢地增加。我已经找了四户有意向的人家，整个村已经有三户人家做好了，共有 30 张床位。我就担心村里的人气不够，游客来了住不牢，装修花了二三十万，如果没有游客来住没必要这样子装潢，因此这个事情挺难的。

每一户人家如果安排了游客，首先要拿记录本请游客评价，如果评价是不好的，下次不会安排游客来了。为什么你招待不好？哪里可以改？我们畲族有好客精神，你好客不好客？第二个你的环境差、卫生差，住宿条件可以整改，哪个地方不到位的，我跟客人开个会议，哪里不足，按照客人的整改方案把它整改好，再请客人来做客。就用这样的方式去管理，否则到时候农户 30 万装修做下去，没人来住，他要到我家里来吵的。我去看了一下，目前有两户是可以的，还有一户人家床没有到位，具体的装潢感觉不舒服。虽然简简单单的，但看起来要清爽、美观。我们后天召集有意向的人到外面其他地方的民宿去参观。我已经跟一家名气比较大的民宿讲好了，让我们看一下他们是怎么打造的。

访问员：现在畲山云顶农庄的客源好像多起来了？

钟余泉：这是因为龙峰村打造得越来越好了，比如说进村口没有大理石厂污染，一进来就是紫藤大道，两边有美丽的樱花，田里油菜花、稻谷都种。以后还会打造特色饭店"农家十大碗"，马上就要开始弄了，放在文化馆的一楼，全部腾空出来装潢好，招商，现在报名的有七家。再有就是停车场，拆除大理石厂后就能建设大巴停车场了。还会建设新的村委会和旅游接待中心。

访问员：我记得你也管过土地是吧？当初他们大理石厂建设的时候，土地是什么情况？

钟余泉：是农用地转成建设用地的，那时候比较早，大概是 80 年代 90 年代建的，老板都是咱们本村的人，他们就是从村里面购买土地。以前政策比较宽，已经把它划为建设用地了。现在把它收回来之后，也可以复垦，也可以开发，但是我们就不去复垦了，复垦的话我们只有当时一笔钱可以拿，造物业楼以后每年都有集体经济收入。

访问员：当初村里怎么就没有搞个什么集体产业？比如说我看现在很多家有针织小作坊，那个时候村里面怎么就没想到集体也搞针织作坊或者试试搞个大理石厂之类的？

钟余泉：集体都没有弄，因为那时候也没这个想法，主要就是没想法，都没有这个想法。现在有这个想法，怎么样去让村里的经营性收入提高，让老百姓口袋能鼓起来。

访问员：原来分田到户时期把地都分了。村里面现在可以动用的资源都有哪些？

钟余泉：通过土地流转。上面一半田地全部被村里流转过来了，从农户手里收过来每年是 600 块一亩，租 30 年，租出去每年是 800 块一亩，每亩有 200 块的利润，这也是集体经济经营性收入。村里定好制度统一管理，比如说不让经营者种树之类。然后建设用地现在调整了，现在叫全域性规划。规划上全村分两个组，龙峰是两个村合并来的，双华区块不能到尧山坞造房子。虽然是一个村，但是语言习俗不同，双华是汉族的，尧山坞是畲族，有自己的习俗，畲族人讲话，汉族听不懂。上面那个村（尧山坞）98% 的是畲族。双华的房子不可能单独的一户人家造到上面去，话听不懂的。下面（双华）搞全域性规划的土地整理调整，上面（尧山坞）也搞一个土地调整，包括消防车通道什么都方便了。如果只有单独几户人家住在这个角落里，那这几户人家以后就只拆不造，通过这样的办法把这一块角落的一块移掉，空出来的地块就可以搞建设。

访问员：对，这是个好办法，现在如果有了这个政策的话，村里面就能放开手脚搞建设。

钟余泉：那是。现在规划设计的人已经叫过来了。

访问员：去年跟您谈的时候您还发愁，说这个土地方面的问题。

钟余泉：上次来的时候我正好参加了培训。本来土地是村主任管的，我代替他去的，他刚刚好没时间。在培训上，每村都可以提出建议。轮到我的时候我就提了，说龙峰村最急切需要的就是土地，来解决农村建房问题。村里有无房户，就是一户人家一点房子都没有。这种人家，因为他以前住在山上，是畲族人，之后房子坍塌，坍塌之后他没有能力造，山上又没有道路。然后村里宅基地整理掉之后，他没有土地了。现在你就是让他造到山上去，也不可能，没有道路。再建一条道路上去，政策也不允许，要占用这么多的土地。现在他想造房子，他一家五口人在外面赚了钱之后回来，一家五口全部都是畲族，都是在本村的户口，他回来没有土地给他建房，这个就是属于无房户。他在外面租房住，也没有在外面买房子，因为他就想在我们自己土生土长的农村落脚。对这些无房户我们还是束手无策，没有办法，他想造房子但是没有土地。

以前，村干部带国土部门人员过来的时候不是现场去查看的，他是这样手举着从那棵树上划过去，弯过来下面都是农保田（就这样划定了）。我们以前都是山上下来的，山上都是农田的，整个都是农保区。现在国家规定划了红线之后不能触摸这个红线，全是农保田。没有地方造房子，包括山边都是农保的，包括石滩那些石头都变成农保了，没地方造房子。造了就是违规，而且是违法的。我就提出这个事情，后来他们说这个也是实情，马上就记下去了。现在我们有全域规划就能解决了。村里最近在商议大理石厂拆迁之后，在那里要建一个进村的入口，朝向朝哪里，进门到哪里。大理石厂路口下面那个村是尧山村（尧山村是与龙峰村邻近的另一个村）。

钟余泉：还有亮灯工程。民宿办起来之后，问问这些外面的客人，他们说晚上黑，我们就搞亮灯工程。亮灯不是路灯，我们要做区块亮灯，比如说塘田水库做亮灯，再做几个休息、烧烤的地方。路灯是简单的一盏一盏，能够亮的，看得见就好了，区块亮灯的话人会集中到那里去玩。

钟余泉：还有村内停车场建设工程现在马上也要招标了。小停车场跟大停车场结合。停车场管理要能显示出来某某区块还有多少停车位，比如在村口便民中心（在大理石厂拆迁的地方建造）一看尧山坞岭脚停车场空位几个，就可以安排几辆车上去了。

3. 村庄治理

访问员：下一代村干部的接班人应该就是 70 后了吧？

钟余泉：下一代的接班人的话一般是 40 岁以下，45 岁以下，有 45 岁以下的话应该是 70 后。我都 48 岁了。

访问员：这完全看不出啊。

钟余泉：我 1972 年出生，48 岁了，我们都年纪大了。我老婆车子撞了我去处理，她堵在那个车里面出不来。对方跟我说，不好意思，把你女儿的车撞了一下。我老婆就坐在车里笑。

访问员：您女儿的话，现在已经读大学了，户口还在家里？

钟余泉：我们户口都在家里。

访问员：村里面现在任职的有 80 后吗？稳定吗？怎么解决干部接班的问题？

钟余泉：有。有大学生。有的参加公务员考试，村里这几年已经有三个考取了公务员到乡里去了。我们这一批村干部是最能干事的。但是现在选举是三年一次，我们下面要求再推迟两年。本来是今年要选举的。上次我听到乡干部也是在说这个事情要延续了，说雷天星书记，六十多岁，年纪大了，下一轮按照政策的话不允许他继续当了，这对龙峰村来说是一大损失。从这一方面考虑，应该是要继续延续两年。年轻化是培养的过程，像雷书记这样，他已经是成熟了，他有这个能力，应该根据实际来，有能力继续干，大家也赞同。雷书记上来以前，整个村庄没有一点点的配套设施，没有一点地方是拿得出来可以看的。雷书记上来之后，建了龙珠公园，是全乡最漂亮的农村公园，做了大大小小的道路，全乡道路修复最多的也就是龙峰村。以前一穷二白的村变成了现在的精品村明星村。雷书记上来之后当了村主任然后当书记，然后是浙江省人大代表，然后又是杭州市劳模又是"千名好书记"。他比较成熟能干，确实是干实事的人，他对我影响很大。

访问员：就是说他可能会把接力棒交到 70 年代出生的你们这批干部手上？

钟余泉：要按政策来，看乡里的文件要求。之前乡里让报两名 40 岁以下的后备干部，必须 40 岁以下，35—40 岁，而且最好是 35 岁以下，放宽到 40 岁以下。村里勉勉强强报了两名。其中一名家里条件好的，跟他父亲在外面闯，然后就想把他叫回来当接班人后备人选。跟他一谈，工资只有六万块钱一年，然后他不愿意来。

访问员：刚才讲到那个人他不愿意回来当，另外一个人他愿意吗？

钟余泉：另外一个是党员，党员们应该服从党的安排，因为这个事情没落实，就暂时没有跟他谈。那个不同意的人，他名字还是给他报上去了，我们还会做他的工作。他有赚钱的能力，但领导能力、组织能力和发展思路这些都要有，还需要培养。

访问员：雷书记这一代人和你这一代人都是从小生在村里，长在村里，对村里是有很深厚的感情的，但是80后就不一样了。

钟余泉： 比如说有事情要做了，哪个地方要建停车场，我就不用去排查了，我在这里就想得到某某地方是可以用的；贫困人家需要做什么东西的，我坐在办公室里就能回答这个问题了，不用去下面排查。因为整个村的状况，整个老百姓整个区块包括每家每户的状况，包括他的经济实力，哪家是低保，哪家是低保边缘，哪家是军属，我都是了如指掌的。他们80后的话就需要一个过程，而且还要更加积极，不去百姓门口走走是不行的。

访问员：对未来年轻一辈的村干部你有没有一些担心？或者对他们有什么期望？

钟余泉： 不是我一人担心，雷书记也担心未来这个人能不能为村里谋发展，能不能按照已有的规划路线去做？如果未来这个干部上来之后，任何东西都实施不了又怎么办？雷书记上来之后，龙峰村经过几年的发展，环境有了很大的改变，也是发展最快的村。现在虽然说是负债村，但是以前做精品村时造成的。为什么我们是负债的？ 30万的工程，比如这条道路是30万，必须做到几千米，比如三千米，我必须三千米做好，然后验收，然后审计完之后，30万就都下来付出去。而土地政策里没有赔偿、没有补助，比如修路占用土地要给青苗赔偿等，还有水沟的设施，这些排水设施，这些全部没有，都是靠自己村里去做，上面也没有补助的。村里负债就在这一块。

访问员：拿什么做抵押？

钟余泉： 没有银行贷款，也没有抵押。以前负债欠的主要是工程款，现在是工程款不能拖欠，以前就欠在工程款里面，还有些是欠在乡政府，去问乡政府借钱，所以负债就转嫁到乡政府了，如果乡政府再向市里面借钱，就转嫁到市里面了，市里面转嫁到省里。我们也挺难的，以前我们还问私人借钱，一分的利，现在不允许借，不能超出一分的利，不允许借钱。我们就自行想办法，要增加经营收入。现在工程都是严格管理的，比如说五万的小工程，也要进行招标。小工程不做的话你还是避免不掉的，比如说突然塌方了，马上抢修应急的工程，一万块以下的你可以应急，一万块以上是不允许应急的。政策现在是这样子。每年都要求减债，而且减债为零。

访问员：又要减债又要发展。

钟余泉：这个是肯定的，如果雷书记没有发展思路，没有积极地去发展我当委员，我也不要当了。我们也有后代，我上来就是为了子孙后代，为了造福后代，为了龙峰村更好，居住环境更好。如果因为负债工程都不做了，龙峰村都不发展了，我也不要当了。雷书记说发展肯定要的，要想办法去减债，想办法增收。我们现在想把资源都出租出去，用招商引资的方式，几个大礼堂空闲在那里，要把它激活。比如说百亩荷花、百亩老茶林、大礼堂都可以招商引资。

4. 个人成长经历

访问员：下面我想聊聊您的个人情况，您是哪年上学的？念了多少书？哪年结婚？家里哪年造房？

钟余泉：我是 1972 年生，七岁开始读书，我那时候读小学，老师是雷老师（文化员雷敏炎）。雷老师怎么教？比如说我们写的"吃饭"两个字，教鞭拿出来写好，我们在下面念"西坡"（畲语里的吃饭），用少数民族语言交流。

访问员：村小就是原来雷书记家那块地吗？

钟余泉：不是那块地，比那里还简陋，里面的小灯很黑的，反正那时候那个学校就几个人，老师只有雷老师。他拿了个小毛竹做的教鞭，谁不听话头上"啪"打一下，我被他打了好几次。我们出去没法交流，我们畲族是隔绝的，避开汉族的，以前跟汉族不通婚的。

访问员：你那个时候小学已经开始教普通话了吗？

钟余泉：普通话还没有教，我们就讲不来普通话，到三年级之后——我们的学校当时只有三年级，雷老师只教到三年级——我们到学校里不会沟通不会用普通话。一、二年级在尧山坞，然后三年级开始到汉族村学校去读书了，就在现在的双华村，受双华人欺负，就因为我们没法跟他们沟通。讲不来他们的话（温州话，双华人多为温州迁来，说话是温州口音），也讲不来当地的话（桐庐莪山的话），只会说畲语，跟汉族人几乎是无法沟通的。

访问员：那时候你这个年代，也就是 70 年代的人还是无法用普通话沟通？

钟余泉：是的，现在我们的普通话都讲得不是很标准。三、四年级在双华念书。五年级在尧山村念书，当时没考上初中，继续读一年补习班，补习班就是那时候的六年级。要到莪山乡政府那里的莪山村去补习，走路起码要 40 分钟。初中又回到尧山，念尧山初级中学。

访问员：尧山初级中学是在尧山坞还是在尧山村？

钟余泉：是在尧山村，当时的学校现在当村委大楼了。初中读了两年半，因为成绩不好不敢考试，实际上我连毕业证书都没拿到。后来自学拿到了高中文凭。初三的上半年我就去桐庐打工了，口袋里没有一分钱，中饭的时候就躲到小溪边坐着，等过了吃饭时间再回到单位里。同事问我吃过了吗，我说吃了，其实饿着肚子。有一次下午下班回来时，晕倒在路上。

访问员：那时候你在单位里做什么工作？具体是做什么？有机器吗？

钟余泉：我在桐庐的橡胶厂生产车间做雨鞋，橡胶的气味很重，工作了四五年，然后觉得工资低了就又出去了，出去跟我舅舅（雷天星书记）去打工，大约十年吧。

访问员：十年，当时做雨鞋工资多少钱，你还记得吗？

钟余泉：好像是一百来块每月，然后跟雷书记的话是20块一天，最开始跟他是20块一天，后来是100块一天，还算高了，那时（2012年）我当师傅了。2002年到了莪山一家化工厂，做了一年就当组长，负责第一车间药品生产线。在化工厂的时候我入党了。

访问员：化工厂是私营企业吗？

钟余泉：是私营企业。我在化工厂做了十年，2008年入党，2012年回到村里管理自来水。在化工厂的时候，我利用业余时间自学到高中学历，去考了初级和高级电工证。那时村里没有懂电的人，我就去帮大家接电线什么的，大家对我印象很好。

访问员：2002年的时候你已经30岁了，对吧？你是哪一年结婚的？

钟余泉：我27岁结婚，1998年结婚，我在化工厂的时候已经有小孩了。

访问员：1998年您结婚的时候应该是跟舅舅在做工程吧？

钟余泉：对，做工程期间我没钱，妻子生小孩没钱住院，为了一百块钱，去借了七户人家，结果没借到，坐在田边不敢回家。我那时候刚刚回来，家里也苦，结婚的时候造房子和装修也欠了一点钱。大家都看到我一下子还不出来，还又去借钱，人家怕了。

访问员：你爱人也是咱们本村的吗？还是衢州的？

钟余泉：衢州人。我从橡胶厂出来后去杭州打工一年，期间跟我老婆谈了恋爱。

访问员：是自由恋爱吗？她是外面来的，不是本村的，家里面亲戚圈里面有没有反对的？或者是说不太看得惯的？

钟余泉：我们属于自由恋爱。我老婆年轻漂亮，带回来全村人的目光都被吸引了。

访问员：就是说那个时候能娶到外面的人是你有本事，是不是？

钟余泉：那时候年轻人没有看到过外面的姑娘，农村没有化妆之类的，我老婆会化妆显得特别漂亮。一年之后我们就回来结婚了，装潢房子欠了钱，然后老婆又生病。借了七户人家没借到钱，后来我妈妈去帮我借钱。

访问员：那时候大家有一点钱也是不敢往外拿的。

钟余泉：钱太少，现在你别说一百，一万也是拿得出的。后来村里叫我竞选委员，委员选举之后我认为高中文凭还不够，去年我去广播电视学院学习，拿到了中专学历。

访问员：您特别上进啊！

钟余泉：现在你要跟上社会的发展就必须学习，人的一生就是在学习。

访问员：当初回到村里面，一来是自己结婚了，要在村里安家，另一方面还有哪些考虑？

钟余泉：我结婚的时候村里没有道路，我老婆一看这个地方这么差，从杭州回到村里感觉越来越不像样，道路都没有，这个对我触动很大。我们村的第一条道路是很有意义的，就是你早上采访的村主任的爸爸主持建造的，我也参与了。我们村（尧山坞村）用最好的田跟汉族人换，把这条道路做上去。原来连自行车都没法拖到家，自行车都要放在下面一户熟悉的人家里，那家放满了自行车，然后走路回家。后来听说要造路，我们都很积极，具体是哪一年我忘记了（作者注：应该是1986年修建第一条道路）。我们的老村主任那时候还不是村主任，大家坐在那里聊天说应该在这三个组这边把这条路做上来，他说好，然后就发动造路，后来真的被大家造上去了。大家是自愿投工投劳，没有付工资的。每家每户都参加，起早摸黑，早出晚归。没有工资，回家自己烧饭吃。大家热情很高，所以这条路很快就修好了，这三个组就要求让老村主任当村主任，他就去参加选举了，一选就选上了。为了造路，老村主任把自己家最好的田拿出来跟汉族人换。

访问员：现在咱们村面貌改变得这么大，您爱人有没有再说什么？

钟余泉：没有了，她很支持我的工作，这几年在村里工作其实一直用自己存的钱来贴补。例如前几天买苗木，车子是我借的，油费是我出的，吃饭都是自己付的，没有问村里报销。买苗木的钱也要先垫付，要等发票开过来才能报销。家里开销比较多，畲族人情往来比较多，尧山坞自然村有五百多户人家，几乎每个老人老掉（过世）我都去，造房子、娶媳妇都要去，亲戚住院要去看望，这是人之常情，这些事也需要开支。自己的养老保险、车子这些要四五千块，工资只有三千来块每月。我也没业余时间去做工程了。我想把村里打造好，哪个地方做得好我就过去参观一下。星期天我就喜欢出去看别的村的文化礼堂。有了好点子就拿到村里会议上去说。

访问员：对。您爱人是做什么工作的？你们生二胎了吗？

钟余泉：我们两个也经常沟通，二胎没有生的原因就是我们是苦怕了，不能再过苦日子。她以前在加油站工作，然后又去跟小姐妹合股投资针织厂，在加油站工作了十年，现在到方埠一家食品厂去做管理员。她自己有工资，不用我的钱。我有些时候开玩笑，说起来是干部，其实脸红，村里的书记每年六万块钱不到，我的话就更少了。

访问员：你们家跟老人有没有分家？老人自己住还是跟你们住？

钟余泉：分开住。父母都是 73 岁，他很理解我们。去年父亲生病住院用了六万多块钱，我拿出一万给他，他返回了 5000 块，他说我还要办事情的，家里不要我的钱。

访问员：您父亲以前在村里面有没有任过职？

钟余泉：没有，只当过组长。

访问员：您有兄弟姐妹吗？

钟余泉：两个哥哥，大哥当过村主任也当过一轮书记；二哥当过上一轮的支部委员。还有姐姐在本村，现在是乡代表。除了我，哥哥姐姐们都是跟本村人结婚的，因为我们跟汉族人沟通不了，就不敢嫁给汉族人。

访问员：你们都在外面上班，家里的田谁种？

钟余泉：我父亲在种，田很少。1998 年第二轮承包，30 年一分，我老婆跟小孩都没赶上分田，我家只有一人的田地。

访问员：所以现在您自己家的田都是你父母亲在帮忙种？

钟余泉：父母亲在帮忙，现在也是租给村里了，没有种田这回事了，自留地种点菜，山上毛竹增加些收入。

访问员：口粮怎么办？

钟余泉：就买米吃了。父母把好田用来种糯米，因为每家每户都要酿酒，自己都留一点田种糯米酿酒。

访问员：您会酿酒吗？

钟余泉：我也会酿酒，我也有酿酒证，经过培训发证的，乡政府组织培训，请雷老师（雷敏炎）主持的。

访问员：是雷老师来负责教是吧？我看过照片。是乡政府发的证书吗？参加培训的人员是本乡还是本村的人？

钟余泉：好像是桐庐县技校发的证书，乡政府主办的，请雷老师负责培训。前来参加培训的是龙峰村里的人居多，也有本乡人。

5. 日常工作节奏

访问员：现在我想了解一下您的作息时间，比如说早上几点起床？几点上班？

钟余泉：冬天一般都是六七点钟起床，夏天的话一般四点半几乎天亮就起床了。自己家里卫生都在这个时候做，早上的时候跟晚上的时候做。上班的时间一般是七点半。夏天四点半起床之后，家里面卫生先搞一下，然后给这些花草浇水，庭院卫生搞一下，自己家里的安排好，然后到七点钟就开始安排村里的工作。七点钟就可以打电话跟他们交代工作了。早餐我们没有规律，中饭到十一二点都不一定。

访问员：早餐你们家自己做还是到父母家去吃？

钟余泉：我就没有做过早餐，也很少到父母家吃，有些时候空了就到外面吃一点，有些时候因为处理工作忙，早饭根本就没有规律，有时要到八点钟以后才吃上。八点半以后到中午之间要派人到工地现场去看小工干活干得怎么样，到工地上去看一下。

访问员：你看过工地然后就会来办公室坐一下吗？

钟余泉：办公室基本上都在外面，我们这村干部基本上都在百姓的房前屋后，在工地上碰头开会。比如说每天早上都有碰头会，八点之后每天早上在村里开个碰头会，汇报各自的工作，就在村里的便民中心（村委所在地）。每周一例会，由乡干部主持（乡驻村干部原来是朱勃，2019 年 6 月换人了，朱勃调动到隔壁的中门村了），龙峰村干部会汇报工作，乡干部组织村干部汇报工作。

访问员：中饭、晚饭一般是几点？回家吃饭还是到父母家里吃？有午休吗？

钟余泉：中饭的话就十一点、十一点半。我一般都到父母家，因为都是双职工家庭，没人烧饭。中午没有午休。吃好饭后十二点半基本上就去处理事情去了。每天都要去查看庭院，下午也要再到工地上去看看，五点钟那些小工就收工了，他们停工我们就开始记账。这个时候我的工作一般还没结束，晚上的工作主要是庭院整治，要去看今天他们做得怎么样了，明天要做什么？傍晚要去现场查看。晚饭的话一般是六点多，也是在我父母家吃。饭吃好之后又安排明天的工作，打电话给包工头或者分管组织安排的人或是带他到现场告诉他要怎样做。

访问员：父母家就是食堂啊！

钟余泉：我们叫它"老人食堂"。

访问员：冬天的工作节奏是什么样的？

钟余泉：冬天起床的时间也是七点钟，冬天小工一般八点开工，现在（夏天）六点半就开工了，冬天的话四点收工，夏天应该到五点半以后。其他都差不多的。

访问员：在村委工作一般是要求每周工作几天？

钟余泉：我们是六天工作日，周日休息。如果出桐庐县必须请假。周日我一般不休息，我骑摩托车到外面看庭院，看大礼堂。有些时候不出去的话就安排村里的小工，准备星期一的例会汇报材料使用情况。

访问员：你个人有什么兴趣爱好？

钟余泉：看庭院是我最喜欢的，也就是这一样爱好。看庭院、看大礼堂、看文化礼堂，我基本每个星期都去。我们村做庭院节点之类都是我去安排的。我有两千多张照片。我去过很多地方的文化礼堂，包括本乡、本县、整个杭州地区。杭州以外也去过，去过安徽。我跟他们村主任、书记、文化员对接，然后了解他们的无违建情况，他们的无违建是怎么拆的，是怎么落实的，文化礼堂的资金是哪里来的。有一次到一个村我就感到很奇怪，每家每户都没有围墙。我就问了你们村是不是不允许打围墙？他们说不是不允许打围墙，所有的围墙全部拆光，很公平的，一家都不能留，所有围墙最高80厘米，这样从外面就能看得到庭院。

访问员：听您讲我们了解到很多有关村里的和有关您个人的事情。您很上进，70年代的人给我的印象就是特别能干，而且特别上进，因为是介于传统与现代之间的这么一代人。

钟余泉：个人也没什么东西，我以前也是挺落后的。

访问员：接下来能不能带我们到前面提到的污水处理的现场去看看？

钟余泉：好的！

三、我们的村庄

这部分收录的内容是为了了解村庄的特定信息而进行的专题访问。关于村庄历史和发展的很多事件和专题在前文综合访谈中已有反映，这里挑选的四篇访谈是对前文的补充和印证。我们还做了关于村民日常生活节奏、语言称呼、村域地标等方面的专题访谈，这些内容反映在其他篇章中，没有收录在此。

（一）关于土地改革和分田到户

访问员：李明艳、刘健

被访者：雷敏炎

访谈时间：2019 年 6 月 13 日

访谈地点：雷天星家

访问主题：土改，分田到户，种植方面

访问员：龙峰村什么时候开始土改的？

雷敏炎：那个时候分田地的最早的时候就是土改，土改就是 1950 年。

访问员：都有哪些方面？

雷敏炎：一方面是土改政策，把田地分给农民，另一方面是打击地主恶霸。1950—1951 年这段时间，基本上是自产自销，自种自收。1953 年开始又有新政策，开始搞合作组、互助组，我帮你，你帮我。我记得上学读书的时候，听着喊着念"单干好比独木桥，走起路来摇上摇"，"互助组好比是石板桥"，它就是靠不牢，生产效率也低，产量也低，那么互助组石桥稳固了，这个比木桥要好得多，"人民公社是金桥"。慢慢地到了 1958 年的时候搞起了人民公社化，那个时候我已

经五六岁了，基本上是吃大锅饭，每天吃饭有人敲锣的，就是大食堂一样的。

访问员：那时候不做饭了？村上当时也有大食堂？

雷敏炎：有的，就办在我们红曲酒酒厂那个位置（文化馆长廊左侧小路旁），敲锣就在这边敲，我是小孩子那个时候也知道一点，敲锣那么肯定是开饭了。

访问员：那个时候吃得饱吗？

雷敏炎：当时刚刚开起来的时候是好的，一年以后就不行了，食堂里吃的毕竟是没计划的，那个时候人特别会（能）吃。一家四五个人一桶一桶的饭打回去，当时的管理可能也有漏洞。他们发粮票，你今天一餐饭多少票。菜是自己家种的，家里只能种种菜，不能种粮和番薯，那个时候搞了一年。第二年也就是1959年，锣也没人敲了，因为食堂里没得吃，没东西可以烧饭，粮食产量也不高，还有刮"共产风"。"共产风"一刮刮到1960年、1961年，这个时候就相当困难了，跟全国各地一样。

访问员：当时村里面农业税还是一直交的？搞人民公社的时候也是要上交公粮的？

雷敏炎：对，要上交的。我们这山区粮田和山田的农业税有区别的，山田的农业税就低一些，它有比例、有产量的，产量有高有低，因为山田地块小，一头牛耕田里都转不过身来。当时也测过地（土层、肥力）厚不厚，测土定粮。

访问员：那交过公粮之后剩的还够吃吗？

雷敏炎：那个时候交公粮以后还要交任务的，到了1950年的时候又抗美援朝，当时大家都要出力，有斧子投斧子，有钢投钢，所以那个时候一方面是办总路线"三面红旗"，另一方面还要大办钢铁。在那个时候大办钢铁，家家户户有锅的都敲碎了拿到炼铁厂去炼，支援抗美援朝，还有铁的窗门，凡是有铁的东西，都拿到钢铁厂去炼。

访问员：当时我们这个村里面有没有支高炉？

雷敏炎：我们这村子没有炼铁的高炉。只能供应废铁，就把铁挑去。毕竟这个村子小，我们莪山还没有炼铁的地方，横村有一个地方炼铁。我们那时也勘察过铁矿，但是含铁量不高，所以没开。乡里在新丰村开了桐坑铁矿。那时候没有汽车运输，靠人工挑到潘山桥去，我们生产组里都要派人去挑。到1969年我已经开始读初中，那时还在挑铁矿，搞生产组。人民公社变成生产大队了。我们村子有六个生产队。

访问员：尧山坞有六个生产队？

雷敏炎： 对，诸山、岭脚、农会、项家、塘田、白栎湾六个生产队。

访问员：当时村里都有什么干部？

雷敏炎： 那个时候有党支部，党支部有一个党支部书记，还有一个大队长，一个大队长下面有一个会计，不超过五个人。我记得当时妇女干部还不是很重要，计划生育实施之后，妇联受到重视，地位就高起来了。我记得最早的时候村里只有两三个党员干部开会，总共还不到一桌人，那个时候开会就几个人坐起来，我们村要做什么讨论一下。上面有什么干部来，就由村长、书记带着，田怎么种来讲一下，统计一下，没其他村级建设。因为村里也没有集体经济、资产资源，因为都分到户了。

访问员：那个时候每个生产队下面还有生产小组是吧？

雷敏炎： 还有小组，生产小组就是你生产队里多少田地分下来，它都是集体性质的。那个时候是记工分。一般妇女都是七分、八分，男劳力最高是十分，一般小孩和青壮年五分、三分、四分、六分这样，男人体力比较差的，看看水这种比较轻的体力劳动的九分；有些人包年的，一年给你多少分。来取报酬的一年当中，比如说按你家的人口定粮，我们那个时候生产组分组的口粮不管男女，是按照年龄各档次来分配的，分成人、儿童、老年，都是一样的，比如说 20 岁以上或者 18 岁以上，都是 580 或者 600 斤稻谷一年。那么你家多少人，年龄要统计好，参加生产组积公分，有些家里劳动力比较差的"倒挂户"，工分不够抵消分配，就借钱拿到生产组买稻谷。

访问员：对比 50 年代，刚刚说把田分给贫下中农的时候大家温饱能解决吗？

雷敏炎： 刚刚分到户的时候，粮食是比较满的，粮食最困难的时候，是人民公社化那段时间，也就是 1958 年之后三年，是最艰苦的时候，还有旱灾，我们这里晒得很厉害，收成少。到后来国家精兵简政，乡里干部都退到农村，从 1963 年开始，山上所有的荒地重新开始种起来，番薯、高粱都可以种，只要你有劳动力，山上你随便开垦。

访问员：收成归谁呢？

雷敏炎： 谁种归谁，这样一搞之后到 1968 年，这个时候开始大规模储备粮食。看哪一个生产队的粮食产量高，收得多。那个时候是集体性质开始储粮，粮食储存到粮站，把粮食集成起来。那时在尧山村那里建了圆形大谷仓存粮。

访问员：当时口粮够吃了吗？

雷敏炎：当时粮食也慢慢多起来了，从1972年开始，因为农业刚刚也上去了，全国各地都在大种粮食，开发农业生产。那个时候全国都掀起农业学大寨，我们这边都去参观过，全国各地都到山西去参观。

访问员：您去参观了吗？

雷敏炎：那个时候我没去参观，我们生产大队有好几个人去参观了。那个时候农业生产很红火。

访问员：70年代初，1972年那个时候也是生产队是吧？还是记公分？但是大家口粮都满足了，是吧？

雷敏炎：对的，到1980年的时候安徽小岗村影响到我们栽山来了，有一个村民小组长最先开始单干到户。

访问员：咱们这个地区是新丰那边先开始单干的？

雷敏炎：他们单干到户，就是把生产组的农业税按田地分到每户，粮食比生产组种起来的还要多，老百姓生产劳动的积极性肯定是高的，我种得好，我能够多得，这样农业生产搞得比较好，成了栽山的一个典型。这样一拖到1984年（后来证实是1981年）的时候，上面也知道了，集体这样搞下去巩固不了，当时粮食生产也没怎么提高，这样在全乡就铺开来了。

访问员：当时说到户的时候，咱们村里怎么样？

雷敏炎：比如说生产组里，把所有的农具，当时的收割机、耕牛都分给农户了。

访问员：当时大家对这个变化是什么态度？

雷敏炎：农民是比较欢迎的。因为我种得好，就是我自己的。当时山边什么地方都挖起来种，因为粮食自己种自己收，小麦一年种三季，还有种油菜，粮食是多得不得了，吃不了，养猪养牛都多起来。那段时间，农村比较兴旺，吃是不愁的，温饱是不成问题的，后来慢慢地转向经济发展。

访问员：后来有没有卖粮难的问题？

雷敏炎：后来因为我们的粮食多起来了，国家都不要了，1990年以后余粮的农业税都免了。

访问员：应该是2000年以后吧，咱们浙江省还是全国率先免的。

雷敏炎：当时免的时候，先把公粮的免掉，农业税免了以后，后来还要补助你，还鼓励你去种田，一直到现在。

访问员：现在村里面还有多少粮田？

雷敏炎：现在真正在种的粮田只有不到一半，其余的都是种竹子、毛竹、茭白这些东西，还有覆盆子。真正在种稻子的现在有五六百亩。

访问员：这个是两个村（双华和尧山坞）加到一起？如果只是尧山坞呢？

雷敏炎：是两村合在一起，光尧山坞还不到两百亩。

访问员：我们印象当中觉得尧山坞这个村，连山上的土地也算上，可能也没有多少好种的地，在这么少的土地资源中，还要生产队在上面干活？

雷敏炎：全部加起来是四百多亩地，我们生产组只有四十多亩，我记得一组是最早的时候，他们一组是 63 亩，二组是七十多亩，三组是八十多亩，四组也是六十多亩，五组一百多亩，六组一百多亩。

访问员：当时多少人呢？

雷敏炎：当时我们尧山坞 540 多个人，平均每个人一亩多点，那个时候土地少的。

访问员：双华当时会多一点么？他们那里地势低一点，可能地多一点？

雷敏炎：但他们人更多，现在人口有九百多人，当时有八百多人，也是六个生产组，他们土地多一些，人均也是一亩多一点，基本上差不多。

访问员：这个人地比例还是比较紧张的？

雷敏炎：当时还是不算多的，因为以前整个乡的土地也不是很均匀，有些地方多，像莪山村，当时分四个组，四个村合并的。我们那个时候的大地主，一个在莪山山阴坞，他有两百多亩土地，团山坞还有两三个大地主，它是按区域来分配的，所以他们土地分配多一点。地主汉族畲族都有的。

访问员：听说早年间畲族人是被汉族人赶到山上去的？

雷敏炎：平地的土地基本上都是被他们占用，所以畲族人分到的都是在山边这种比较差的土地。

访问员：然后比较差的土地，其中还有的人占的多一点。

雷敏炎：是的，当时像我们这里的土地，二三十亩也是有长年工的，他家里有三四个，其实多来多去就多两斤谷子，他也没什么东西，现在比比的话都是地主。最受农民欢迎的是 1969 年，那个时候开垦荒地种地，开展生产大运动，老百姓是欢迎的。

访问员：只要可以开垦的地方都可以开垦？

雷敏炎：自己没有田地可以到人家那里去要一点来开垦，人家也是肯的，也不收你什么东西。

访问员：那个时候尧山坞有没有到旁边去借一点地？

雷敏炎：有的，我们去种过番薯，一年收起来好的有上万斤，当时粮食不够吃，可以吃番薯。

访问员：公粮还是要交的吗？该种稻子的地方还是要种稻子？

雷敏炎：是要交的，还有一段时间农民比较欢迎的是责任到户，1981年算是第二次单干，第一次土改的时候也是单干，那次单干还是自己种自己的，1981年是第二次单干，农村农民的积极性还是比较高涨的。这时候老百姓有两种想法，第一，集体都搞不好，现在我分到户了，如果我种不好粮食怎么办，人家都种得那么好，有竞争力。第二是他们的思想准备，这个粮食我种好了，收起来都是我的。他有这两种考虑，就会种好一点，所以他们的生产积极性高，再加上1981年以后，生产技术的改进，以前刚刚单干的时候根本没有化肥，最多的也就是石灰拿来驱驱虫，到第二次单干是1981年，这时的生产技术提高了。

访问员：所以这时你单干遇到的困难就少了，打农药、施化肥你一个人可以做得过来了？

雷敏炎：当时单干我们的肥料就是有机肥，其他的没有，因为根本没有卖。搞生产组的时候，最早是氨水，后来再有碳酸氢，过后才有尿素，所以它这个肥料都是一步一步提升的。以前根本没有化肥，就是农家肥，搞到稻田里去，我们的田不是荒在那里，冬天有牛的耕过来。春天来了嫩草，踩到田里去，用这样的自然方法，一点都不会污染，虽然产量低，但粮食是相当好吃的。

访问员：煤灰是煤烧过的吗？

雷敏炎：它也是大石块煤，山上很大的石块堆起来，放在地上风一吹就融开来，我们挑来的时候也要卖钱的，富春江那里的挑来。（推测是煤矸石）

访问员：他们那是一个煤矿是吧？

雷敏炎：对，凡是煤矿都有那种。靠自然方法也没药水，粮食产量肯定是不高的。种子是本地留种，不先进。新中国成立初期，不用化肥不用农药，就是完全靠生态，产量相当低，收到两三百斤已经是很好了。

访问员：后来呢？

雷敏炎：那时候还没有互助组，我只听说过氯化钾，那个时候有供应化肥，但是非常稀少。

访问员：后来生产队时期呢？

雷敏炎：生产队时期就有化肥了，根据交公粮的数量，数量多少由乡里分配。

访问员：那个时候亩产有提高吗？

雷敏炎：亩产也只不过是五百来斤。

访问员：等到分田到户之后，亩产又有多少了？

雷敏炎：有上千斤。稻子是杂交稻，我们那个时候刚刚开始自己做这种科学的、比较先进的杂交水稻。也到海南岛去学，因为只有海南岛那边才有这种杂交水稻配种方法，它是一种野草与稻草，花粉授粉杂交起来，后来听说这个方法是袁隆平搞的，这个时候开始产量就提高了，我记得最早还没杂交水稻的时候，有龙坑（音译）8号和龙坑4号，我们生产组种一亩龙坑，产量600斤，全乡县城都来参观了，那稻穗高高的。

访问员：五六百斤已经算多的吧？

雷敏炎：不得了，奖励了我们200斤碳酸氢，那时候化肥挺贵重的。后来的产量这么高，是跟技术、生产劳动能力都有关系的。化肥省了很多人工，人可以干点别的。以前都是牛耕，那个时候搞生产队，一个生产队十几头牛养起来，都是靠牛耕，不过地还是牛耕的好。

访问员：生产队的效率低是低在哪方面？

雷敏炎：生产队里面一般就是管理方面，三个人做了半天，这样就把这个工作时间浪费了。后来生产队为什么分红少，关键是工种安排不合理。像兴修水利，村集体没有资金，只有靠劳动力。但是修好的水利设施是不产生收入的，而兴修水利的劳动力工分记得比较多，这些工分要靠农业产出来兑现，所以工夫花得多，分红多，又影响粮食生产，所以整体的收入分红不高。

（二）关于文化礼堂和村庄建设

访问员：课题组全体成员

被访者：雷敏炎

访谈时间：2019 年 6 月 13 日

访谈地点：龙峰村文化礼堂

访问主题：文化礼堂及其内部设施，畲族文化民俗

访问员：武术有没有专门的传承人？

雷敏炎：有一个八十多岁的老太太，懂南拳、凳花，去年还能打两下。她自己的女儿也会几下的，凳花。翻九楼以前的道士会，现在没人会了。翻九楼是九张桌子叠起来，人一层一层翻上去，翻下来。桌子也是特别的桌子。靠两根竹子支撑牢。

访问员：雷老师，您给我们介绍一下文化礼堂的这些展板吧。

（雷老师结合文化礼堂展板为大家介绍）

雷敏炎：盘歌三月三会有。整个杭州地区的畲歌比赛，一般会放在我们莪山乡。

访问员：古楠树下，古楠树这个还有吗？

雷敏炎：古楠树还有一棵，从温州迁过来时种的，树是从温州带过来的。

日本人来过我们这边考察畲族的风俗文化，当时他们考察过道士做法场时的功德。

武术比赛，老太太和她的女儿、两个孙女表演南拳、凳花。这个老人，会唱山歌的，也不在了。会唱山歌的村里还有，年轻人也有。

道士还有徒弟。丧葬时要做道场。

这个表演是莪山幼儿园，在桐庐县的文化大舞台，是文化下乡，永康美丽乡村文化走亲的。这里显示的是 2017 年的文化活动展示。这两棵树，一棵是桂花树，在白栎湾。

这个是家风家训，是从以前的家谱里摘录下来的。上面的学子榜，我们选了六个。现在我们还有牛津大学的博士生，快毕业了，还没挂上去。这是能人榜。

乡风民俗：红曲酒、三月三。三月三表演获得过杭州市的金奖。有一些演员是外面请来的。这是做彩带的，塘联村还有人会做，都是表演性的。编织彩带很费眼，一根打错就要重来，很精细。

畲族新娘服装：凤凰装。

畲族草药：畲药。泡酒的药草，书记家有的。

这些是五水共治、亮灯工程，反映村容村貌变化。

这是团结门，2015年建的。

美好家园：搞了些墙画，灯光球场。

村晚：目前我们还是邀请很多外面的人来演出。

春泥计划：今年是大学生来教。一般是妇联组织的。

2018年抓泥鳅比赛：5月份，在荷塘里面，我们从外面买了一些泥鳅放在里面，"浑水摸鱼"，最多的人一个小时可以抓三四斤。

开笋节：有老外参加，有互动，中午后到中门村去参加百桌宴。

我们的文化礼堂是杭州五星级文化礼堂，每个月必须有一次活动，才能评得上五星级文化礼堂，还是有压力的。电影每个月放两次，上面（尧山坞）一次，下面（双华）一次，一般附近的人都会来的。

祭祖：前面父辈怎么搞我们知道的。程序我都懂，不断总结，办祭祖活动今年是第三次了。2016年，首次搞三月三的活动也是我们两个老师组织的，我们两个是同学，他是新丰村的。道士做道场活动，这套东西我看多了。三月三每年都会搞祭祖活动，比较大型的。小型的放在中门，不放在乡政府搞。那里有一个山神图样，龙犬是我们畲族的图腾，是一种天上的神狗。对畲族的图腾，现在有不同的理解。以前的老人只知道山哈、汉佬，畲族的概念不强。我们村以前在畲天农庄那边，还要上面的。以前我们人少，怕被人欺负，所以喜欢住在山上。山上生活条件艰苦，走路、种地都辛苦。戴家山最早也是畲族，四面都是山，古村落保存得比较完整。

初一、十五都会到香火堂烧香。初一做年糕、猪头、公鸡；新年用油豆腐；红鲤鱼祭拜过后要放生。姓雷的和姓蓝的上午搞；姓钟的不一样，下午搞。初一早上女人不起早的，男人烧给女人吃。新年的第一把火让男人烧。

访问员：现在年轻人生育观念怎么样？

雷敏炎：我们畲族人一般喜欢生二胎、三胎，我儿子是两胎。我们畲族人传宗接代的观念比较强。生个男丁做三朝，生个女儿就不响了。以前生女儿是个草，现在生女儿是个宝。

访问员：村民关系，特别是畲汉关系什么时候开始变得比较和谐？

雷敏炎：搞集体时，队与队的观念还是比较强的。单干后，田地到户，水库、沟渠什么都是公用的。那个时候畲族与汉族的关系拉近了，好起来了。

访问员：有没有抢水资源的？

雷敏炎：每个村都有自己的水库，分得很清楚。靠近水库边上面的先得水。莪山乡畲族人比较齐心。这边汉族人跟畲族人比较和谐。双华的礼堂原来接近瘫痪的，是在雷书记手上维修好的。这个双华人就比较服气了。

访问员：您的文化员位置有没有年轻的后备干部？

雷敏炎：有是有，只不过年轻人对村里的情况没有我们清楚。而且年轻人有些对畲族语言不太懂，沟通上也有困难。龙峰村的事情做一样像一样。龙峰的班子还比较团结，书记拍板的事情一般能落实下来。村里最薄弱的问题就是村集体经济比较差，现在的新农村建设都是在铺基础，还没看到多少收益。我们六十多亩荷花，每年租金三万六，荷花每年耕作一次，要好几万，两万至少要吧。目前还没收入，只是投入。旅游方面投入之后能不能回报，是一个问题。荷塘边已经有几家民宿、餐馆要开起来了。村里基础建设的资金靠上面。目前村里的建设重心还是公共服务。

如果以后土地归集体了，可能会不一样。我们光扫地的人工资每年都要十几万。

（三）姓氏家谱

访问员：李旭

被访者：钟士祺，1928 年生

陪同员：雷敏炎

访谈时间：2018 年 7 月 27 日

访谈地点：钟士祺家

访问主题：姓氏家谱

访问员：您今年高寿？

钟士祺：1928 年出生，属龙的。

访问员：我说话您听得懂吗？

钟士祺：懂是懂的。

访问员：您记得祖上是哪一代搬到这边来的？

钟士祺：爷爷搬到这边的，爸爸在这边出生的，搬过来一百多年了。爷爷在钟山打了十多年工，做长工，给人家种田的。来这边时这边都没什么人，都是山，这里只有我们一户人家。我是在这边出生的。我的爸爸有五弟兄。

访问员：五弟兄都在村里吗？

钟士祺：有一个在中门，其他的都不在了。

访问员：您有几个兄弟？

钟士祺：三兄弟，我最小。

访问员：你们家里家谱还保存着吗？

钟士祺：还有。

访问员：你们现在取名字还按家谱上的字辈取吗？

钟士祺：还是按字辈取的。老大一定按字辈取，后面就不一定了。孙子"开"字辈的，也按字辈取。

访问员：每年家族有聚在一起搞活动，比如祭祖吗？

钟士祺：现在没有了。清明祭祖有的。

访问员：宗祠还有吗？

钟士祺：还有，在白栎湾，有前半厅，后半厅没有造。宗祠后来办过学校，也做过村里的仓库。2015年时申请维修了一下。

访问员：你们有没有去过温州老祖宗那边？

钟士祺：我去过，1948年造的谱，那时我20岁。这边有一个长辈一起去的。因为我认识一点字，读过两年私塾，新中国成立后读过高小。私塾在双华，在钟山也读过。

访问员：私塾学些什么？

钟士祺：认认字，字写得好就算好了。算数也学一点。

（家谱上记载钟先生祖先于明代万历年间由福建宁德移居丽水景宁。钟老先生是"士"字辈，家谱上是第十三代。）

访问员：这个谱是1948年修的，新中国成立后有没有修过新谱？

钟士祺：没有。这个谱是温州那边印的，我们的族谱是从那边迎过来的。

访问员：最近这些年你们有没有去过温州寻根问祖？

雷敏炎：去过的，我们凑钱拿到温州去一起修的。

访问员：我看到村里有个山哈宗祠，里面又有菩萨像，是怎么回事？

雷敏炎：那里原来是个娘娘庙，山哈宗祠是后来加上去的。

访问员：土改的事情您记得吗？

钟士祺：那时候我还小，1950年下半年土改，那时候我在钟山读书，读高小。

访问员：那时您家里是什么成分？

钟士祺：那时我还小，父母不在了，成分是上中农。

访问员：您家那时有多少地？

钟士祺：水田有十几亩，我一个人的，还算多的。

访问员：村里有地主吗？

钟士祺：有三户地主。姓李的一户，姓雷的一户，姓钟的一户。

访问员：多少亩田划地主？

钟士祺：有一百多亩，大部分是梯田。（雷敏炎补充：梯田土质比较差的。）小地主都是靠自己劳动的。长工做一天五斤米。

雷敏炎：他那时候因为读过一些书，做村里的会计，他算盘打得很好。那时候我父亲是农会主任，我家是下中农。

访问员：在中华人民共和国成立前，你们有没有感觉自己是少数民族？

钟士祺：我们感觉自己与汉族是一样的。我们与汉族一起住的，就是汉族的文化。

访问员：确认民族身份是什么时候？

钟士祺：不晓得。

雷敏炎：确认民族身份是 1957 年。

访问员：之前你们没有感觉自己是畲族，是吧。

钟士祺：不晓得。

访问员：你们小时候有没有人叫你们山哈？

钟士祺：没有的，没有民族概念。

访问员：土改的时候村里有多少人？

钟士祺：土改的时候这里的人口是四百多人，包括双华村在内。

访问员：中华人民共和国成立前您家里收入来源是什么？山里有什么收入吗？

钟士祺：没有什么收入的。这里的毛竹、树木没人要的，出路不好，没车子的。

雷敏炎：1961 年的时候开始搞私有，山里大种番薯。土地还是集体的。开荒是在山上，种番薯。1959—1960 年我们糠也吃过的，山上的野藤根也吃过的。"文化大革命"的时候，1968 年又开始割资本主义尾巴了。那个时候老百姓的储粮不多，一个原因就是产量不高，那时候治虫的办法就是石灰，肥料就是农家肥，那时候家家户户都用牛耕田，土质比较松，不像现在那么板结，那时候的米特别好吃。

访问员：你们那时候一亩田亩产大概多少？

钟士祺：好的田一亩四百斤有的，一般的田二三百斤。种一季的，粮食种起来没人要的。抗美援朝的时候国家开始统购统销，粮食开始紧张了。

访问员：中华人民共和国成立前种田用农药吗？

钟士祺：没有的，没有钱买。

访问员：怎么杀虫？

钟士祺：一季田种过后，犁好灌水，冬天让虫子冻死，连草都没有了。那个时候青蛙也多，用石灰治虫之后青蛙也没了。

雷敏炎：集体化的时候才种双季稻。

访问员：你们除了信祖先、信佛之外，还有别的信仰吗？

钟士祺：不太晓得了。

雷敏炎：我们这边有杨佛爷庙，从温州带上来的。六月六有醮筵，求吉利。这是畲族习俗。以前还有求雨的活动，放九张桌子叠上去，请道士做法事。我们这边的道士都信山东青岛那边的崂山道教的。畲族对祖先都比较敬重的，我们这边逢年过节祖先都要拜一下。过年、二月二都去庙里拜一下。七月十五很重视的，冬至每家都做汤圆，清明做清明粿。正月十五我们这边叫小过年，都要到祖先坟上去点灯，从新中国成立前到现在都是这样，以前用油灯，现在用蜡烛。我们这边讲究灶头、神台的灯要亮，从初一到十五。

我们这边小孩子讲过关口，要请道士解关口。现在还有这个讲究。人老掉了要做道场。十二月二十四日开始送灶神菩萨，以前这个时候长工要回家了。

访问员：结婚的礼俗现在和以前变化大吗？以前结婚要聘礼吗？

钟士祺：那个时候也有讲钱的，也有讲稻谷的。没有钱的，不要的也有的。

访问员：有没有同姓不能嫁娶的习俗？

钟士祺：有。

访问员：与汉族通婚吗？

雷敏炎：同姓三代以内不能结婚的，要十几代以上。与汉族通婚很少的，默认山哈人只娶山哈妞。新中国成立前汉族女子是缠脚的，畲族是不缠脚的，要到山上干活的。还有，以前女人上山都裹头，穿着草鞋，裹着绑腿，洗衣服洗得很干净的。以前畲族妇女很多都会编彩带，现在很少了。畲族婚礼与汉族差别也比较大些。新娘出嫁时要烧香告祖，要由兄弟背下楼，脸朝外。男方接亲不能穿白色的衣裤。进男方门的时候要由道士看是否合婚，看女方有没有带什么煞星，如果有带煞的话要解煞，有的是杀一只公鸡。这个讲究现在还有的。这样搞过以后新娘进门，喝红糖茶，洗脸。然后开酒席、拜堂。拜堂、祭祖的习俗我们村里还有的，下面双华村没有了。

访问员：婚礼主持叫什么名称？

雷敏炎：叫都管的人，相当于总管。其他方面习俗我看大概都差不多了。

（四）过去的生活

访问员：刘健

被访者：陈根贤

陪同员：雷敏炎

访谈时间：2019 年 6 月 15 日

访谈地点：傅木生家

访问主题：过去的生活

访问员：这些年您一直都在村里吗？

陈根贤：村里。

访问员：您当队长是什么时候？

陈根贤：分大组的时候。后来就是单干了，分到地了，分到家了。

雷敏炎：生产队分成几个小组，他就是生产队里分组的一个组长。他是双华三组的。一个大组再分成三个或者四个组，他把三组里面分成两个组。

陈根贤：比方说山田，我要承包给他，给他肥料，给他搞起来。收下来的粮食要归组里，归集体。他是承包权。

雷敏炎：他是承包种田，记工分的性质。你这片田种好，肥料和种子供应给你，所有收来的粮食全部归集体，记给你多少工分。

访问员：还是在大队的时候那样。

雷敏炎：后来那样搞了几年。

陈根贤：搞了一年就废掉了，后来就分成两个组了。

雷敏炎：后来还是分组，从大组分。

陈根贤：比方说这边一块地，那边一块地，两个组一个人一片是这样的。

访问员：那跟原来的有什么区别吗？

雷敏炎：那就是这片田地你这个组种，粮食还是集体的。种植、生产管理分组，粮食还是集体的，后来归组了，小组归小组收着。农业税和公粮也是分到小组的。

陈根贤：都分开了。

访问员：当时我们的收成怎么样？

陈根贤：我们那个组都是高产，产量都很好。

访问员：产量大概有多少？

陈根贤：七八百斤有的，八百多斤。田比较好，山田只有两亩多。

雷敏炎：生产队里分成组，小组与小组之间竞争。粮食打起来都归小组自己分。

雷敏炎：基本上都是农村的有机肥。

访问员：从生产队到分田以后产量翻了几倍？

傅木生：三倍以上。

访问员：组里耕牛的情况怎么样。大家都是借着用吗？

陈根贤：生产队里的牛买来给我们养，牛栏也是集体造起来的。牛都是自己放的。

陈根贤：后来是这样来弄的。单干有些是叫别人来干，你帮我干，两百块或者三百块一亩，都是这样搞的。

访问员：您什么时候结的婚？

陈根贤：24 岁结婚的（1971 年）。

访问员：夫人也是本村的吗？

陈根贤：分水那边的，那边也是桐庐县的。

雷敏炎：原来老的东辉乡。

陈根贤：丈母娘家里很好的，玉米有得吃。山上烧起来挖出来都是很好的。

雷敏炎：大米这里多，那里是玉米。山上玉米多。

陈根贤：他们田少。

访问员：您就一直种地？

陈根贤：大队的时候我们就是干活了。后来打石头、做豆腐，然后就分组，单干自己赚点钱，娶媳妇。随便哪个当干部我们都是配合的，听话的。已经 12 个干部了。280 斤的东西从很远的地方抬出来，80 工分高兴死了。

访问员：您分田的时候家里分了多少？

陈根贤：当时是一个人，结婚以后人多起来了。一个人分了七分多田。后来有了三个儿子，现在有十多个人了。

访问员：分田以后，您除种地以外，还出去打工吗？

陈根贤：去的，以前是两块五一天。结婚刚三天我就出门了。那时候很苦的。我们家里十姊妹，我妈妈很苦的，我们是温州人，是第一代苦得不得了的，现在好了。

访问员：您当时出去是做小工吗？

陈根贤：工地里推石头，两块五一天，组里要交一块二，不交没有粮食吃的。

访问员：分田到户以后呢？

陈根贤：做豆腐做了八年，烧瓦片烧了八年，打石头打了八年，后来车祸就没有干活，到现在12年了。我们小孩还可以，三个儿子，不赚一点媳妇娶不来。我拼命干的，也不欠账。我娶老婆的时候欠了四百块，后来就不欠账了，两个人天天干活。现在他们一个在重庆，一个在四川，一个在山东，都在快递公司里管事，三四十万一年。

访问员：您的房子在哪边？

陈根贤：在下边，老房子。

访问员：那没有盖这种砖瓦房（多层）？

陈根贤：没有，小孩买在桐庐了，我们在家里，四五间。

雷敏炎：原来老房子，也是比较好的。

陈根贤：我头一套房子，是石块做上去的，现在没有人要了，送给他们都不要了。

雷敏炎：石块砌墙。

陈根贤：牢固是很牢固的，就是现在没有人买。

访问员：房子是您年轻的时候自己建的吗？

陈根贤：我39岁时候建的。

访问员：多长时间建好的？

陈根贤：一年就建好了。我烧瓦片、造梯田呀。我一年烧十三窑瓦片，两个人拼的，有4000块钱好赚。早的时候那个钱值钱。

访问员：您是自己建窑吗？那您手艺还真多，烧瓦片、做豆腐、打石头。

陈根贤：三样做了24年。现在好了，收工了，也老了。不过小孩年纪还可以，条件还可以。我们自己也有（钱）。我老婆到上海我们舅子那里跑快递、烧饭赚了一点钱。

访问员：现在不是有一些养老保险吗？

陈根贤： 在农村里我们七十多岁的不要交了，不好交了，好交我们以前交了就好了。

访问员： 现在就是子女给一点？

陈根贤： 打工，做些零工呀，小工呀。

访问员： 您当时做瓦片、做豆腐的手艺都是自学的吗？

陈根贤： 自己学的。他们也有窑的嘛。我们生产组里也有窑的，烧瓦片的。我们自己搭窑，两个人。

访问员： 您当时烧的瓦就是普通的瓦吗？

陈根贤： 那就是小的，这么大的，老的那种瓦片，20厘米长的。

访问员： 当时村里烧瓦的多吗？

陈根贤： 也有的，我们这里有四五间瓦窑的。那个活真辛苦，那个柴火不是我们现在的柴火，都是气，都要从建德那边运过来。

访问员： 您儿子结婚都是自由恋爱吗？

陈根贤： 都是自由的。

雷敏炎： 现在都是自由恋爱。现在的父母就是帮他们弄钱、彩礼这些东西。现在彩礼说不清楚，学样子的，有些七八万、五六万，最多的十来万。有些女方送给男方，一般的情况都是男方送给女方。

陈根贤： 有女儿的要贴本。十八万拿去加一部车，还一个人给你。

雷敏炎： 我们这里基本上十几万拿出来的话他都要配汽车。

文

献

篇

见证发展

WENXIAN PIAN
JIANZHENG FAZHAN

畲　乡　逐　梦

一、龙峰民族村重要古迹、设施名录

　　根据龙峰民族村村委会提供的资料，将村内重要古迹、非物质文化遗产、设施及其建成年份等罗列如下：

　　1. 李阿寅古墓

　　2. 钟氏祠堂

　　3. 双井坞古井

　　4. 下珠慈荫亭

　　5. 畲族武术表演

　　6. 畲族山歌

　　7. 红曲酒酿制展示

　　8. 尧山坞畲族文化民俗馆

　　9. 古树（岭脚三棵桂花树、封冬泉门口一棵古树）

　　10. 杨梅基地 600 亩

　　11. 菜竹基地 500 亩

　　12. 千亩竹林

　　13. 塘田水库

　　14. 民族团结亭

　　15. 篮球场（2009 年）

　　16. 全村亮灯工程（2010—2013 年）

　　17. 全村支路硬化（2011—2014 年）

　　18. 公共厕所（2012 年）

　　19. 畲天农庄（2013—2014 年）

　　20. 尧山坞溪 700 余米游步道（2014 年）

21. 农会池塘（2014 年）

22. 村口特色围墙和绿化小品（2011—2014 年）

23. 徐七线两旁通透式护栏 800 余米（2013—2014 年）

24. 畲族文化墙画（2013—2014 年）

25. 乘车停靠沿（2014 年）

26. 双华文化礼堂重修（2014—2015 年）

27. 民族村标（2014 年）

28. 龙珠公园（2012—2014 年）

29. 15 千米林道（2013—2014 年）

30. 低产畈改造、朱家畈机耕道、水渠建设（2013—2014 年）

31. 全村覆盖 90% 的污水处理设施建设（2014 年）

32. 生活饮用水（自来水）提升工程（2014 年）

33. 民族大道（2018—2019 年）

二、媒体报道

本节收录了 2016—2021 年有关龙峰民族村乡村建设和发展方面的媒体报道，供感兴趣的读者参考，按类型和时间先后罗列如下。

1. 微电影《承酿》：该片是莪山畲族乡政府与微电影摄制团队合作，以酿制红曲酒为素材创作的。2017 年这部微电影从 300 多部微电影中脱颖而出，获得了由省委外宣办（省委网信办）、省教育厅、省农办、省新闻出版广电局、省旅游局、省文联联合主办的第二季"美丽浙江·微力无穷"微电影大赛最佳故事奖。

故事发生在桐庐大力推进大众创业、万众创新的背景下，讲述了畲族大学生回乡创业，与父亲在传承与创新红曲酒酿造工艺中的矛盾，展现了畲族人对传统匠心的坚持，以及年轻一代用知识和能量推动家乡的改变。整部微电影中，处处都是畲乡的"醉美"风景，还融入了畲族服饰、农特产、畲歌、畲菜等众多畲乡独有的民族元素，也为莪山农产品区域品牌"山哈老家客"的推广奠定了基础。

详情参见：https://www.sohu.com/a/132334047_349130.

2. 《桐庐：莪山畲族乡举办首届红曲酒开酒节》，据杭州政府网：http://www.tlnews.com.cn/xwpd/2016-10/18/949_6065197.htm。

3. 《雷天星：倾情挖掘千年"山哈风情"》，据桐庐新闻网：http://www.tlnews.com.cn/xwpd/tlxw/content/2017-06/12/content_6193950.htm。

4. 《杭州市桐庐县莪山畲族乡龙峰民族村文化礼堂》，据浙江在线：http://wxzx.zjol.com.cn/11wxzx/system/2017/08/17/021577928.shtml。

5. 《桐庐县莪山畲族乡龙峰民族村红曲酒开酒节》，据杭州网：https://whlt.hangzhou.com.cn/zt/2018whgxxm/content/content_7076694.html。

6. 《浙江桐庐：畲乡"十大碗"长桌宴待宾客》，据新华社：https://baijiahao.baidu.com/s?id=1647558426187332900&wfr=spider&for=pc。

7.《雷天星：领奏龙峰村发展"交响乐"》，据桐庐新闻网：http://www.tlnews. com.cn/xwpd/tlxw/content/2019-10/21/content_8963704.htm。

8.《"中国畲族第一乡"落户桐庐莪山，开酒节、长桌宴喜迎八方宾客》，据钱 江 晚 报：https://baijiahao.baidu.com/s?id=1647536301847585802&wfr=spider&for=pc。

9.《畅游畲乡！桐庐首条乡域旅游公交环线来啦》，据浙江日报：https:// baijiahao.baidu.com/s?id=1640736031518623022&wfr=spider&for=pc。

10.《刚刚！"中国畲族第一乡"花落浙江桐庐莪山畲族乡》，据浙江日报：https://baijiahao.baidu.com/s?id=1647532369718854227&wfr=spider&for=pc。

11.《桐庐莪山畲族乡：奔向"全国民族乡村振兴示范乡"》，据浙江在线：http://hangzhou.zjol.com.cn/jrsd/bwzg/201910/t20191018_11208021.shtml。

12.《雷天星：不负重托 畲乡"蝶变"》，据中国民族宗教网：http://www.mzb. com.cn/html/report/200431589-1.htm。

13.《雷天星代表：当好领头雁 激发新作为》，据浙江日报：https://baijiahao. baidu.com/s?id=1655628241621228593&wfr=spider&for=pc。

14.《浙江桐庐：手工清明粿 家家户户飘清香》，据中国报道：http://jjcsj. chinareports.org.cn/zt/20200328/7788.html。

15.《莪山畲族乡 建设全域乡村振兴先行区》，据桐庐新闻网：http://www. tlnews.cn/xwpd/tlxw/content/2020-04/09/content_9033351.htm。

16.《桐庐莪山龙峰民族村：畲乡小小红曲酒 村民齐谋共富路》，据杭州日报：https://baijiahao.baidu.com/s?id=1714940419062725840&wfr=spider&for=pc。

三、相关资料

1. 《莪山畲族乡志》，未刊稿。

2. 龙峰民族村资料册 3 本：《龙起峰舞畲乡美》《峰随龙舞展魅力》《畲乡田野调查手记》。

3. 民族团结亭碑文，1995 年为纪念修建村内公路水尧线。

4. 1981 年某村民小组分田到户记录一份。

5. 村民自留山承包证、社员股金证、义务教育证、结婚证、粮票等十余件历史票证。

6. 龙峰民族村 2010 年度、2013 年度、2018 年度《农村经济基本情况统计表》。

7. 龙峰民族村 2018 年《人口信息统计表》。

8. 龙峰村宗谱名录，参见《史地篇》第一章表 1。

四、访谈名录

　　为了搜集村庄发展的相关资料，课题组于 2018 年 7 月开展了第一轮村民访谈，访谈内容主要集中在村民个人经历、宗族姓氏方面，访谈 15 人次；2019 年 6 月课题组开展第二轮访谈，重点对改革开放前的村庄历史和村民的日常生活情况进行补充调研，访谈 18 人次；2019 年 9 月底，课题组进行第三次访谈，对畲歌和民间信仰进行专题访谈，访谈 6 人次。除了这三次集中的正式访谈之外，也有在庭院里、饭桌上、田埂上的随时随地的零星访谈。

　　这些访谈丰富了研究人员对村庄的认知，弥补了村庄文献资料的缺乏，为本书提供了研究素材。此处列出本村参加访谈的人员，以示感谢。

1. 雷荣庆
2. 雷依香（访谈 2 次）
3. 钟炉珍
4. 雷天星和陈凤凤夫妇
5. 钟相贵一家
6. 钟学真和钟杏仙夫妇
7. 雷朝香
8. 钟秉玉
9. 钟裕新（访谈 2 次）
10. 雷本奎
11. 钟余泉
12. 陈根贤
13. 雷敏炎（多次访谈）
14. 傅木生
15. 徐姓后人
16. 钟真

17. 钟奎兰

18. 钟士祺

19. 莪山乡前乡长雷启迪

20. 莪山乡民族小学校长蒋金亮

21. 畲洪禽业有限公司工作人员

五、文献辑录

　　《高皇歌》，又称《盘瓠王歌》《麟豹王歌》《祖宗歌》等，它以韵文体方式演述了畲族始祖为国立下奇功，得高辛帝赐婚三公主，从此深居潮州凤凰山，刀耕火种，网罟而渔，繁衍出盘、蓝、雷、钟四姓子孙的传说。《高皇歌》不仅具有鲜明的艺术特色，也是研究畲族起源、宗教信仰、迁徙路线、族群关系、民俗文化的重要资料。本书《文化篇》第一章对《高皇歌》进行了评述，现将原文辑录如下，供读者参考。

高皇歌

盘古开天到如今	世上人何几样心
何人心好照直讲	何人心歹会骗人
盘古开天到如今	一直山背一重人
一朝江水一朝鱼	一朝天子一朝臣
说山便说山乾坤	说水便说水根源
说人便说世上事	三皇五帝定乾坤
盘古置立三皇帝	造天造地造世界
造出黄河九曲水	造出日月转东西
造出田地分人耕	造出大路分人行
造出皇帝管天下	造出人名几样姓
盘古坐天万万年	天皇皇帝先坐天
造出天干十个字	十二地支年年行
天皇过了地皇来	分出日月又分岁
一年又分十二月	闰年闰月算出来
地皇过了是人皇	男女成双结妻房
定出君臣百姓位	大细辈分排成行
当初出朝真苦愁	掌在石洞高山头

有巢皇帝与人讲　　教人起察造门楼
古人没食食鸟兽　　夹生夹毛血流流
燧人钻木又取火　　煮熟食了人清悠
三皇过了又五帝　　五个皇帝前后排
伏羲皇帝分道理　　神农皇帝做世界
神农就是炎帝皇　　作田又何五谷尝
谷米豆麦种来食　　百姓何食正定场
神农皇帝真聪明　　教人采药医病人
亲尝百草医毛病　　后来成佛做灵神
神农过了是轩辕　　造出何车又何船
衫衣也是轩辕造　　树叶改布著巧软
轩辕娶嫫母为妻　　发明养蚕织布衣
代替树叶和兽皮　　德化教育是典范
轩辕过了金天皇　　何道何理坐天堂
传位颛顼管天下　　历书处在颛顼皇
颛顼以后是高辛　　三皇五帝讲灵清
帝喾高辛是国号　　龙麒出世实为真
盘古传到高辛皇　　扮作百姓太田场
出朝游行天下路　　转去京城做朝皇

高辛坐天七十年　　其管天下是太平
天下太平人心安　　番王贼子又来争
龙麒生好郎毫光　　行云过海本领强
人人太见心欢喜　　身长力大好个相
当朝坐天高辛皇　　国泰民安谷满仓
番边番王恶心起　　来争江山抢钱粮
番王坐乱反过边　　手下兵马没万千
争去底盘几多郡　　边关文书报上京
番王大乱处番王　　高辛皇帝心惊慌
便差京城众兵起　　众兵差去保边疆

番边番王过来争　　齐心去守九重城
京城众兵没千万　　众兵使力守京城
调去兵马十万人　　打了一仗失了兵
又差上将带去打　　高辛皇帝是劳心
番边兵马来得强　　高辛兵马难抵挡
打过几回都是输　　退兵回转奏高皇
高辛接本心惊慌　　便叫朝官来思量
一切办法都使尽　　挂出皇榜招贤郎
皇帝准本便衣其　　京城四门挂榜词
谁人平得番王乱　　第三公主结为妻
皇榜内里表灵清　　谁人法高挂帅印
收服番边番王乱　　招为女婿再封身
榜词挂在四城门　　众人来太闹纷纷
千万人子太过了　　无人何敢揭榜文
挂出皇榜三日正　　龙麒晓得近前仰
随手便来收皇榜　　收落皇榜在身边
朝官带其见皇帝　　龙麒自愿去平西
领旨转身唔见影　　一阵云雾去番界
龙麒来到番王前　　番王肽见快活仙
带在身边实欢喜　　时时刻刻侬其行
龙麒自愿去番边　　服侍番王两三年
何计何谋何本事　　天地翻转是我赢
番王出兵争江山　　回回打仗都是赢
叭拢将兵来请酒　　兵营食酒闹纷天
兵营请酒闹纷纷　　番王食酒醉昏昏
一日连食三顿酒　　散了酒筵就去困
番王酒醉眠高楼　　身盖金被银枕头
文武朝官唔随后　　龙麒割断番王头
割断王头过海河　　番边贼子赶来多
枪刀好似林竹笋　　追其唔着无奈何

番兵番将追过来　　云露雾来似云盖
番边番兵追唔着　　其追唔着往后退
割来王头过海洋　　神仙老君来相帮
腾云驾雾游过海　　官兵接头使盘装
带转王头上殿来　　高辛肽见笑暧暧
番王作乱都平服　　龙麒公主结头对
官兵接头使盘装　　奉上殿里去见王
皇帝肽见心欢喜　　愿招龙麒做婿郎
文武奏上皇帝知　　皇帝殿里发言辞
三个公主由你拣　　随便哪个中你意
龙麒平番是惊人　　公主自愿来结亲
皇帝圣旨封下落　　龙麒是个开基人
龙麒平番立大功　　招为驸马第三宫
封其忠勇大王位　　王府造落在广东
王府坐落在广东　　忠勇平番显威风
亲养三男一个女　　带上殿里去罗封
亲养三子生端正　　皇帝殿里去罗姓
大子盘装姓盘字　　二子蓝装使姓蓝
第三细崽正一岁　　皇帝殿里罗名来
雷公云头响得好　　笔头落纸便姓雷
忠勇受封在朝中　　亲养三子女一宫
招得军了为驸马　　女婿本来是姓钟
三男一女封端正　　好侬皇帝管百姓
掌在广东潮州府　　留传后代去标名

皇帝圣旨话难收　　敕封龙麒掌潮州
皇帝若末你未末　　你侬日月一同休
龙麒自愿广东去　　皇帝圣旨讲分你
六个大仓由你拣　　随便哪仓中你意
六个大仓共一行　　金银财宝朗毫光

六个大仓都一样　开着一个是铁仓
六仓都是金锁匙　皇帝圣旨交付你
金银财宝使唔着　开来一仓是铁器
问其纱帽爱唔爱　锁匙交其自去开
纱帽两耳其唔得　自愿拣顶尖尖来
龙麒自愿官唔爱　京城唔掌广东来
自愿唔爱好田地　山场林上自来开
龙麒自愿去作山　去侬皇帝分江山
自耕林土无粮纳　做得何食是清闲
龙麒起身去广东　文武朝官都来送
凤凰山上去落业　山场地土由其种
凤凰山上去开基　作山打铣都由其
山林树木由其管　旺出子孙成大批

龙麒自愿官唔爱　一心山间学法来
学得真法来传祖　头上又何花冠戴
当初天下妖怪多　同山学法转来做
救得王民个个好　行罡作法斩妖魔
同山学法法言真　行罡作法斩妖精
十二六曹来教度　神仙老君救凡人
香烧炉内烟浓浓　老君台上请仙宫
奉请师爷来教度　灵感法门传子孙
灵感法门传子孙　文碟奉请六曹官
女人来做西王母　男人来做东皇宫
盘蓝雷钟学师郎　收师捉鬼法来强
手把千斤天罗网　凶神恶煞走茫茫

凤凰山上鸟兽多　若好食肉自去罗
手擎弓箭上山射　老虎山猪鹿鹿何
凤凰山上是清闲　日日擎弩去上山

乃因岩中捉羊崽　　龙麒斗死在岩前
龙麒身死在岩前　　寻了三日都唔见
身死挂在树桠上　　老鸦来叭正寻见
崎岩石壁青苔苔　　山林百鸟尽飞来
吹角鸣锣来引路　　天地灵感放落来

龙麒放落安棺掉　　大细男女泪哭燥
头戴白帽两个耳　　身着苎布尽戴孝
龙麒落棺未安葬　　功德日夜做得忙
闯山法主来安位　　又请三清师爷官
河南祖师安两边　　超度功德做你先
天神下降来超度　　超度龙麒上西天
凤凰山上去安葬　　孝男孝女尽成行
文武百官送上路　　金榜题名占地场
金榜题名实是真　　文武百官送起身
铁链吊棺未落土　　缴去棺汗无官萌

龙麒坟安龙口门　　一年到暗水纷纷
又何真龙结真穴　　荫出千万好子孙
凤凰山上安祖坟　　荫出盘蓝雷子孙
山上人多难做食　　分掌潮州各乡村
当初掌在凤凰山　　做得何食是清闲
离田三丈无粮纳　　离木三丈便种山
凤凰山上一朵云　　无年无月水纷纷
山高水冷难做食　　也无谷米粜何银

今下唔比当初时　　受尽阜老几多气
朝中无亲难讲话　　处处阜老欺侮你
一想原先高辛皇　　四门挂榜招贤郎
无人收得番王到　　就是龙麒收番王

二想山哈盘蓝雷　　京城唔掌出朝来
清闲唔管诸闲事　　自种林土山无税
三想陷浮四姓亲　　都是南京一路人
当初唔在京城掌　　走出山头受苦辛
收倒番王何主意　　京城唔掌走出去
唔肯侬皇分田地　　子孙无业乃怨你
山场来侬皁老争　　山无粮纳争唔赢
朝里无亲话难讲　　全身是金使唔成

当初皇帝话言真　　盘蓝雷钟好结亲
千万男女莫作贱　　莫嫁皁老做妻人
当初皇帝话言真　　吩咐盘蓝四姓亲
女大莫去嫁皁老　　皁老翻面便无情
皇帝圣旨吩咐其　　养女莫嫁皁老去
几多皁老无情义　　银两对重莫嫁其
皇帝圣旨话言是　　受尽皁老几多气
养女若去嫁皁老　　好似细细未养其
当初出朝在广东　　盘蓝雷钟共祖宗
养女若去嫁皁老　　就是除祖灭太公

广东掌了几多年　　尽作山场无分田
山高土瘦难做食　　走落别处去作田
走落福建去作田　　亦何田地亦何山
作田作土是辛苦　　作田亦要靠天年
福建田土也是高　　田土何壮也何瘦
几人命好做何食　　几人命歹做也无
兴化古田好田场　　盘蓝雷钟掌西乡
皁老欺侮难做食　　走落罗源侬连江
福州大府管连江　　连江罗源好田庄
盘蓝雷钟四散掌　　亦未掌着好田场

掌在福建去开基

山哈四姓莫相欺

你女若大我来度

我女若大你度去

古田是古田

古田人女似花千

罗源人子过来定

年冬领酒担猪爿

罗源是罗源

罗源人女似花旦

连江人子过来定

年冬领酒过来扮

连江是连江

连江人女好个相

古田人子过来定

年冬领酒担猪羊

古田罗源侬连江

都是山哈好住场

乃因官差难做食

思量再搬掌浙江

福建官差欺侮多

搬掌景宁侬云和

景宁云和浙江管

也是掌在山头多

景宁云和来开基

官府阜老也相欺

又搬泰顺平阳掌

丽水宣平也搬去

蓝雷钟姓分递昌

松阳也是好田场

龙游兰溪都何掌

大细男女都安康

盘蓝雷钟一宗亲

都是广东一路人

今下分出各县掌

何事照顾莫退身

盘蓝雷钟在广东

出朝原来共祖宗

今下分出各县掌

话语讲来都相同

盘蓝雷钟一路人

莫来相争欺祖亲

出朝祖歌唱过了

子孙万代记在心

盘蓝雷钟一路郎

亲热和气何思量

高辛皇歌传世宝

万古留传子孙唱

参考文献

[1] 《中国少数民族社会历史调查资料丛刊》福建省编辑组.畲族社会历史调查 [M].
     福州: 福建人民出版社, 1986.

[2] 《中国少数民族社会历史调查资料丛刊》福建省编辑组,《中国少数民族社会历
     史调查资料丛刊》修订编辑委员会.畲族社会历史调查 [M]. 北京: 民族出版社,
     2009 年.

[3] A. 恰亚诺夫. 农民经济组织 [M]. 北京: 中央编译出版社, 1996.

[4] BANERJEE A V, DUFLOE. The Economic Lives of the Poor[J].
     Journal of Economic Perspectives, 2007, 21 (1): 141, 68.

[5] WILSON G A. Multifunctional Agriculture : A Transition Theory
     Perspective. Wallingford, UK : CAB International, 2007.

[6] 陈建樾.中国民族地区经济社会调查报告: 景宁畲族自治县卷 [M]. 北京: 中国
     社会科学出版社, 2015.

[7] 陈秧分, 王国刚, 孙炜琳.乡村振兴战略中的农业地位与农业发展 [J].农业经
     济问题, 2018 (1): 20-26.

[8] 陈野.乡村发展: 浙江的探索与实践 [M].北京: 中国社会科学出版社, 2018.

[9] 陈浙闽.村民自治的理论与实践 [M]. 天津: 天津人民出版社, 2000.

[10] 陈志钢, 周云逸, 樊胜根.全球视角下的乡村振兴思考 [J].农业经济问题,
     2020 (2): 87-96.

[11] 邓大才.走向善治之路: 自治、法治与德治的选择与组合: 以乡村治理体系为研
     究对象 [J].社会科学研究, 2018 (4).

[12] 范建华, 郑宇, 杜星梅.中国节庆文化与节庆文化产业 [M]. 昆明: 云南大学出
     版社, 2018.

[13] 傅国通，郑张尚芳. 浙江省语言志 [M]. 杭州：浙江人民出版社，2015.

[14] 国务院. 国务院关于印发"十三五"促进民族地区和人口较少民族发展规划的通知.（2016-12-24）

[15] 洪银兴. 三农现代化途径研究 [J]. 经济学家，2009（1）：12-18.

[16] 胡胜. 乡村振兴离不开法治护航 [J]. 人民论坛，2018（6）.

[17] 黄宗智. 华北的小农经济与社会变迁 [M]. 北京：中华书局，2000.

[18] 卡斯滕·哈里斯. 建筑的伦理功能 [M]. 申嘉，陈朝晖，译. 北京：华夏出版社，2001.

[19] 蓝法勤. 社会变迁中的浙西南畲族村落的保护与开发 [J]. 新视觉艺术 2011（1）.

[20] 蓝炯熹. 畲民家族文化 [M]. 福州：福建人民出版社，2002.

[21] 雷锋锦，雷鸣. 试论畲族山歌在政治斗争与生产生活中的重要作用 [M]// 福建省炎黄文化研究会，宁德师范学院. 当代视野下的畲族文化. 福州：海峡文艺出版社，2016.

[22] 李菊仙. 欠发达乡镇农民下山脱贫工作的难点与对策 [J]. 今日科技，2007（7）.

[23] 李三辉. 自治、法治、德治：乡村治理体系构建的三重维度 [J]. 中共郑州市委党校学报，2018（4）.

[24] 梁漱溟. 乡村建设理论 [M]. 北京：商务印书馆，2015.

[25] 林毅夫. 西方农业发展基本理论述评 [J]. 农业经济问题，1988（11）：60-64.

[26] 林毅夫. 小农与经济理性 [J]. 中国乡村发现，2016（5）：10-14.

[27] 刘守英. 中国土地问题调查：土地权利的底层视角 [M]. 北京：北京大学出版社，2017.

[28] 卢福营. 当代浙江乡村治理研究 [M]. 北京：科学出版社，2009.

[29] 罗必良. 小农经营、功能转换与策略选择：兼论小农户与现代农业融合发展的"第三条道路" [J]. 农业经济问题，2020（1）：29-47.

[30] 马池春，马华. 中国乡村治理四十年变迁与经验 [J]. 理论与改革，2018（6）.

[31] 邱国珍. 浙江畲族史 [M]. 杭州：杭州出版社，2010.

[32] 沈作乾. 畲民调查记 [J]. 东方杂志，1924（7）.

[33] 施强，谭振华. 族群迁徙与文化传承：浙江畲族迁徙文化研究 [M]. 北京：民族出版社，2014.

[34] 施王伟. 浙江畲族民歌 [J]. 中国音乐，2008（2）.

[35]　王逍.超越大山：浙南培头村钟姓畲族社会经济文化变迁 [M].北京：中国社会科学出版社，2015.

[36]　邬淑萍，等.丽水少数民族地区农民增收问题研究：以景宁畲族自治县农民增收情况分析为例 [R/OL].（2019-10-31）http://zjzd.stats.gov.cn/ls/xxfx/fxyj/201910/t20191031_94522.shtml.

[37]　徐小林.引导农民下山居住，有效促进集聚发展 [J].浙江国土资源，2005（09）.

[38]　叶大兵.浙江民俗 [M].兰州：甘肃人民出版社，2003.

[39]　詹姆斯·C.斯科特.农民的道义经济学：东南亚的反叛与生存 [M].程立显，刘健，等译.南京：译林出版社，2001.

[40]　张海鹏.中国城乡关系演变 70 年：从分割到融合 [J].中国农村经济，2019（3）：2-18.

[41]　张厚安，徐勇，项继权，等.中国农村村级治理：22 个村的调查与比较 [M].武汉：华中师范大学出版社，2000.

[42]　张培刚.农业与工业化 [M].北京：中国人民大学出版社，2014.

[43]　赵圣洁.浙江省景宁县东弄村畲族民居初探 [D].南京工业大学，2013.

[44]　钟伯清.中国畲族 [M].银川：黄河出版传媒集团，2012.

后 记

POSTSCRIPT

　　历经三载寒暑，这本关于龙峰民族村当代发展与文化传承的书稿终于付梓。三年间课题组多次深入村庄，开展驻村调研。村委办公室、农家庭院、葡萄园、养鸡场、马路边、长廊里、凉亭公园、田埂地头处处留下了我们调研访谈的身影，甚至饭桌上也是我们访谈的阵地。白天访谈，晚上讨论。还记得课题组几位同仁一起坐在雷天星书记家的阳台上，借着一轮满月探讨乡村发展的方向到底在哪里，直至深夜。那天月色明亮，还泛着红色，仿佛离我们很近；空气里稻香弥漫，虫儿低鸣，令人沉醉。

　　龙峰村就像是有魔力一般，令人着迷。每一次到村里都能发现新变化——哪怕前一周刚刚去过——或是路面翻新，或是"五线入地"，或是新建道路，或是搬迁石材厂，或是文化馆改造，或是院墙美化，或是公共空间新增了景观小品……龙峰村为我们提供了一个处于发展进行时的村庄案例。同时，龙峰村在现代化的发展过程中极力保持畲村原有的生活气息和民俗韵味，畲乡红曲酒、畲家美食以及畲歌、畲礼正在通过畲乡节庆等方式重新焕发悠远的魅力。

　　本书是"中国村庄发展：浙江样本研究"丛书之一，该系列研究能够立项开展离不开我院陈野研究员（副院长）的努力。她敏锐地关注到浙江乡村发展与文化传承这一特色研究主题，投入了大量精力进行前期调研，策划了该系列研究并取得第二期浙江文化研究工程立项。在研究开展的过程中，她以宽阔的研究视野、严谨的学术作风、高效的项目管理能力，指导我们开展课题，推进进度，促使我们这些青年学者在课题研究和项目管理过程中逐渐成长起来。

　　在研究方法上，该系列研究做了跨学科交叉研究的设计和尝试。依托我院乡村研究中心，集结历史学、文化学、社会学、经济学各方面的研究力量和人员，共同探讨村庄的过去、现在与未来。龙峰民族村的研究亦是如此，全书设计了导论、史地篇、经济篇、生活篇、治理篇、文化篇、专题篇、访谈篇、文献篇八个篇章，既要展现村庄历史生活图景，又要描绘当代发展进程；既要有对客观发展状况的描述，又必须对发展中遇到的问题进行理论思考。龙峰民族村是一个畲族村落，研究中还要体现民族特色。因此，这项研究的难度是比较大的，以至于最初我完全没有信心去承担这样一项多学科、多目标的课题。在我院副院长陈野研究员和乡村研究中心主任闻海燕研究员的鼓励、信任和支持下，最终我承担了这项课题，有了这段难忘的研究经历，积累了宝贵的学术财富。本课题的成果虽未尽善尽美，但却坚定了我在乡村发展方向上深入研究的决心。

本书不是个人成果，而是团队智慧的结晶。李旭副研究员在文化研究方面功力颇深，见解独到，常常引发大家讨论；张秀梅副研究员长期从事乡村社会学研究，刘健博士擅长环境经济学研究，我个人长期从事农村发展研究。

各篇章作者为：

导语：李明艳

史地篇：李明艳

经济篇：李明艳

生活篇：李明艳

治理篇：落雅琼、张秀梅

文化篇：李旭

专题篇：李明艳

访谈篇：李旭、李明艳、落雅琼、张秀梅、刘健访谈与整理

文献篇：李明艳整理

此外，刘健博士参加了多次调研访谈，并整理访谈记录音，史地篇的基础资料也是由刘健整理汇总的。刘健是项目的核心成员之一，后来由于工作调动，没能参与后续研究。我院经济所陈刚副研究员多次参与课题调研，贡献研究思路。科研部王玮老师承担了许多繁杂的科研辅助工作。在研究的过程中，不同学科背景的争论反而促进了各自研究思路的拓展，大家都受益匪浅。我们交流研讨、相互启发、彼此协作，形成了良好的团队氛围，也为今后的合作研究打下了坚实的基础。

在此，要特别感谢龙峰民族村村两委的大力支持，尤其是雷天星书记及其家人，不仅在工作上大力配合，还为课题组在驻村期间提供了很多生活上的便利。感谢退休教师雷敏炎老师，不遗余力地为我们介绍村庄，提供相关材料，陪同访谈，做我们的畲语翻译，初稿形成后雷老师还帮忙订正校对。由衷感谢热情好客的村民们，无论

我们到了谁家都得到殷勤招待，哪怕走在村路上、田埂上也会收到一句招呼、一捧花生。感谢为我们提供帮助的村委工作人员，这里虽然不一一列举姓名，但我们的感激是一样的。

在此，还要感谢莪山畲族乡政府的支持和协助。前乡长雷启迪女士在课题前期的可行性调查之际大力推荐龙峰民族村，使龙峰民族村进入我们的视线，并最终成为此系列研究的样本村庄之一，可谓独具慧眼。莪山乡驻村干部朱勃、许莉在具体工作的协调上提供了支持，在此一并表示感谢。

再次感谢所有为此研究提供过帮助的人。乡村发展不仅是当下而且是未来重要的研究主题，本书仅仅是一个开始，在未来我们希望开展更深入的研究，为国家的乡村振兴事业贡献社科学者的观察与思考。

李明艳

2020 年 8 月 30 日

丛书后记

POSTSCRIPT

　　"中国村庄发展：浙江样本研究"项目研究和书稿撰写，由浙江省社会科学院组织院内外相关科研人员集体承担。此刻，面对11部厚重书稿，回顾项目组寒来暑往五春秋的研究历程，前期酝酿筹措的漫长经过、奔波于乡村大地深入调研的艰辛历程、埋首于电脑键盘奋笔疾书的种种身影，均历历在目。感怀系之，作此以记。

　　本项目于2016年初由浙江省社会科学院副院长、研究员陈野倡议谋划，旨在整合全院从事乡村研究的科研力量，加强顶层设计，开展重大项目研究，为本院凝练一个可持续的科研方向和学术品牌。经与院乡村研究中心主任、研究员闻海燕反复磋商，咨询省市农办，赴村实地调研等前期摸底筹备，于2016年正式动议有关村庄发展研究的事宜。

　　2017年2月6日，时任浙江省省长车俊在《历史大变局下的农村新集体经济文化建设调研与思考》调研报告上做批示予以肯定。2017年2月13日，时任省委常委、宣传部部长葛慧君批示要求"在本省多选一些村庄做深入研究，形成一批实践样本。如需要，省社科院一起参与"。2017年2月16日，省委宣传部常务副部长来颖杰批示："请社科院再做深入调查，进行样本总结。"省委省政府和省委宣传部的指示和要求，使我们更加明确和坚定了开展村庄发展研究的思路，加快了项目筹划的进度。

　　2017年6月，村庄发展研究项目被立项为浙江省社科院重大专项课题。2017年9月，被立项为浙江省第二期文化研究工程重大项目，陈野研究员为项目负责人，浙江省农办原副主任、著名乡村研究专家顾益康先生和闻海燕研究员为首席专家。期间，根据实地调研情况、省市县农办意见、省规划办和评审专家建议，项目研究方案经过十数次的调整修改，最终确立为在全省11个设区市中各选一个村作为研究个案，撰写11部专著，形成"中国村庄发展：浙江样本研究"丛书。

　　研究与撰写过程中，项目组发挥前期学术积淀深厚、科研人员学科背景多样、组织协调机制高效灵活、项目组成员高度团结等优势，深入乡村和各级农办、档案局、史志办、文旅局等政府部门实地调研，广泛收集谱牒档案、镇村史志、契约账册等文献资料，驻村开展上千人次的口述访谈。项目组全体成员冲寒冒暑，以认真负责、刻苦钻研、严谨踏实、精益求精的研究态度和工作精神，为课题研究尽心竭虑，无私奉献，并在研究中形成了精诚团结、友好合作、交流研讨、互帮互助的优良团队氛围。各子课题负责人认真组织、悉心筹划、精心统筹、务实开展课题研究，带领各自课题组成员通力合作，为如期完成研究和撰稿任务起到关键作用。各子课题的具体科研工作情况，可参见各部专著的后记，此处不做一一赘述。

项目负责人陈野研究员对项目高度负责、执着认真，全力投入、全程负责项目的启动、开展和推进，承担了策划项目，确立研究思路、主题、体例、理论分析框架和研究内容，设计篇目大纲等全局工作；定期组织召开内部讨论会，研讨篇目框架、研究内容、行文规范；数次邀请专家进行指导评审；多次率队赴省市县相关政府部门座谈请教，倾听学习来自乡村建设实践的真知灼见；先后深入数十村庄开展实地调研访谈；根据自查结果和专家审稿意见与每一位子课题负责人商议修改计划，对11部书稿作三次全面统稿，并做多种局部调整。

项目首席专家顾益康先生自始至终关注关心本项目研究，在百忙之中数次参加项目组研讨活动，对研究方案提出具体思路建议，认真评审数部子课题书稿，指导子课题负责人开展研究，特别是以其丰富的乡村工作经验、深厚的学术研究造诣和对本项目的深入了解，为丛书撰写了站位高远、剖析深入、具有提纲挈领作用的丛书绪论。

首席专家闻海燕研究员在项目对接农办系统、联系专家学者、选择村庄个案等方面发挥重要作用，以长期从事农村经济研究的学术积淀帮助相关子课题开展研究。在项目开展的全过程中认真、积极、负责地协助项目负责人陈野研究员开展实地调研、组内研讨、稿件审读等相关工作。尤其力挑重担，担任"绿水青山就是金山银山"科学理论发源地，在我国新时代生态文明建设中具有重大价值、重要影响力的余村发展研究子课题负责人，带领余村课题组取得丰富研究成果。

　　浙江省社会科学院科研部王玮老师承担了项目组内勤外联、会议记录、通知纪要、送审打印等具体编务工作，以其认真负责、细心周到、任劳任怨、不计报酬的工作态度和精神，为项目完成起到不可或缺的保障作用。

　　借此丛书书稿完成撰写、即将交付出版之际，我们衷心感谢中共浙江省委宣传部、浙江省社科联、省规划办和来颖杰、盛世豪、郭华巍、邵清、陈先春、刘东、董希望等领导对本项目研究的信任肯定及在研究过程中的悉心关怀！衷心感谢夏阿国、邵峰、杨建武、郭占恒、王景新、毛丹、赵兴泉、梁敬明、郭红东、胡豹、任强等专家学者对书稿质量的严格审阅把关和学术指教！衷心感谢张伟斌、迟全华、俞世裕、何显明、胡海良、潘捷军、毛跃、陈柳裕等院领导对本项目研究的重视、关心和指导！衷心感谢北山村、花园村、龙峰村、缪家村、蚂蚁岛村、清漾村、上园村、邵家丘村、沙滩村、棠棣村、余村村两委会和全体村民的热情参与、积极配合和无私奉献！衷心感谢相关省市县农办、宣传、文旅、社科、文化、旅游等众多政府部门对本课题研究和实地调研的大力支持和鼎力相助！衷心感谢浙江大学出版社和责编老师专业、细致、负责的编辑出版工作！

　　由于我们水平所限，书中错漏不足之处在所难免，恳望各位领导、专家、学者，各位读者予以批评指教！

2020 年 11 月 26 日